中国项目管理实战系列丛书

A DETAILED ANALYSIS OF
PROJECT MANAGEMENT
PRACTICE IN BANKING INDUSTRY

银行业项目管理实战精析

于兆鹏 编著

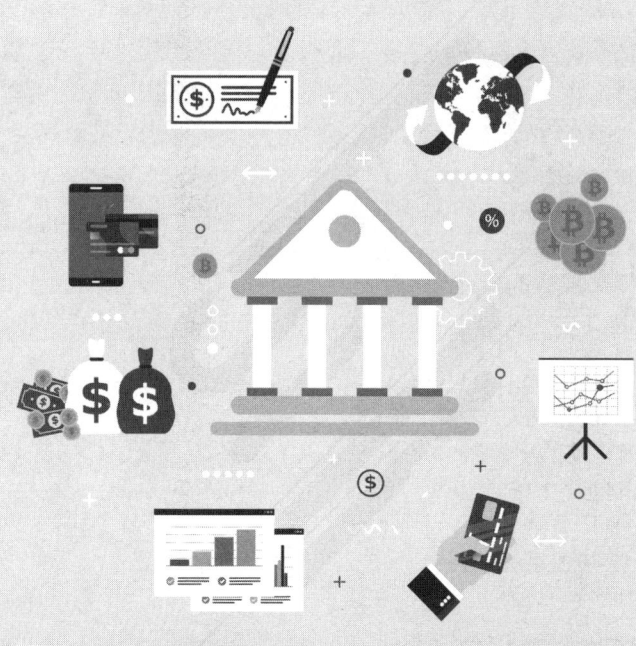

电子工业出版社
Publishing House of Electronics Industry
北京·BEIJING

未经许可，不得以任何方式复制或抄袭本书之部分或全部内容。
版权所有，侵权必究。

图书在版编目（CIP）数据

银行业项目管理实战精析 / 于兆鹏编著．—北京：电子工业出版社，2020.10
ISBN 978-7-121-39728-8

Ⅰ．①银…　Ⅱ．①于…　Ⅲ．①银行业—项目管理　Ⅳ．①F830.3

中国版本图书馆 CIP 数据核字（2020）第 191023 号

责任编辑：刘淑丽
文字编辑：刘淑敏
印　　刷：三河市华成印务有限公司
装　　订：三河市华成印务有限公司
出版发行：电子工业出版社
　　　　　北京市海淀区万寿路 173 信箱　邮编 100036
开　　本：720×1000　1/16　印张：19.5　字数：416 千字
版　　次：2020 年 10 月第 1 版
印　　次：2020 年 10 月第 1 次印刷
定　　价：88.00 元

凡所购买电子工业出版社图书有缺损问题，请向购买书店调换。若书店售缺，请与本社发行部联系，联系及邮购电话：（010）88254888，88258888。
质量投诉请发邮件至 zlts@phei.com.cn，盗版侵权举报请发邮件至 dbqq@phei.com.cn。
本书咨询联系方式：（010）88254199，sjb@phei.com.cn。

前言

随着项目管理在中国各行各业的深入应用,越来越多的企业开始考虑如何将项目管理与企业实践更好地结合,以及如何更大地发挥项目管理的应用价值这些问题。

银行业也不例外。随着中国改革开放的不断深入,中国政府对金融体制改革自上而下的要求,以及外资银行进入中国市场与国内互联网金融的蓬勃发展,都使得中国银行业的市场化进程日新月异。这也促使银行业越来越重视项目管理,以及思考如何将项目管理与银行业务更紧密地结合。

银行业实战需要案例的指导,以及对项目管理如何应用的深入解读,而本书恰恰解决了这些问题。个人认为本书对读者有三大价值。

(1) **银行业项目管理应用的全面分析**。银行业金融机构的项目管理应用在本书中都有涉及:与大型商业银行相关的有 11 个,占比 13%;与股份制商业银行相关的有 10 个,占比 11%;与城市商业银行相关的有 7 个,占比 8%;与农村金融机构相关的有 5 个,占比 6%;与其他类金融机构相关的有 40 个,占比 45%;与境外金融机构相关的有 15 个,占比 17%。

虽然项目管理的方法和技术可以在不同行业或领域中通用,但不同场合下优先级及视角会有明显的差异,而本书给我们提供了银行业项目管理实战应用的全面分析。

(2) **拓宽的项目管理视野**。除帮助读者深入理解项目管理的概念和方法外,本书的一大特点是拓宽视野,即不局限于单项目管理的范畴。本书的内容分 4 篇 16 个专题来展开:

- 第 1 篇包括组织战略、价值论证、项目相关方管理、项目需求管理 4 个专题,着重解释项目的起源。
- 第 2 篇包括项目范围管理、项目进度管理、项目成本管理、项目质量管理 4 个专题,主要介绍与项目目标控制直接相关的知识领域。
- 第 3 篇包括项目风险管理、项目资源管理、项目沟通管理和项目采购管理 4 个专题,主要涉及与项目成功保障相关的知识领域。
- 第 4 篇包括项目价值度量、项目的敏捷化、项目集管理、项目管理成熟度 4 个专题,介绍了项目的扩展管理领域。

同时，个人认为，项目经理的角色需要将个人从单项目的背景中分离出去，而融入组织中去考虑问题：环境因素、项目集、价值度量、组合选择和管理、企业系统、组织文化架构和战略一致性等。做任何项目，不仅要了解项目本身和竞争对手，更要了解天时、地利、人和，而这些正是要从组织、文化、相关方利益等诸多方面去寻找线索的。

（3）他山之石的银行业案例。亚当·斯密在《国富论》中提出，商品之间的交换是自古至今一切社会、一切民族普遍存在的经济社会现象。之所以如此是因为参加交换的各方都期望从中获得报酬或利益，也就是获得满足自身的某种需要，这是人类的本性，它"为人类所特有，而在其他动物中是找不到的"。也正因为商品交换的存在，才有了货币的产生和银行业的发展。因此，交换是银行业的基因。

而银行业项目管理的发展，"他山之石，可以攻玉"的知识交换更是必不可少的。出于这个原因，本书从国际通用的项目管理知识体系出发，并引入银行业项目管理案例共 88 个，希望能给银行业项目管理同人提供有价值的参考，一起探讨、一起分享、共同完善银行业独特的项目管理体系和案例库，提升行业协同，减少沟通成本，提高合作效率。

最后，我要感谢电子工业出版社的老师在百忙之中仍然给我提供了许多帮助，才使得本书顺利出版。

由于本人才疏学浅，书中还有很多不尽如人意的地方。我诚挚地希望本书能起到抛砖引玉的作用，希望读者对书中不合理或是需要进一步改进的地方提出宝贵意见。我的电子邮箱 yuzhaopeng@hotmail.com，对您的任何意见或建议，我都会认真回复。

于兆鹏

2020 年　于上海

目录

第1章 银行业现状与业务流分析 1
1.1 银行业金融机构的分类 1
1.2 商业银行的业务范围 2
总结 3

第2章 项目管理体系 4
总结 10

第1篇 项目需求起源——
战略、价值、相关方、需求

第3章 组织战略 12
3.1 什么是战略 12
3.2 使命、愿景和价值观 17
3.3 商业模式 26
总结 29

第4章 价值论证 30
4.1 价值论证概述 30
4.2 识别问题和机会 33
4.3 评估组织的当前状态 39
4.4 建议满足商业需要的解决
方案 48
4.5 组合商业论证 55
4.6 商业论证在项目实战中的
说明 59

总结 61

第5章 项目相关方管理 62
5.1 什么是相关方 62
5.2 相关方分析 64
5.3 冲突 69
5.4 定义项目成功 71
5.5 行动中的诚信领导力 73
5.6 相关方管理计划 76
5.7 对成功、合作环境的展望 76
总结 77

第6章 项目需求管理 78
6.1 需求启发概述 79
6.2 准备需求启发 83
6.3 开展启发活动 86
6.4 记录启发结果 93
6.5 确认启发结果 93
6.6 启发问题和挑战 94
6.7 分析需求 97
6.8 建模与细化需求 99
6.9 记录、确认、核实和批准
需求 124
6.10 需求管理在项目实战中的
说明 132
总结 133

第 2 篇　项目目标控制——
　　　　范围、进度、成本、质量

第 7 章　项目范围管理 136
　7.1　规划方法 137
　7.2　收集全部需求 138
　7.3　定义范围 139
　7.4　创建工作分解结构 142
　7.5　验证可交付成果 144
　7.6　监督和控制范围 144
　总结 146

第 8 章　项目进度管理 147
　8.1　规划进度管理 147
　8.2　定义活动 148
　8.3　排序活动 149
　8.4　评估活动资源 151
　8.5　评估活动工期 152
　8.6　开发进度 153
　8.7　控制进度 155
　8.8　敏捷冲刺 156
　8.9　敏捷看板 157
　8.10　敏捷回顾 159
　8.11　发布技术 159
　总结 160

第 9 章　项目成本管理 161
　9.1　成本管理规划 161
　9.2　成本估算 162
　9.3　监控成本的常用方法 168
　总结 170

第 10 章　项目质量管理 171
　10.1　项目质量规划 173
　10.2　质量管理工具 176
　总结 178

第 3 篇　项目成功保障——
　　　　风险、资源、沟通、采购

第 11 章　项目风险管理 180
　11.1　风险的定义 181
　11.2　流程概述 184
　11.3　其他问题 195
　总结 197

第 12 章　项目资源管理 198
　12.1　组织是多项目系统 198
　12.2　组织有效性即资源有效性 ... 200
　12.3　理解项目和资源管理中的
　　　　制约因素 203
　12.4　多项目和资源管理：管理的
　　　　现在和未来 205
　12.5　不是开始了多少，而是完成
　　　　了多少 208
　总结 210

第 13 章　项目沟通管理 211
　13.1　沟通计划要素 211
　13.2　沟通模型 214
　13.3　项目主要的沟通方式 217
　总结 219

第 14 章　项目采购管理 220
　14.1　采购流程和项目 220
　14.2　角色/职责 223
　14.3　采购项目管理团队的选择 ... 224
　14.4　关于采购的一些新理念 225
　14.5　合同及其他说明文档 226
　14.6　采购经验教训及最佳实践 ... 228
　14.7　提高成功的机会 230
　14.8　五个基于规模或种类的
　　　　采购场景 232
　总结 236

第 4 篇 项目扩展管理——度量、敏捷、项目集、成熟度

第 15 章 项目价值度量 238
- 15.1 两个层次的度量 238
- 15.2 创建度量项目 239
- 15.3 项目管理价值度量系统：各行业的经验教训 245
- 15.4 经验教训 249
- 总结 251

第 16 章 项目的敏捷化 252
- 16.1 敏捷的商业意义 252
- 16.2 敏捷宣言 255
- 16.3 敏捷项目管理准则 255
- 16.4 正式的敏捷项目管理模式 259
- 16.5 敏捷项目管理模型 261
- 16.6 适应挑战 262
- 16.7 融入实践 263
- 16.8 敏捷发展趋势 264
- 总结 265

第 17 章 项目集管理 266
- 17.1 什么是项目集管理 267
- 17.2 影响项目集管理的组织要素 270
- 17.3 项目集管理环境下的角色和职责 271
- 17.4 多任务处理存在的问题 276
- 17.5 多项目环境下的项目报告和决策制定 277
- 17.6 在多项目环境下取得成功 280
- 17.7 项目集是复杂的 280
- 17.8 项目集管理主题 282
- 17.9 项目集经理的能力 283
- 总结 286

第 18 章 项目管理成熟度 287
- 18.1 什么是企业项目管理 288
- 18.2 项目管理成熟度 288
- 18.3 企业项目管理要素 290
- 18.4 企业项目管理系统 295
- 18.5 选择 EPM 系统 297
- 18.6 部署 EPM 系统 298
- 总结 299

附录 A 银行业项目管理案例清单（88 个） 300

参考文献 303

第1章 银行业现状与业务流分析

> **本章内容**
> - 银行业金融机构的6个分类
> - 商业银行的12个业务范围

随着中国改革开放的不断深入，货币化进程越来越快，全社会对于金融的需求越来越大，直接推进了银行业的快速增长。而中国政府对金融体制改革自上而下的要求，以及外资银行进入中国市场与国内互联网金融的蓬勃发展，都使中国银行业的市场化进程日新月异。这也导致银行业越来越重视产品管理和与之如影随形的项目化运作，因为产品创新和项目运作是加速市场化进程的重要手段。

随着银行业市场化的转型，各大银行和机构都在探索产品创新的方式，以及如何用项目化的思维和方式来开发产品，解决组织运营中的问题，因此银行业对产品管理和项目化运作的要求也越来越高。

而像以前仅仅关注项目管理的概念和方法已经不能满足银行业发展的特定要求。因此，本书基于最新的项目管理体系，结合银行业最佳实践案例，从业务流程和项目管理两个维度来进行分析。全书的案例都是围绕银行业的项目运作展开的，希望能给银行业从事项目管理工作的同人提供有价值的参考，一起探讨、一起分享、一起完善银行业独特的项目管理案例库，不断提升行业水平。

1.1 银行业金融机构的分类

现阶段，我国的银行业金融机构主要分为六类，即大型商业银行、股份制商业银行、城市商业银行、农村金融机构、境外金融机构和其他类金融机构：

- 大型商业银行包括工商银行、农业银行、中国银行、建设银行、交通银行、邮储银行。
- 股份制商业银行包括中信银行、光大银行、华夏银行、广发银行、平安银行、招商银行、浦发银行、兴业银行、民生银行、恒丰银行、浙商银行、渤海银行等。

- 城市商业银行包括北京银行、上海银行、南京银行、宁波银行、江苏银行等。
- 农村金融机构包括农村商业银行、农村合作银行、农村信用社和新型农村金融机构。
- 境外金融机构包括 VISA、万事达、美国运通、德意志银行、摩根大通等金融机构。
- 其他类金融机构包括政策性银行（如国家开发银行）、民营银行（如前海银行等）、非银行金融机构（如拉卡拉、汇付天下等）。

大型商业银行的资产总额占全国银行业资产总额的近 40%，因此在我国银行体系中占据主导地位。

本书中的银行业案例，与大型商业银行相关的有 11 个，占比 13%；与股份制商业银行相关的有 10 个，占比 11%；与城市商业银行相关的有 7 个，占比 8%；与农村金融机构相关的有 5 个，占比 6%；与境外金融机构相关的有 15 个，占比 17%；与其他类金融机构相关的有 40 个，占比 45%。

1.2 商业银行的业务范围

目前，商业银行的主要业务范围包含以下方面。
- 吸收公众存款：商业银行最主要的负债业务。
- 发放短期、中期和长期贷款：商业银行最主要的资产业务。
- 办理国内外结算：国内外的支付结算、增值服务、综合现金管理等。
- 办理票据贴现：客户将未到期的票据提交银行，由银行扣除自贴现日起至到期日止的利息而取得现款。
- 发行金融债券：金融债券是指银行及其他金融机构所发行的债券，多为信用债券。
- 代理发行、代理兑付、承销政府债券：政府发行的债券，银行可以代理发行、兑付或承销。
- 买卖政府债券：从事政府债券买卖的业务。
- 从事同业拆借：银行相互之间的资金融通。一般均为短期，常常是今日借，明日还。其形成的根本原因在于法定存款准备金制度的实施。
- 买卖、代理买卖外汇：包括对公外汇存款和外币储蓄存款等业务。
- 提供信用证服务和担保：信用证是指银行应买方的请求，开给卖方的一种银行保证付款的凭证。开证银行授权卖方在符合信用证规定的条件下，以该行或其指定银行为付款人，开具不超过所定金额的汇票，并按规定随附单据，按期在指定地点收款。
- 代理收付款项及代理保险业务：代理收付款是商业银行利用单位、个人在其开立账户的便利,接受客户委托,代替客户办理收付款项事宜。
- 提供保管箱业务:银行保管箱业务是一种由银行等金融机构提供金融保障的服务。

随着银行业市场化的转型,各大银行和机构都在探索项目管理的方式,以及如何用项目化的思维和方式来开发产品,解决组织运营中的问题,因此银行业对项目化运作的要求也越来越高。

我国的银行业金融机构主要分为六类,即大型商业银行、股份制商业银行、城市商业银行、农村金融机构、境外金融机构和其他类金融机构。商业银行的主要业务范围有12项。

第2章 项目管理体系

> **本章内容**
> - 项目管理十大知识领域
> - 项目管理4篇16个专题框架

> **本章案例**
> - 案例2.1 邮储银行"蔡川村造血式扶贫"项目
> - 案例2.2 招商证券信用卡资产证券化项目

一切皆是项目。我们的工作和生活中充满了各种各样的项目。项目管理可以使我们的工作和生活事半功倍、有条不紊。

因为发展历史较长（以项目管理学科诞生的标志事件——1942年的曼哈顿工程算起，至今该学科已有近80年历史），项目管理的学科体系较为成熟，PMI的项目管理知识体系（Project Management Body of Knowledge，PMBOK®）就是项目管理领域全部知识的总和，是对项目管理知识体系中通用且成熟部分的良好实践的概述。

在《PMBOK®指南》中，把管理大多数项目所需要的通用知识整理成了十大知识领域，即整合管理、范围管理、进度管理、成本管理、质量管理、资源管理、沟通管理、风险管理、采购管理和相关方管理。项目整合管理把项目中的全部要素整合在一起，实现项目范围、进度、成本和质量目标的平衡与最优。

案例2.1 邮储银行"蔡川村造血式扶贫"项目

💲 案例背景

作为一个有着几千年历史的农业大国，"三农"始终是新中国成立70多年来发展道路上的工作重点。作为国有六大行之一的邮储银行从成立之初就心系"三农"，积极推进"输血式扶贫"向"造血式扶贫"转变。

实施乡村振兴战略和坚决打赢脱贫攻坚战是确保我国如期实现全面建成小康社会奋斗目标的重要战略支撑。随着惠农政策的不断加码，中国的农业、农村、农民生活都发生了翻天覆地的变化。

国家统计局发布的《新中国成立 70 周年经济社会发展成就系列报告之十五》显示，2013—2018 年，农村已累计减贫 8 239 万人，年均减贫 1 373 万人，累计减贫幅度达到 83.2%，农村贫困发生率也从 2012 年年末的 10.2% 下降到 2018 年年末的 1.7%。

无论是实现乡村振兴战略提出的"产业兴旺、生态宜居、乡风文明、治理有效、生活富裕"五个要求，还是落实中央精准扶贫、精准脱贫方略，都离不开资金的大力支持，而银行业金融机构在这个过程中更是扮演着举足轻重的角色。邮储银行创新金融扶贫机制，为乡村发展注入资金，为实现乡村可持续发展提供有力支撑。

以宁夏蔡川村为例，宁夏西海固地区自然环境恶劣，曾有"苦瘠甲天下"之称，被联合国粮食开发署称为世界上"不适宜人类生存的地区之一"。10 年前，蔡川村贫困人口占比达 79%。

由于天气干燥加上山地贫瘠，这里的粮食耕种效果并不理想。产值并不高的几亩粮食地加上饲养着的一两头牲畜，往往就是蔡川村村民一户家庭一年的全部收入来源。由于地处云雾山脚下，独特的地理特征非常适合优质饲草的生长，具备发展畜牧业的基础条件，但苦于资金问题，牛羊的养殖也仅仅是零零散散的"放养"。

"村里一直都有养羊、养牛的村民，但一是没有管理，二是没有形成规模，卖出去了换不到多少钱，算下来肯定没有打工赚钱快。"蔡川村党支部书记说。

针对蔡川村缺资金、缺产业、缺技术、缺抵押物的现状，邮储银行积极推进从"输血式扶贫"向"造血式扶贫"转变。经过实地调查后，邮储银行宁夏分行于 2008 年在蔡川村进行试点贷款，向首批 14 户具有一定养殖基础的村民发放贷款共 17 万元。考虑到村民缺乏贷款抵押物，在担保形式上，贷款发放采用了村干部、养殖能手等任意 3 户相互担保组成联保小组的形式。

随着"金融活水"的源源注入，2016 年年底，蔡川村正式脱贫，摘掉了"贫困村"的帽子。目前的蔡川村八成以上的村民从事牛羊养殖，牛、羊存栏数分别达到 3 265 头和 4 680 头。

相比十年前人均纯收入不足 2 000 元，如今的蔡川村村民通过畜牧养殖，人均收入可以达到 9 160 元，曾经的窑洞土炕也早已换成了红砖瓦房。截至 2019 年 6 月末，邮储银行宁夏分行已累计向蔡川村发放小额贷款 1.2 亿元。

案例分析

邮储银行的"蔡川村造血式扶贫"项目是支持"三农"，积极推进"输血式扶贫"向"造血式扶贫"转变的积极探索。项目成果显著：从十年前人均纯收入不足2000元，到现如今的人均收入达到9160元。

这其中的关键就是邮储银行"金融活水"的源源注入，实现了"造血式扶贫"的成功。因此从这个方面来看，每个项目都有其独特的价值目标，需求管理等项目控制手段需要结合项目特点进行定制化。在这个项目中，邮储银行贷款发放采用了村干部、养殖能手等任意3户相互担保组成联保小组的形式，事实证明是成功的项目创新。

项目目标始于战略、商业价值和需求，并以范围、进度、成本和质量4种手段来测量，而风险又是对项目目标有影响的不确定性事件，所以范围管理、进度管理、成本管理、质量管理和风险管理都是与项目目标直接相关的知识领域。其他四大知识领域，即资源管理、沟通管理、采购管理和相关方管理，则是与项目所需资源相关的。

因此，项目管理团队应该在项目整合管理的框架下：

（1）实施范围管理，规划该完成什么可交付成果，该做什么项目工作。

（2）实施进度管理，规划项目工作该在什么时间完成。

（3）实施成本管理，规划项目工作该用多少成本完成。

（4）实施质量管理，规划该满足什么技术要求。

（5）把以上步骤得到的范围、进度、成本和质量计划整合成初步的项目目标计划。

（6）针对初步的项目目标计划，开展风险管理，识别和分析项目风险，制订风险应对计划。

（7）根据风险分析结果，重复开展第1步至第6步，调整项目目标计划和风险应对计划，直到目标计划和应对计划得以确定。

（8）实施资源管理和采购管理，安排所需资源（特别是人力资源）去执行项目目标计划和风险应对计划。资源管理是针对组织内部已有的资源的，采购管理是针对组织内部没有因而需要从外部购买的资源的。

（9）实施沟通管理，始终保持与项目内外部相关方的有效沟通。

（10）实施相关方管理，使项目各相关方积极参与，提升相关方对项目的支持，削弱相关方对项目的抵制。

项目管理知识领域图谱，如图2-1所示。

知识领域	项目管理过程组				
	启动过程组	规划过程组	执行过程组	监控过程组	收尾过程组
4. 项目整合管理	4.1 制定项目章程	4.2 制订项目管理计划	4.3 指导与管理项目工作 4.4 管理项目知识	4.5 监控项目工作 4.6 实施整体变更控制	4.7 结束项目或阶段
5. 项目范围管理		5.1 规划范围管理 5.2 收集需求 5.3 定义范围 5.4 创建WBS		5.5 确认范围 5.6 控制范围	
6. 项目进度管理		6.1 规划进度管理 6.2 定义活动 6.3 排列活动顺序 6.4 估算活动持续时间 6.5 制订进度计划		6.6 控制进度	
7. 项目成本管理		7.1 规划成本管理 7.2 估算成本 7.3 制定预算		7.4 控制成本	
8. 项目质量管理		8.1 规划质量管理	8.2 管理质量	8.3 控制质量	
9. 项目资源管理		9.1 规划资源管理 9.2 估算活动资源	9.3 获取资源 9.4 建设团队 9.5 管理团队	9.6 控制资源	
10. 项目沟通管理		10.1 规划沟通管理	10.2 管理沟通	10.3 监督沟通	
11. 项目风险管理		11.1 规划风险管理 11.2 识别风险 11.3 实施定性风险分析 11.4 实施定量风险分析 11.5 规划风险应对	11.6 实施风险应对	11.7 监督风险	
12. 项目采购管理		12.1 规划采购管理	12.2 实施采购	12.3 控制采购	
13. 项目相关方管理	13.1 项目相关方	13.2 规划相关方参与	13.3 管理相关方参与	13.4 监督相关方参与	

图 2-1　项目管理知识领域图谱

项目的精髓

项目的精髓是价值。价值是判断一个项目能否发起的核心标准，而价值可由以下三个公式来评估。

价值=商业价值+用户价值

商业价值=收益/成本

用户价值=获取价值/期望

案例2.2　招商证券信用卡资产证券化项目

案例背景

资产证券化工具（包括类资产证券化工具）是商业银行进行融资和资产负债管理的重要工具，也是目前国内仅有的可以同时实现商业银行融资、会计出表和释放贷款额度的手段，近几年受到行业广泛的关注。而国内资产证券化市场近几年的快速发展，也给各商业银行的信用卡业务带来了较多机遇，同时也对其经营策略造成深远的影响。开展信用卡资产证券化业务的能力，已经成为各商业银行信用卡中心的重要竞争力之一。

资产证券化是发起人将资产转换为证券据以融资的过程。本质上是资产出售，将资产变为现金。不同之处是将资产转为证券，将所有权划分为众多份额，便于资产交易和证券流通。资产证券化与直接融资和间接融资的最大区别在于资产支持证券持有人的投资收益来源于特定资产产生的收益，而不是融资方的资产（见图2-2）。

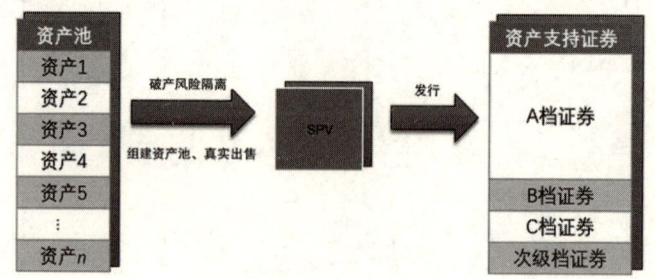

图2-2　资产证券化示意图

国内商业银行目前开展资产证券化业务的基础资产主要有对公贷款（CLO）、住房按揭贷款（RMBS）、汽车贷款（AUTO）和信用卡贷款（OCR）。

2014年3月招商银行在银行间市场发行了"招商2014第一期信贷资产证券化项目"，开启了我国信用卡资产证券化的先河，之后陆续有交通银行、中信银行、广发银行、民生银行、兴业银行等商业银行发行信用卡资产证券化产品，市场逐步培养起来。截至2018年4月底，银行间市场已经发行了公募性质的信用卡资产证券化产品25单，合计2021.08亿元（见图2-3）。

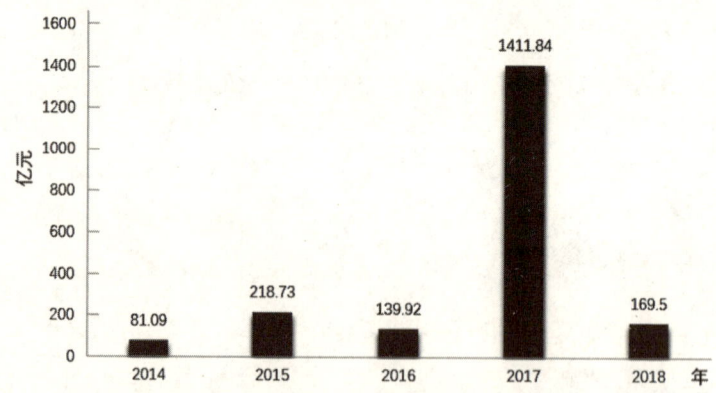

图2-3　信用卡资产证券化金额

从各发起机构开展正常类信用卡资产证券化业务的市场份额来看，招商银行、交通银行、中信银行和广发银行为此市场的主要参与者。

截至目前，从已经成功发行的信用卡资产证券化项目来看，国内的信用卡资产证券化涉及的基础资产类型主要为还款计划相对确定的分期类资产，具体可以细分为"汽车分期""账单分期""消费分期""现金分期"等几大类。值得注意的是，部分商业银行在业务体系上可能不设"汽车分期"或"消费分期",将其合并到其他几类业务中。

从结构设计上来看,国内的信用卡资产证券化交易主要为静态交易结构和持续购买(循环入池)交易结构。由于信用卡大部分资产的特点是小额分散且期限较短,再考虑到申请发行证券化业务涉及银监会和人民银行两个审批环节,即使考虑到人民银行采用了注册制后缩短的时间,整个项目执行、审批和发行准备也至少需要 2 个月的时间。如何保持项目的最高效率,并且平衡好投资者的偏好,是值得关注的问题(见图 2-4)。

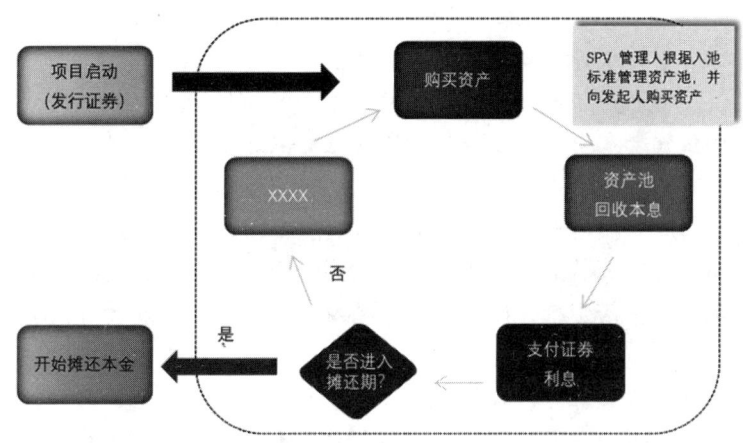

图 2-4　信用卡 ABS(Asset-Backed Securities)项目流程

国内的信用卡资产证券化业务发展迅速,这几年也涌现了大量的创新,继 2016 年招商银行发行了全球首单信用卡不良资产证券化产品之后,信用卡的资产证券化技术进入了一个新的阶段。而近年来随着宏观审慎评估体系(Macro Prudential Assessment,MPA)考核的强化应用,资本充足率紧缺、流动性不足等问题不断出现,各商业银行开展信用卡资产证券化的动力也越来越强,创新需求也越来越多。

在未来,信用卡资产证券化的总体趋势还将围绕"轻资产化""标准化""流程化"发展。优秀的商业银行信用卡中心通过资产证券化工具加速自身优质资产的流转,扩大经营优势,并将此流程标准化和常态化,有利于快速抢占更多的增量市场,提高综合竞争力。因而,信用卡资产证券化工具的创新和发展任重而道远。

 案例分析

招商证券成立于 1993 年,是中国证券交易所第一批会员、中国第一批经核准的综合类券商、评级为行业中级别最高的 A 类 AA 级券商,在资产证券化业务领域一直处于国内领先地位。

招商证券投资银行总部下设创新融资部，专业从事资产证券化项目，至今已经完成了市场上多单有影响力的证券化产品，招商证券相继发行了国内首单对公不良资产支持证券、首单信用卡不良资产支持证券、首单小微贷款不良资产支持证券、首单住房不良资产支持证券等多个具有行业表征意义的资产证券化项目。

信用卡资产证券化也是招商证券的首创项目，因此项目的价值在于其独特性，这种独特性在于创新了一套业务模式。由于信用卡大部分资产的特点是小额分散且期限较短，再考虑到申请发行证券化业务涉及银监会和人民银行两个审批环节，即使考虑到人民银行采用了注册制后缩短的时间，其整个项目执行、审批和发行准备的项目周期也至少需要2个月的时间。

因此信用卡资产证券化项目控制的核心是如何保持项目的最高效率，并且平衡好包括投资者在内的项目相关方的利益与偏好。

学习国际通用的项目管理知识标准的价值主要在于两点：

一是掌握一套共同的语言和规则。有共同的语言，我们就可以与千百万来自全世界的项目实践者进行交流，按照一致的体系以一致的步调来做事，产生 1+1>2 的协同效果。

二是了解项目管理领域的最佳实践。我们不再是单打独斗，而是站在巨人的肩膀上去探索更远的将来。同时，我们自身的最佳实践也可以丰富这个标准的知识库，人类知识的传承与丰富也正因为此。继往开来，始于实践的学习与贡献。

本书的内容框架也会围绕以上十大领域，分为 4 篇 16 个专题来讲解，并列举银行业实战案例来佐证说明。

总结

一切皆是项目！项目管理分为十大知识领域，即整合管理、范围管理、进度管理、成本管理、质量管理、资源管理、沟通管理、风险管理、采购管理和相关方管理。

全书框架分为4篇16个专题：组织战略、价值论证、项目相关方管理、项目需求管理、项目范围管理、项目进度管理、项目成本管理、项目质量管理、项目风险管理、项目资源管理、项目沟通管理、项目采购管理、项目价值度量、项目的敏捷化、项目集管理和项目管理成熟度。

第1篇

项目需求起源
——战略、价值、相关方、需求

第3章 组织战略

本章内容

- 战略的定义及战略框架
- 商业模式
- 使命、愿景和价值观

本章案例

- 案例3.1 面向"新新人类"的"神偷奶爸"粉丝经济
- 案例3.2 民生"芯"动
- 案例3.3 上海银行无感支付的智能停车
- 案例3.4 "超级最红星期五"只为"方便·实惠交给你"
- 案例3.5 VISA的企业价值观
- 案例3.6 微信支付"一号工程"的战略布局
- 案例3.7 我有千面,就要不凡

项目是实现战略目标的重要一环。项目成功的关键是理解业务和战略。项目经理只有了解业务模式,懂得战略,才能更好地理解项目,把握主动权。

3.1 什么是战略

3.1.1 战略的本质

战略就是聚焦。战略是实现组织愿景的手段,聚焦是战略的核心。

理解战略聚焦点是很重要的,因为它不仅描绘了企业投资(投资哪种技术、哪个市场和哪项产品)的方向,同样也有助于理解哪些领域是边界之外的。如果战略没有定义好,公司将在与竞争对手角逐时处于劣势。

战略是一种选择:你必须取舍,有舍才有得。我们来看两个项目战略的案例。

案例 3.1 面向"新新人类"的"神偷奶爸"粉丝经济

案例背景

随着国家普惠金融政策的深入实施和消费的转型升级,年轻客群逐渐成为各家银行竞相争取的具有巨大发展潜力的细分客群,这部分人群包括在校大学生及初入社会的"新新人类"。各家银行针对年轻客群推出相应产品,其中以各类粉丝人群为目标客群的粉丝卡为主要代表产品。

互联网时代,是粉丝经济的时代,各家银行紧跟热点,面向"粉丝"及年轻时尚群体推出了"粉丝"信用卡。其中,中国银行携手美国环球影业发行国内首款神偷系列信用卡(见图 3-1),为年轻族群所喜爱,是兼具实用与收藏价值的信用卡产品。凭借超萌的卡面设计和超值的产品权益,吸引了大批年轻粉丝群体。

图 3-1 中国银行神偷奶爸系列信用卡

案例分析

战略就是聚焦。在这个案例中,中国银行聚焦的是在校大学生及初入社会的"新新人类",面向这个细分客户群体所推出的产品项目必然是独具特色的。而这个项目的特色是超萌的卡面设计和超值的权益,包括小黄人周边产品优惠购及合作商户日本环球影城贵宾体验。通过这种聚焦细分客户群体的粉丝经济,赢得了项目的独特价值。

从上面来看,战略是一个公司根据其在行业中的地位、新的机会和可用的资源,为取得长远目的和目标而制定的策略。战略确定了业务增长和相关项目工作的方向。在绝大多数公司中,业务增长包括创造股东价值(非营利组织会聚焦在如何最大化地利用可用资源及如何更好地服务客户方面,同时考量股东价值)。

> **战略的定义**
>
> 战略的广义定义：能够引向未来的一个方法或计划，例如，某个目标的实现路径或某个问题的解决方案。
>
> 在商业环境下，战略的定义是："（战略能够）定义与传播一个组织的独特定位，说明应当如何整合组织的资源、技能与能力以获取竞争优势。"（波特，2008）
>
> "基于行业定位、机遇和资源，企业为实现长远目标而制订的计划。"（科特勒，2012）

各种组织都在对不同企业和行业的创新形态进行定期的标杆研究。随着时间推移而不断变化的创新实践趋势是很有趣的，这种趋势展示了形成制度的流程和系统，以及在创新领域中的一些具有启发性的新兴实践。

案例3.2 民生"芯"动

案例背景

移动互联网、云计算、VR、人工智能等科技的普及，整个市场的消费环境、消费者观念和支付方式等发生了巨大变化。

其中，民生银行发行了中国首张动态CVV2安全码信用卡——民生"芯"动信用卡（见图3-2），其最主要特色为动态安全码。卡片配置动态安全码，通过在信用卡卡片内嵌入控制器、电池、显示屏等，利用与银行的信息交互，将常规的固定CVV2值改为每60分钟更新一次的动态值，能有效降低盗刷风险，保障支付安全。

图3-2 民生银行"芯"动信用卡

案例分析

战略就是聚焦。就像刚才所说，战略是一个公司根据其在行业中的地位、新的机会和可用的资源，为取得长远目的和目标而制定的策略。战略确定了业务增长和相关项目工作的方向。

在上面的案例中，民生银行聚焦于支付安全科技，推出的服务就是配置卡片的动态安全码，有效提升了支付的安全性。

3.1.2　战略的六个关键要素

为了构建成功和创新的业务，战略应该包含六个关键要素。从长远来看，组织必须确定这些要素并为企业制定有效的决策，以支持组织的发展。这六个关键要素是：

- 决定业务是什么。
- 决定客户是谁及你能为他们提供什么。
- 决定你将如何参与市场博弈。
- 确定战略资产和能力。
- 创建合适的组织环境。
- 确定和分析趋势、竞争和市场需求的影响。

如上所示，第一个要素，定义业务和创新战略就是**决定业务是什么**。同样重要的是，要理解什么样的市场领域在边界内，以及什么样的领域在边界外。这反映了战略是什么及不是什么的决策。

制定战略的下一个关键要素就是要全面理解你的客户是谁，以及你将为他们提供怎样的产品和服务。然而在战略范畴内，理解以下这一点很重要：确定目标市场细分及全面理解客户需求将带来项目更有效的成果。

接下来，企业必须决定"他们怎样来参与博弈"。战略在某种程度上被定义为实现企业的长远目标而制定的博弈策略。举例来讲，你将怎样来参与博弈，包括企业的以下决策：参与哪些市场的竞争、怎样交付服务及是否绑定产品和服务。反映如何参与游戏的其他决策还包括组织内部或者开源技术，研发、知识产权计划中的专利和法律保护，与供应商和销售商的伙伴关系，以及产品分类和品牌推广的核心决策。

作为"如何参与博弈"的一部分，企业同时需要确定那些唯一的、独特的并对公司有附加值的战略资产。例如，许多小的业务和初创公司会在组织内部进行所有的业务，包括财务记账。然而，外包记账服务通常效益成本比更高，也能更好地利用企业资源。企业必须确定具体的资本资产及公司独有的并可以让其在市场上提供增值的技术和营销能力。

一个企业的战略能力不仅仅是具体的技术知识。这些核心能力通常建立在当前的员工能力之上，并且是相互联系和可持续的。在支持整体战略的同时，这些核心能力既相互依存又相互促进。

由于高层管理者掌握着企业的完整核心能力，因此他们是为了创新的蓬勃发展而创建适当的组织环境的关键角色。高层管理者为企业内部的项目创新设定基调和文化。同样，高层管理者通过以下手段为企业设定方向：战略，以及通过利用核心资产和资源的能力使项目产品更为有效地开发。认识到只有高层管理者才能开发和设计业务战略很重要。高层管理者必须认可创新战略的所有权，并同时建立起公司获取和发展核心竞争力的政策和流程。

最后，高层管理者有责任去确定和分析市场趋势，这种趋势可能指明了市场机会，包括新兴的技术、竞争的速度和强度，以及市场需求。为了将组织的长期发展目标与项目创新举措联系在一起，并最终获得商业成功，高层管理者有责任持续理解最新的市场趋势和竞争对手的信息。

案例 3.3　上海银行无感支付的智能停车

案例背景

近年来，移动支付业务蓬勃发展。上海银行与捷停智能停车平台合作推出捷停无感支付产品。双方通过技术互联网支持车主通过信用卡授权绑定车牌号的方式进行后台自动扣费。

当车主驶入智能停车设备覆盖车库时，入口处车牌识别设备快速识别客户，在手机银行上显示停车时长和计费信息，当车主驶离出口时，车牌识别设备通过车牌信息及时完成停车费用结算，实现持卡人无感支付的智能停车体验（见图3-3）。

图 3-3　上海银行无感支付的智能停车

该应用解决了停车库中现金付款通行速度慢、在线支付信号差等诸多痛点。无感支付覆盖停车库超过200家。

案例分析

从战略的六个要素来看，上海银行的无感支付智能停车项目的分析如下：

- 核心业务：入口处车牌识别设备快速识别客户，在手机银行上显示停车时长和计费信息；出口处车牌识别设备通过车牌信息及时完成停车费用结算。
- 客户是谁及你能为他们提供什么：客户是上海地区的车主，为他们提供无感支付服务。

- 如何参与市场博弈：与捷停智能停车平台合作推出捷停无感支付产品，实现强强联合。
- 战略资产和能力：拥有上海车主客户的数据信息，数据资产转化为战略资产。
- 组织环境：上海银行高层鼓励、支持项目创新，并与外部供应商和销售商建立合作伙伴关系。
- 趋势、竞争和市场需求的影响：把握移动支付电子商务发展的大趋势。

战略的六个要素可以帮助我们了解如何构建成功和创新的业务。

3.2 使命、愿景和价值观

战略与项目中的所有活动都有关联。一个公司的总体目标体现在它的使命、愿景和价值观中，这也是它们在业务中处于第一位的原因。

3.2.1 使命

一个公司的使命被定义为这个公司的信条、理念、宗旨、商业原则，以及公司的信仰。使命声明的目的在于将员工的能量聚集于一组共同的目标。使命声明解释了为什么公司在做业务，以及什么是公司期望达成的。这描述了公司的中心目的、方向和范围。另一个对使命声明的描述是公司最终目标的表达，宣传公司的核心目的，如迪士尼的使命陈述是"为大众制造快乐"。

使命声明应该简洁明了，为的是传递公司的目的。简单和直接言辞的使命声明便于贯穿组织的各个层级。当所有的工作人员和员工都明确公司的使命声明时，他们才更有可能开发出进一步促进公司增长的创意和产品。

3.2.2 愿景

愿景声明是公司整体战略的第二要素。愿景声明描绘了公司未来的画卷：公司怎样看待其在员工、客户、市场，以及其所运营的社区里未来的定位。愿景声明应该与产品和技术路线图结合使用，以便帮助公司勾画出能够达到其战略目的、面向未来的、具体的战术。

通常，商业战略是为未来 3~5 年的规划，而愿景声明可能要看得更远，某些情况下甚至是 8~10 年。

有些时候，愿景声明和使命声明两者会有些混淆。这里澄清一下，愿景声明详细说明了公司计划做什么，而使命声明解释了公司将怎么做。在很多情况下，愿景实际上不能完成，这是因为它着眼于遥远的未来。伴随着公司的成长，需要不断地监控和调整公司在未来状态下的愿景，并可能在不同的竞争场合中获得成功。

案例 3.4　"超级最红星期五"只为"方便·实惠交给你"

案例背景

交通银行一直秉承的品牌使命是"方便·实惠交给你"。如何能将这个使命实实在在地传给广大用户？"超级最红星期五"营销活动不断优化用户体验（见图 3-4），深化场景布局，起到了很好的强化品牌使命的作用。

图 3-4　交通银行"超级最红星期五"营销活动

"超级最红星期五"营销活动打破线上线下、工作与生活的边界，打造了一个依托于互联网的美好生活阵地。在参与体验上，将过往的"超级最红星期五"主要集中的超市、加油站这两大线下核心场景进行迁移整合，通过加入手机移动端"买单吧"App，营造出超市、加油、手机重置、生活缴费等与生活息息相关的八大消费场景，对人们日常生活的覆盖更全面，满足持卡人多方面需求。

案例分析

战略是实现组织愿景和使命的手段，聚焦是战略的核心。交通银行"超级最红星期五"营销活动的目的就是强化"方便·实惠交给你"的品牌使命。

这种使命是要让用户实实在在地感受到，其营造出超市、加油、手机重置、生活缴费等与生活息息相关的八大消费场景，而且星期五的实惠力度大，都凸显了这一使命的影响力和感召力。

3.2.3　价值观

价值观是指引公司的道德准则。公司的高管必须坚持垂范高尚的道德行为，这样做既鼓舞人心又为组织的道德行为做出榜样。价值观描述的是行为规范，以及在执行公司业务时所期望的员工行为。很多公司在员工的安全和规范遵循方面会包含价值观声明。总体来说，行为规范（价值观）、愿景和使命构成了公司的战略。

案例 3.5　VISA 的企业价值观

案例背景

一段时期以来，以移动商务为代表的数字商务的飞速发展，带动了全球支付格局的深刻变革。消费者的购物方式、在线支付、应用内支付及店内支付方式不断变化，促使商户采用更多技术推动发卡银行与第三方技术供应商展开合作。

数字技术正在更深刻地根植于现代消费者的生活。日趋数字化使得消费者始终希望保持互联状态，通过手机、平板电脑、个人电脑和物联网设备在指尖上便可立刻获得信息。人工智能和虚拟现实模糊了数字世界与现实世界的边界。

今天，数字技术已经成为人们日常生活中不可分割的一部分，但它对消费者与金融机构之间关系的影响是缓慢渐进的。许多消费者依然坚持使用传统支付方式，如现金、支票和实体支付卡，但有更多的人正在将数字化方式融入日常的支付体验。这些消费者越来越习惯使用手机和物联网设备等新的支付介质，作为新的支付方式进行交易。

不断变化的数字化格局和消费者对新事物的开放态度促成了金融科技初创企业和成熟的技术企业进入支付行业。在提供金融服务方面，金融科技企业与传统金融机构及其中介机构是竞合关系。它们的出现首先动摇了发卡银行与持卡人的关系。它们所提供的金融服务往往能抓住消费者的痛点，从而打破了传统金融机构与客户已经建立起来的关系。金融科技的成功得益于它们能够根据消费者日益变化的喜好，快速创新，提供对路的产品与服务，满足热衷数字化体验的消费者的需求。

相反，那些对数字支付的创新，或是对消费者日益变化的需求反应迟钝的金融机构和商户，终将在竞争中被甩掉。这些趋势正给支付行业带来深刻的变革，它们将从根本上影响金融机构和商户的经济模式。

面对如此深刻的变革，VISA做出了战略上的重大调整。2019年是VISA加速转型的一年，在进一步开放VISA全球网络和数字技术开发平台的同时，还将继续拓展与产业生态系统的合作，通过联合创新，努力打造一套完整的安全便利的数字应用解决方案，帮助客户拥抱支付领域的颠覆性变化，提供快速创新的能力。同时，VISA还将继续加大对未来的投资，支持金融科技公司的创业和创新。

自20世纪90年代初VISA来到中国至今，VISA始终积极参与中国银行卡市场从无到有、从单一到多元、从世界的"跟随者"到全球移动支付的"领跑者"的发展过程，并与国内的金融机构客户、商户、政府和业界伙伴建立了良好紧密的合作关系。

无论时代如何变迁，"为客户创造价值，让更好的支付普惠更美好的生活"一直是VISA永远持守的初心和创新动力。

案例分析

"为客户创造价值，让更好的支付普惠更美好的生活"是VISA秉持的企业价值观，凭借该价值观，VISA与中国的政府部门、客户及行业伙伴建立了紧密的沟通与合作，更深入地参与中国数字经济的转型和发展，为国内客户不断创造新的价值，为新时代的全球化数字经济贡献力量。

3.2.4 战略布局图

项目布局始于战略布局。理解战略对项目布局至关重要，要考虑多方面的要素，如 PESTEL（政治、经济、社会、技术、环境和法律）分析、SWOT（优势、劣势、机会、威胁）分析、五力（同行业内现有竞争者的竞争能力、潜在竞争者进入的能力、替代品的替代能力、供应商的讨价还价能力、购买者的讨价还价能力）模型。

下面我们通过分析微信支付的战略布局，来看看如何通过战略布局来深入理解项目的方向。

案例 3.6　微信支付"一号工程"的战略布局

案例背景

2019 年 7 月 23 日，微信支付发布调整公告称，为严格落实《中国人民银行关于进一步加强支付结算管理防范电信网络新型违法犯罪有关事项的通知》和相关监管要求，更好地保护消费者的合法权益，完善支付风险防控体系，微信支付启动实施"一号工程"，全面升级"App 支付"和"Native 支付"风险防控措施。公告要求微信支付合作伙伴在 2019 年 9 月 15 日之前，完成升级改造，逾期未能完成改造的商户将无法使用有关支付功能，官方"直连"通道不受此次调整影响。随后，2019 年 8 月 12 日，微信支付进一步发布公告称，微信支付将更加严格地审核服务商入网商户的进件材料，升级身份识别的标准。新入驻的商户及存量商户均须按照新标准进行客户身份识别与更新，否则微信支付相关功能将被限制。

微信支付此次要求的升级改造，虽然声称是基于系统风控、用户资金安全等方面的考虑，实际上是对商户"断间连"，即切断商户通过服务商提供的非原生微信支付接口间接连接微信支付的方式，改为商户直接连接微信，微信支付身份转换为收单角色。尽管微信支付官方一再强调，改变政策只是为了更好地响应加强风险控制，并不是全面关停"间连"支付，交易风险较低的 App 商户不受影响，"Native 支付"也可以使用安全性更高的 JSAPI 支付方式进行替换升级，用户支付体验不受影响，但对微信支付的服务商来说，犹如晴天霹雳。有服务商表示，微信支付宣布切断"App 支付"和"Native 支付"的"间连"入口后，先前拓展的商户便无法使用微信支付的线上支付入口，几周内交易流水大幅下降，个别服务商交易一天减少上千万元，份额仅为此前的 1/5。

"一号工程"鼓励商户绕开服务商交易转接、直接接入微信支付，虽然有助于微信支付实时查看商户情况，加强风险防控，但对服务商的交易流水、运营收入产生了直接影响。同时，这也标志着微信支付开始对其发展模式进行调整。

有业内人士分析，支付宝以存、贷、汇为业务核心，而微信支付更像社交工具的重要叠加功能。2013 年 8 月，微信支付在微信 5.0 版本中正式上线，上线之初就广泛宣传"微信支付,不止支付"的核心理念。

截至2019年三季度,微信支付在各类线下支付场景的交易金额和笔数占比分别为46%和53%,占据半壁江山;线上场景中,根据易观咨询公布的2019年第三季度的数据统计,腾讯金融的移动支付交易占比已达到39.53%,仅次于支付宝,而腾讯系中绝大部分的移动支付交易贡献来源于微信支付(见图3-5)。考虑到支付宝还包含了信用卡还款、购票、缴费等各类交易,单考量扫码交易领域,微信支付的市场份额应远高于支付宝。可以说,微信支付仅用了6年多的时间,已稳坐线下移动支付市场中当仁不让的第一把交椅。

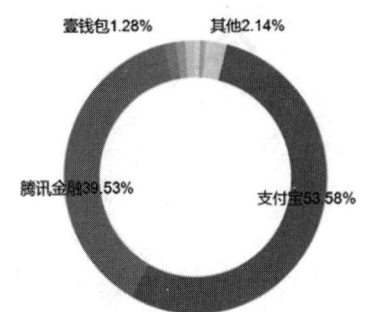

图 3-5　2019年移动支付市场交易份额

不同于支付宝的存、贷、汇资金融通的金融本质,微信支付凭借其社交属性,通过丰富的产品,充分发挥人与人、人与商品、人与服务、人与商家"连接"的核心功能,通过连接发起支付,通过支付实现连接(见图3-6)。

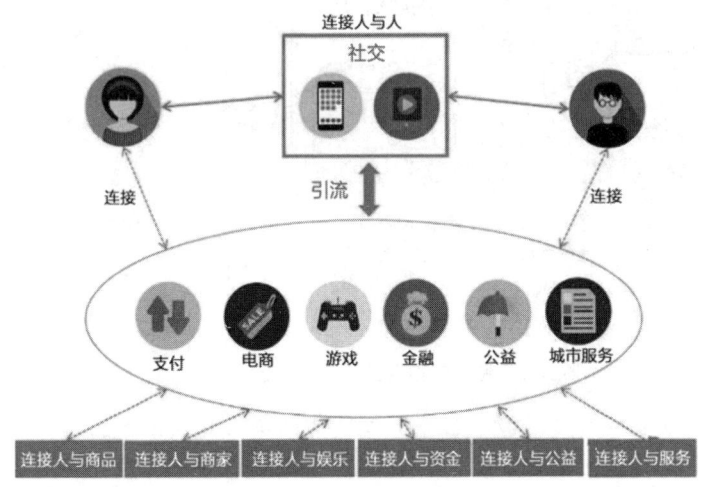

图 3-6　微信支付生态体系示意图

通过分析不难发现,微信支付依托其强大的平台,建立了一套极具品牌特色的移动支付推广策略。基于社交平台培养用户习惯,通过各产品的市场投放,通过 C

端、B端分步走的战略,以微信红包引爆社交支付,使得C端用户实现爆炸式增长,进而倒逼B端改造,如图3-7所示。

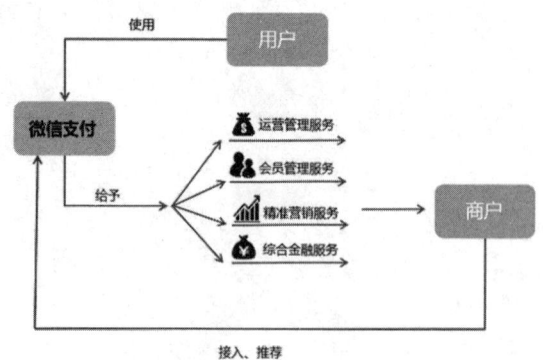

图3-7 微信支付"支付+"示意图

在移动支付高速发展的过程中,服务商立下了汗马功劳。微信支付通过"星火计划""绿洲计划""纵""横""战略",支付宝通过"蓝海计划""码商计划",配套各项长期服务商激励政策,获取大量的服务商资源,构建发达的服务商合作体系。结合各地服务商特点,借助收钱吧、美团等大型聚合支付服务商及各地小型聚合支付服务商,拓展和运维商户,配套提供C端营销资源、商户拓展返佣激励等措施,提升服务商配合度及积极性,既抓住行业龙头商户,又促活大量长尾商户,形成丰富的商户资源,构建广泛丰富的场景生态,如图3-8所示。

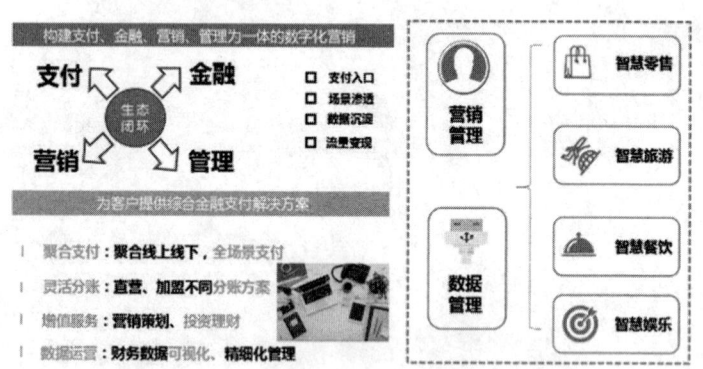

图3-8 服务商在移动支付中角色作用示意图

微信支付服务商主要是指有技术开发能力的第三方开发者,可以为普通商户提供微信支付技术开发、营销方案,即服务商可在微信支付开放的服务商高级接口的基础上,为商户完成支付申请、技术开发、机具调试、活动营销等全生态链服务。服务商作为商户与微信支付间的桥梁,提供各种服务与功能(见图3-9)。

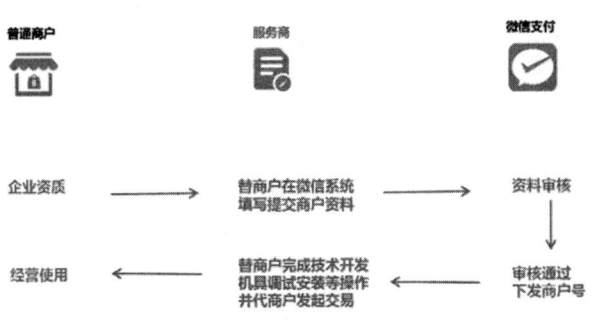

图 3-9　微信支付服务商功能示意图

在服务商合作体系的建设工作上,微信支付也独有一套。

一是召开服务商合作伙伴大会。为广泛地与服务商建立合作关系,将自身的平台能力、技术能力和用户触达能力更加快速、广泛地开放给合作伙伴,自 2016 年起,微信支付每年召开一次服务商合作伙伴大会,便于服务商跟进最新政策信息,稳固服务商合作体系。

2016 年,微信支付在服务商合作伙伴大会上宣布启动"星火计划",微信支付官方团队提供高额营销经费,支持服务商为商户全方位提供优质服务,全面推进各行业商户接入微信支付。

各项合作伙伴计划对微信支付发展的推动意义是明显的。微信支付的蓬勃发展、全面开花,很大程度上归功于出色的服务商合作策略,推动了服务商的大力拓展。对于服务商,微信支付使用了充分开放这一最简单的核心策略,"星火计划"帮助微信支付打开了中小服务商市场,后来推出的"绿洲计划"让商户和服务商显著提升了推荐使用微信支付的积极性,配合激励政策、开发的技术接口,微信支付让所有的服务商能百花齐放,都有自由空间,共同打造了微信支付健康生态。相比之下,支付宝更多地集中于独立出击,直接与行业商户谈判,其服务商体系不够完备、开放程度不够深入,导致支付宝虽然领先微信支付十余年的发展时间,拥有丰厚的行业商户资源积累,却还是在短时间内被微信支付赶上。

通过分析可以发现,在微信支付迅速扩张发展的过程中,微信支付官方与服务商关系亲密。微信支付以充分开放的态度培养了一批代理服务商、吸纳了众多的 ISV 服务商,将所有的接口文档开放给服务商,配合各种激励政策,充分鼓励服务商使用合适的接口文档接入商户,在 2019 年上半年微信支付还宣称,官方团队已经完全放弃了"拓展经理"的角色,将移动支付在线下的拓展全部交给服务商,要与第三方服务商共生共存、共享利益。而"一号工程"的横空出世,对于服务商来说不亚于晴天霹雳,大有逐步将服务商踢出微信支付生态体系的趋势。

"一号工程"对微信的意义。一是应对监管要求。早期移动支付市场发展过快,乱象丛生,随着 P2P 爆雷、洗钱等风险事件的不断出现,从 2015 年年底开始,监管层开始对备付金存管及支付机构业务连接系统出具规范意见,特别是"85号文"对加强风险防控、提升移动支付安全提出更加明确的要求。实际上,微信支付此次"断直连"除了加强风控,更重要的是加强对商户资源的掌控(见图3-10)。

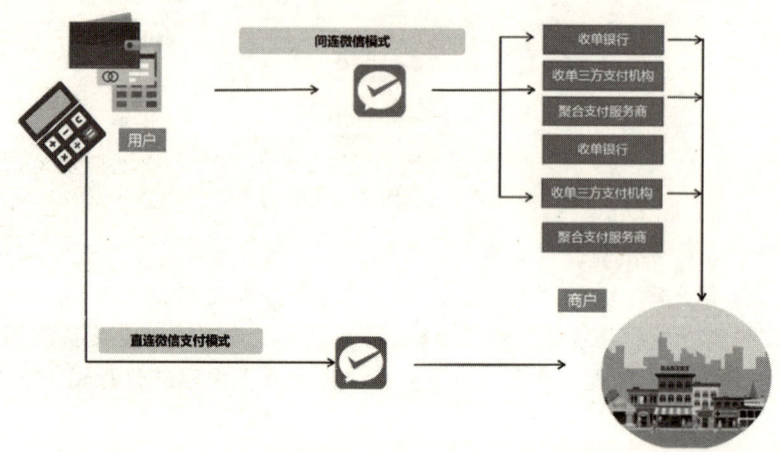

图3-10 "一号工程"实施前后微信支付与用户和商户连接示意图

当前移动支付市场参与方众多,格局已基本形成。自2014年起,随着移动支付兴起,微信支付、支付宝快捷支付逐渐侵蚀刷卡支付的市场份额;采用"直连"商户、银行的模式,让交易绕开了中国银联和网联等卡组织的转接清算。为了应对竞争,自2017年下半年,中国银联推出银行业统一App"云闪付",抢回了一些市场份额。目前,含聚合支付在内的移动支付参与方众多(见图3-11)。

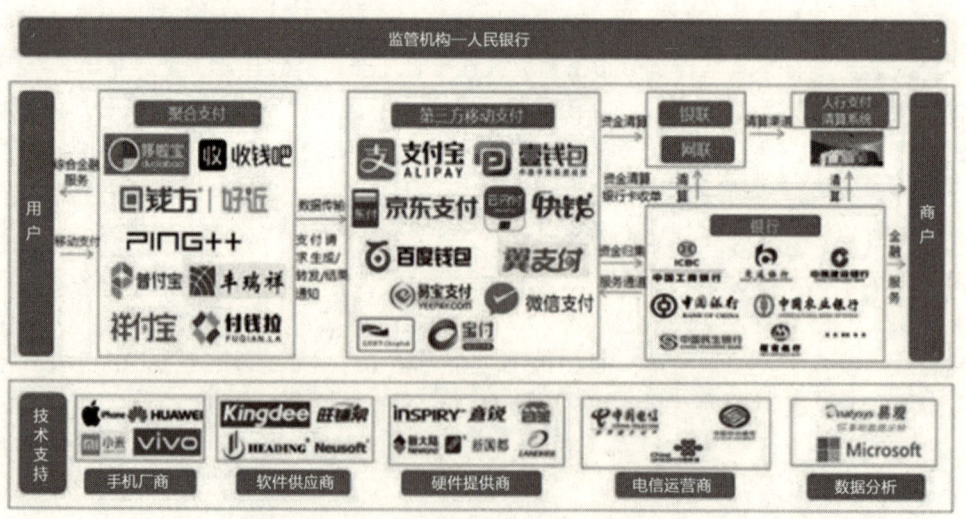

图3-11 移动支付市场结构图

案例分析

这个案例全面解析了微信支付发展的战略布局,包括产品战略、营销战略、服务商合作战略、"一号工程"战略四个方面。

产品战略:微信支付凭借其社交属性,通过丰富的产品,充分发挥人与人、人与商品、人与服务、人与商家等"连接"等核心功能,通过连接发起支付,通过支付实现连接。产品战略的核心是体验。

营销战略:基于社交平台培养用户习惯,通过各产品的市场投放,通过C端、B端分步走的战略,使得C端用户实现爆炸式增长,进而倒逼B端改造。

服务商合作战略:对于服务商,微信支付使用了充分开放这一最简单的核心策略,"星火计划"帮助微信支付打开了中小服务商市场,"绿洲计划"让商户和服务商显著提升了推荐使用微信支付的积极性,配合激励政策、开发的技术接口,微信支付让所有的服务商能百花齐放,都有自由空间,共同打造了微信支付健康生态。

"一号工程"战略:一是提升资金流的风控能力,从源头直至异常商户入网;二是加强商户体系建设,通过"断间连"微信支付可以直触用户和商户两端;三是重构支付生态圈。

在战略布局图中,关键是要画出你的价值曲线。图的横轴是客户的需求要素,更重要的是要把对客户的理解画出来,要深刻地洞察客户,理解客户,找到客户的价值主张所在。画这个横轴的一个简便方法,是通过标杆对照,研究行业惯例和竞争对手,解析出需求要素。

我们下面再来看一下美国西南航空公司的战略定位,如图3-12所示。需求要素是关于客户旅行的,包括价格、餐饮、候机室、可供选择的座舱等级、中转枢纽、友好服务、速度,以及点对点直飞的班次频度。

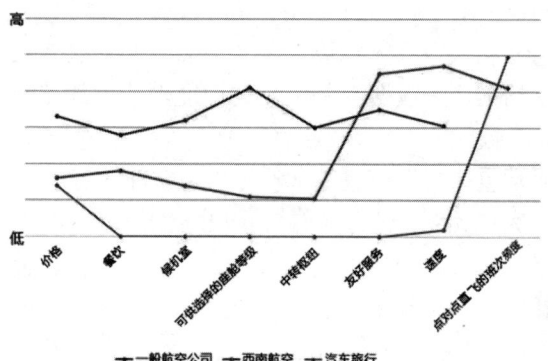

图3-12 西南航空的战略布局图

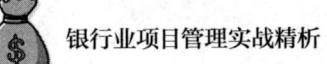

战略布局图的纵轴,是要素的分值。我们要按照某个需求要素的特征,给这个要素打分。有些要素分值高,是让客户得到更高的价值。把所有这些需求要素的得分点连接起来,就形成一条曲线。这些曲线,就叫作"价值曲线"。

美国西南航空的新价值曲线是通过和汽车旅行及一般航空公司所提供的产品之间进行价值曲线上的比较来获得的。

通常,美国人要从出发地到目的地,第一种方式是自己开车或搭乘长途汽车,这种旅行是点对点的,但速度很慢。它是很多美国人当时选择的方式。第二种方式是坐一般航空公司的航班。一般航空公司的航线一般都是有中转的。

西南航空给自己定位的"价值曲线"与汽车旅行和一般航空公司都不同。价格、餐饮、候机室比驾车旅行要好,但因为价格低、成本低,所以服务基本相当,而航线是点对点的。西南航空把着力点放在服务的友善性方面,放在飞行的速度方面,放在直航快捷的安排上面。因为这是客户价值主张的关键,所以,这三项给予客户的价值感远远超过一般航空公司。

总之,就是通过这样的定位,美国西南航空公司吸引了大量原来自己开车,或者搭乘长途汽车的人改坐飞机,创造了经营的奇迹。而西南航空又为了实现这样的经营逻辑,强化组织结构和文化建设的安排,让自己的商业模式最后落地。

3.3 商业模式

3.3.1 商业模式的分类

战略布局明确后,接下来要考虑的是商业模式。现代管理学之父彼得·德鲁克认为:当今企业之间的竞争,并不是产品之间的竞争,而是商业模式之间的竞争。今日谈及创新,大多数人都会想到技术创新,但是你是否想过,该如何从创新中盈利呢?

以上问题,都与商业模式创新息息相关。一个组织确定了战略目标后,接下来最重要的莫过于确立其独特的商业模式,商业模式也是实现战略目标的有力手段。那么,究竟什么是商业模式?在项目管理中又应该如何设计商业模式呢?

大家可能觉得商业模式会比较深奥,其实不然,商业模式就在我们身边。下面我们通过一些生活中的案例来说明五种常见的商业模式,即非绑定式、长尾式、多边平台式、免费式、开放式。

传统商业银行通常包括银行信息基础设施(如软件信息系统、服务器等)、银行卡产品(白金卡等)、客户关系(银行大都有客户服务部等,目的是维护客户关系),这种模式与大多数互联网公司的商业模式有很大的不同。像这种通过基本业务,如客户关系、产品创新、基础设施来给客户提供产品或服务的商业模式叫作非绑定式模式。

拼多多,在短短几年内拥有 3.8 亿个购买用户绝非偶然。拼多多的崛起,关键在于敏锐地抓住了一大部分"长尾用户"的需求:消费者需要的只是高性价比,因此绝对低价的商品,在占人口总规模比例极大、收入一般却能带来巨大流量的人群中,拥有广阔的市场需求。拼多多的商业模式是长尾式模式,其特点是拼团和砍价模式,为市场提供大量特价产品。

我们再说一下银联,银联的商业模式叫作多边平台式,如图3-13所示,它将发卡机构、收单机构、特约商户、持卡人等两个或者更多有明显区别但又相互依赖的客户群体集合在一起,从而成为这些客户群体的中介来创造价值。平台运营商通常会通过为一个群体提供低价甚至免费的服务来吸引他们,并依靠这个群体来吸引与之相对的另一个群体。

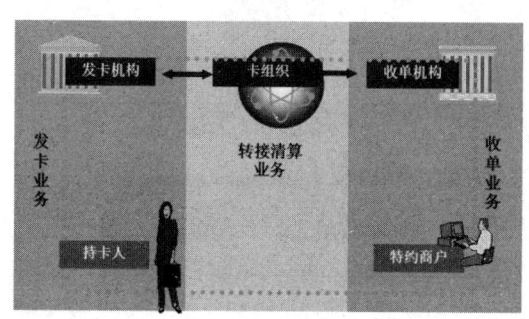

图3-13 多边平台式

男士都对刮胡刀不陌生,手动刮胡刀数吉列最有名。吉列创造了一种商业模式叫作免费式模式,这种模式又称为刀架–刀片模式。刀架往往以成本价售出,促使消费者不断购买与刀架相匹配的刀片,而刀片因为是易耗品,因此购买频率较高,定价也较高,由此产生可观的利润。免费式模式是初始产品/服务廉价或免费,相关产品或服务收费。像我们所熟知的小米、360、爱奇艺都属于这种模式。

另外,我们再来看看开放式模式。这是通过与外部伙伴系统性合作,来创造和捕捉价值,既可以将外部的创意引入公司内部,也可以将企业内部闲置的创意和资产提供给外部伙伴。开放式模式认为在一个以知识分散为特征的世界里,组织可以通过对外部知识、智力资产和产品的整合创造更多价值,并能更好地利用自己的研究。典型案例有宝洁、维基百科、开源软件等。

那么大家可能问:哪种商业模式更好呢?其实,商业模式并没有好与坏之分,只有是否适合战略和自身特点。

案例3.7 我有千面,就要不凡

案例背景

光大银行、中国银联携手今日头条,推出了以"我有千面,就要不凡"为主题的今日头条联名卡(见图3-14)。此次的三方合作,一方面,以个性化定制的形式,

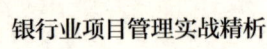

将头条"千人千面"的阅读体验融入信用卡"千人千面"的用户体验，满足当下年轻消费人群的需求；另一方面，也希望能将阅读行为数据与信用卡消费数据高度融合，从而在数据层面实现金融服务与互联网渠道的深度融合。

图3-14　光大银行今日头条联名卡

此外，这张主打"千人千面"的信用卡不仅拥有专属定制的卡面设计，更是享有终身免年费、机场贵宾厅服务、10元享美食、10元看大片等一系列特色服务，真正做到为用户提供从外到内的专属服务。

案例分析

光大银行、中国银联携手今日头条，推出的以"我有千面，就要不凡"为主题的今日头条联名卡，实际上是一种多边平台模式的融合商业模式。

这其中涉及的经济体有商户、持卡人、今日头条用户，因此作为发卡银行的光大银行、卡组织的银联和拥有阅读数据的今日头条联合起来，将阅读行为数据与信用卡消费数据高度融合，从而在数据层面实现金融服务与互联网渠道的深度融合，通过创造价值和传递价值的结合来为客户服务。

3.3.2　商业模式画布

刚才我们了解了各种商业模式，那么如何设计商业模式呢？今天我们来给大家讲一种设计商业模式的工具——商业模式画布（见图3-15）。

商业模式画布可以用一个中心三个环来描述。首先是以价值主张（VP）为中心。好的商业模式或产品必须有一个有力的价值主张，如"怕上火，喝王老吉"就是一个好的价值主张。好的价值主张由两方面组成：痛点＋解决方案。"怕上火"就是痛点，"喝王老吉"就是解决方案。

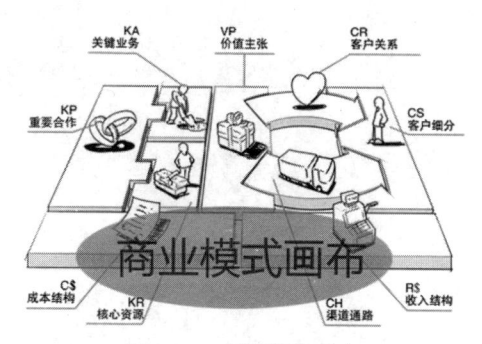

图 3-15　商业模式画布

一个中心明确后，我们再来看看三个环。第一个环叫作客户环，客户环由三个要素组成：客户细分（CS）、渠道通路（CH）和客户关系（CR）。以大家所熟知的共享单车产品为例，细分客户是乘坐公共交通的都市人，因为他们的痛点是"最后一公里"。我们可能要通过地铁广告或校园传单的渠道通路将我们的价值主张传递到我们的细分客户，接下来可能需要通过提供免费乘骑的服务来维护客户关系。

第二个环叫作业务环。这个环也由三个要素组成：关键业务（KA）、重要合作（KP）和核心资源（KR）。还是以共享单车为例，关键业务包括自行车生产、自行车定位、资金清算（押金和使用费）等。考虑到不可能所有的业务都由自己来做，我们需要合作伙伴，包括自行车厂商、高德地图、基金公司等。最后是核心资源，共享单车的核心资源是用户的骑行大数据，正是因为有这些大数据的核心资源，才可能吸引阿里和腾讯与 ofo 和摩拜的合作。

第三个环是现金流环。这个环由两个要素组成，第一是成本结构（C$），第二是收入结构（R$）。成本结构由业务决定，而收入结构由客户决定。收入结构与成本结构共同决定了利润和现金流。

总结

战略是公司为达成其长期增长目标的策略计划。公司的使命、愿景和价值声明共同构成了公司的经营战略。

商业模式创新包括改变用户价值主张，以应对新的市场机会。商业模式包括创造可盈利的新科技或以独特视角打开新兴市场。商业模式创新的四个主要元素是：

- 客户价值主张。
- 关键资源。
- 利润公式。
- 基本商业流程。

第4章 价值论证

本章内容

- 识别商业问题和机会
- 建议满足商业需要的解决方案
- 评估组织当前状态
- 商业论证

本章案例

- 案例 4.1　5G + 智慧支付助力"智慧出行"
- 案例 4.2　四家城商银行面向不同相关方的特色服务
- 案例 4.3　"小猪佩奇"经济下的消费分级
- 案例 4.4　平安保险的情境说明书
- 案例 4.5　昆山农商行 IPO 的根因分析
- 案例 4.6　滴滴金融生态布局
- 案例 4.7　京东逆风进军 P2P 市场
- 案例 4.8　小微金融与社会的线下信息联动,实现高投资回报率
- 案例 4.9　长租公寓融资的商业论证

为了更有效地实现项目或项目阶段的启动,你必须在定义的目标方面具有方法体系和一致性。商业价值论证就是聚焦在商业目标的定义上,去描绘项目蓝图,而描绘蓝图是需要具备项目周边内外部商业环境的相关知识的。在商业价值论证方面有经验的项目经理会将组织战略翻译成建议的商业解决方案,为组织创造商业价值。

4.1　价值论证概述

4.1.1　价值论证的必要性

价值论证会检查商业环境,帮助组织深入理解商业问题或商业机会,分析和比较组织的实际绩效和期望绩效的差距,并最终完成商业论证。商业论证是确定项目目标的基础,并为项目章程提供依据。

价值论证往往在项目开始之前执行，因此它包含项目前活动，确保了项目的合理性和顺畅性。

如果忽略了价值论证，通常将导致分析不足而无法充分理解商业问题，结果将是解决方案不能解决商业问题，也就无法实现商业价值。

4.1.2 价值论证的本质

价值论证就像为项目活动找到了目标和方向，项目管理规划实际上为项目活动定义了方法。方法固然重要，但通常需要先明确目标。

为了更有效地定义、设计和交付能够解决商业问题的解决方案，项目团队应该定义所需达成的蓝图并与相关方达成一致。定义项目高层级商业需求是产生成功项目成果的第一步。价值论证就是来解决项目蓝图定义这个问题的。

价值论证聚焦于定义项目的商业需求。商业需求（Business Requirement）描述了组织高层级需要的需求，如商业问题或机会，提供了为什么项目正在被执行的论据。商业需求提供了关于为什么需要启动这个项目来解决某个特定商业需求的合理性说明，它为低层级细节需求诠释了商业语境。组织可以结合商业需求、问题和机会来检视组织的当前能力，并定义能解决当前问题并且可行的解决方案范围和方法。

项目的商业需求就像一幅画的轮廓：它框定并控制了解决方案范围和构建解决方案所需的工作量。它所体现的商业论证、解决方案范围和所需能力伴随着项目生命周期的不断实施而需要持续更新和变更。

案例 4.1 5G + 智慧支付助力"智慧出行"

案例背景

2019 年 5 月 20 日，地铁 5G 车地通信全球首次应用，深圳地铁在 11 号线列车试行地铁 5G 超宽带车地无线通信，从始发站碧头站出发徐徐抵达终点站福田站，进站、停车、上下客、离站，在短短 150 秒内，列车上 8 节车厢共 40 个高清摄像头带来的监控视频、设备检测等高达 25GB 的车载数据，便通过部署在列车和车站的 5G 车地设备完成了自动传输。

华为技术人员介绍说："本次应用的 5G 毫米波车地传输，可做到自动对准、自动连接、自动身份认证和自动上传，全程无须人工干预。传输速率超过 1.5Gbps，传统 4G 无线通信与之相较如同普通火车对上高铁。"（见图 4-1）

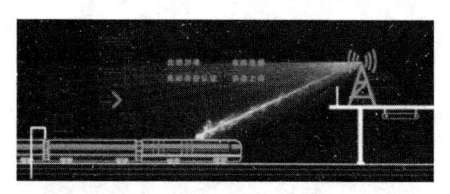

图 4-1 深圳地铁 5G 车地通信示意图

如同 5G 技术促使地铁运营生产中所有涉及数据传输工作达到新的高度，刷脸支付、人脸识别票务等先进的支付手段也在"智慧出行"方面发挥着重要作用。在福田地铁站，乘客可以在入口处的平板电脑面前"刷脸"，或者通过智能手机扫二维码，从相关账号中自动扣除票钱。

深圳地铁与华为和中国银联合作，应用 5G 和刷脸支付技术，以智慧运维为抓手，形成了车站智慧服务、列车拥挤度智能显示系统、车辆智慧运维平台、智能巡检等十大重点项目，有针对性地聚焦运营管理痛点，提升了乘客体验。

案例分析

深圳地铁"5G + 智慧支付"项目之所以成功，核心是因为在项目价值论证阶段就瞄准了核心的商业问题，正因为解决了商业痛点和问题，才有商业价值的产生。其核心的商业问题有三个：

一是地铁运维效率有瓶颈。以深圳地铁 11 号线为例，一趟运行 1 小时的列车会产生 25GB 左右的数据。受技术现状制约，目前车地无线网络带宽不足，传输速率不稳定，车载数据基本无法实现及时下传，只能储存在车上的硬盘中，待列车下线后再由操作人员上车拷贝。这样不但耗时耗力，可靠性和实时性也无法保障，直接影响地铁调度人员快捷、流畅地查看列车监控。地铁 5G 车地通信可以有效地解决这个问题。

二是因车厢过度拥挤而导致乘客安全性和舒适度低。"车厢拥挤度智能系统"已在机场站试点推出，该系统可实时采集列车载重及位置信息，动态显示列车各车厢的载客拥挤情况，并向乘客实时反馈即将到站列车各车厢的拥挤情况，及时引导客流，避免乘客过多地集中在一节车厢中，从而也进一步保障了地铁的安全运行。

三是乘车支付的安全性和效率低。银联的云闪付可以通过"一闪即付""刷脸支付"等手段解决。云闪付通过保护用户信息，实现高安全性；交易速度快，耗时毫秒级，具有很高的交易效率；支持联机、脱机交易，即使在网络信号不佳的情况下也可实现快速乘车。

正因为解决了以上三大商业问题，深圳地铁"5G + 智慧支付"项目在启动的时候就有着明确的商业价值，从根本上确保了项目的成功可能性。

4.1.3 价值论证的活动

价值论证所包含的活动主要有以下四项：

- 识别问题和机会。
- 评估组织当前状态。

- 建议满足商业需要的解决方案。
- 组合商业论证。

识别问题和机会是识别正在解决的问题或需要抓住的机会。理解当前环境并分析已有信息,从而发现必要的数据以全面识别问题或机会。

评估组织当前状态是理解组织当前的目的和目标,阻碍达成这些目标的根本原因和目的,或者任何能够帮助抓住机会的重要贡献因素,最终识别出组织当前能力和所需能力之间的差距。

建议满足商业需要的解决方案是建议解决方案来弥补组织能力差距,提供可供选择的方案、每种可选方案的可行性,以及可选方案的优先次序。

组合商业论证是编制商业论证,帮助组织选择最佳项目集或项目以满足商业需要。商业论证探索问题或机会的本质,确定了其根本原因或获得成功的贡献因素,并呈现了有助于完整建议的各个方面。

下面让我们来逐一学习每一项活动的过程、可交付成果及其技术。

4.2 识别问题和机会

识别问题和机会的最终可交付成果是"情境说明书",该活动共有五项活动过程。

- 识别相关方:评估哪些相关方会受到影响。
- 调查问题或机会:专注于对问题或机会进行足够的研究以充分了解情境,也就是问题或机会的背景。
- 收集相关数据来评估情境:测量问题或机会的规模以确定得出的解决方案的规模是否恰当。
- 起草情境说明书:通过记录当前需要解决的问题或需要开拓的机会来起草情境说明书。
- 获取相关方对情境说明书的批准:使情境说明书获得已识别出的受影响相关方的同意。

刚才我们提到过,价值论证的焦点是定义商业需求。情境说明书实际上就是记录商业需求的一种形式。商业需求"定义了商业分析师试图找寻解决方案所解决的商业问题"。

组织通常会考虑基于新的市场机会、客户反馈、新的可用技术,或者为了达到变化的法律和规定要求而增加新的能力或改变现有能力。

为了能定义商业问题,组织必须检查商业驱动因素和问题,以决定能力的变化是否真正需要。这时需要组织展开商业问题的调查研究,去质疑商业需求和假设,从而确保商业问题或机会得到解决。

定义商业需求要从相关方入手,商业分析师需要访谈相关方使自己充分理解商业问题或机会。组织需要真正定位于商业需求，而不是过于频繁地去响应临时发生的问题、事故，或者一些低效的事情。商业需求往往包括：

- 待考虑的解决方案选项范围。
- 涉及的相关方或相关方群组。
- 合适的解决方案方法。

商业需求一旦明确下来，在整个项目生命周期中不应该变化太大。如果商业需求在项目生命周期中确实有变更，组织应该再去核实所有高层级的计划和定义，以确保所有的工作依旧有效。

下面让我们来看一下每个活动过程的可交付成果和相关技术。

4.2.1 识别相关方

该活动的输出是"相关方登记册"。价值论证中的识别相关方活动主要用来评估哪些相关方会受到影响。相关方是指能影响项目决策、活动或结果的个人、群体或组织，以及会受或自认为会受项目决策、活动或结果影响的个人、群体或组织。

在价值论证领域应关注的相关方类型，总结下来有3种：项目发起人、项目受益人、与解决方案相关的相关方（支持者、使用者、参与者、影响者）。

该活动过程中主要用到的技术是责任分配矩阵（RACI模型）。可以用来对价值论证中受影响的相关方进行分类。它可以分为以下四个类别：

- R——执行。执行价值论证的人。
- A——负责。经过授权，能够批准商业论证的人。
- C——咨询。可以咨询的个人或团体，他们能够提供有助于理解当前问题或机会的信息。
- I——知情。能接收到价值论证结果的个人或团体。

案例4.2　四家城商银行面向不同相关方的特色服务

案例背景

宁波银行基于中小企业主的成长周期，拓展高端个人客户群体。在专注服务中小企业的整体定位下，宁波银行创新性地探索出了以零售为主的发展思路和小微客群成功经营模式，同时又以小微业务客户资源对零售客群进行反哺。通过对客户需求的把握和识别，有效地将中小企业客户拓展为高端个人客户，实现了良好的联动营销，如图4-2所示。

杭州银行围绕科技文创企业的全生命周期提供有针对性的创新产品及服务。针对处于不同发展周期的科技文创企业，杭州银行成立了全国首个科技文创金融事业部，推出了差异化服务计划，每类计划均囊括了贷款服务、创新性泛金融服务及信息促成服务，以期与创新共同成长，如图4-3所示。

图 4-2　宁波银行服务中小企业主　　图 4-3　杭州银行文创支行

贵阳银行在地方政府协助下，广泛布设合作式的农村金融服务站，实现下沉式服务。贵阳银行充分借助农村地区已有的供销社、合作社物理网络，将金融服务功能以布设电子化机具的方式嵌入，大大节省了自建物理网点的成本投入，同时对下辖农村市场实现了良好的覆盖，如图 4-4 所示。

郑州银行围绕所处区域商贸物流产业特色，以六大行业和客群为核心，设立多家线下的商贸物流特色支行，打造银行联盟模式下的线上商贸物流"云商"平台，如图 4-5 所示。

图 4-4　贵阳银行农村金融服务站　　图 4-5　郑州银行"云商"平台

案例分析

识别相关方是识别商业问题的第一步，不同相关方所涉及的商业需求有可能是完全不同的。宁波银行面向中小企业主，杭州银行面向科技文创企业，贵阳银行面向农村供销社和合作社，不同的相关方决定了后续项目不同的产品或服务。

4.2.2　调查问题或机会

该活动过程的输出是"情境"，也就是正在调查的问题或机会的背景。了解情境的目的是避免在项目前期阶段对商业问题或机会了解不充分的条件下，就陷入完整的需求分析，从而导致分析的错误或返工。

要明确情境（Situation）的定义："内部问题或者外部机会的条件，构成商业需求的基础，并且可能产生项目或项目集来满足这个条件。"

该活动过程的技术提到了以下三种。

- **访谈**：通过向相关方群体提问并记录其反馈的方式来获取信息的正式或非正

式的方法。
- **文件分析**：通过分析现有文档，识别与需求相关的信息的一种启发式技术。在价值论证领域，建议查看任何与业务部门的当前过程、方法或系统相关的现有文档。
- **观察**：一种直接获取信息的启发技术，这些信息是关于过程是如何执行或产品是如何使用的，方法是通过观看个人在自己的环境中工作或任务的执行和过程的实施。在价值论证领域，组织监控或观察正在运作的业务，从而发现"当前"过程的元素。

组织必须调查商业问题或机会，确保有充足的业务理由去解决这些问题或机会。这需要找寻一种途径去提升业务、增加价值。在从事这方面工作的时候，往往应该考虑以下因素：
- 量化负面影响。
- 定义提议解决方案所能得到的增长收益。
- 估算解决问题或机会所需的时间。
- 一定要把"什么事情也不做"当成一种解决方案选项。
- 识别问题的根本原因。

4.2.3 收集相关数据来评估情境

该活动过程的输出是"估计的情境规模"，目的是通过收集的相关数据来测量问题或机会的规模以确定得出的解决方案的规模是否恰当。相关技术提到了以下三种。

- **标杆对照**：将实际或计划的实践（如流程和操作过程）与其他可比组织的实践进行对照，以便识别最佳实践、形成改进意见，并为绩效考核提供依据。在价值论证领域，标杆对照是将组织的测量指标或过程与行业内类似组织或行业平均值进行比较，或者比较组织内部单元或过程。
- **帕累托分析法**：按发生频率排序的直方图，显示每种已识别的原因分别导致的结果数量。在价值论证领域，帕累托分析法是用来分析数据的技术，特别是分析关键少数数据的背后信息。
- **趋势分析法**：根据历史数据并利用数学模型，预测未来结果的一种分析技术。它利用以往各绩效报告的数据，确定预算、成本、进度或范围的实际水平与基准间的偏差，并预测在项目执行不发生变更的情况下，在未来某时点相应参数与基准值的偏差。在需要评估领域，趋势分析法是用来分析数据的技术，其主要目的是基于已有数据进行分析预测，分析其发展趋势，预测出可能的发展结果，并构建出相应的数据模型。

案例 4.3 "小猪佩奇"经济下的消费分级

案例背景

2019 年是己亥猪年,因此一部英国的儿童动漫突然就火了起来,对!这就是《小猪佩奇》(见图 4-6)。据公开资料显示,关于佩奇的相关报道大致可提取为四组数据:

一是豆瓣评分 9.2 分,用户体验佳,好评率高。

二是国内 2018 年播放量 100 亿次,用户规模大,爆发期短。

三是 2019 年全球收入 70 亿元人民币,变现模式成熟,吸金能力佳。

四是 2020 年全球预计收入 120 亿元人民币,小猪佩奇 IP 持续生命力强,前景好。

图 4-6 《小猪佩奇》

"小猪佩奇"经济的出现,似乎让中国进入了一个不一样的消费分级阶段:人们从买商品到买体验、从跟风到个性化、从买品牌到买品位,消费开始随着不同年龄、地域、兴趣爱好的消费者下沉,呈现出更加多元、细分的消费诉求,大品牌被小众创意产品蚕食的现象屡屡出现。

兴趣买单、理性消费、重性价比成为主流消费态度。我要花钱,但我不会乱花钱;我要享受,但我不会花冤枉钱。尼尔森 2018 年第三季度数据显示,48% 的消费者对未来一年的购买倾向为选择性价比高、物有所值的产品;39% 的消费者比较倾向于选择适合自己的产品,他们认为品牌不是唯一抉择标准;有 36% 的消费者愿意为兴趣及情感消费买单,同时 24% 的消费者注重渠道性价比。在这个用户选择越来越多的时代,消费者更明白自己的需求价值是什么,因此性价比成为消费决策中的关键因素,是在消费需求中用"值得"的态度对待消费。

案例分析

银行最关心的就是用户消费数据,因此"小猪佩奇"经济所带来的消费升级也是一种银行业所面临的商业机会。如何更好地识别这个商业机会的"情境"?自然是通过数据收集。

通过上述小猪佩奇的经济数据和尼尔森的消费分析数据,可以更好地理解目前的商业问题和机会。

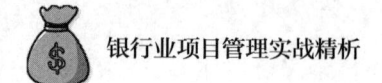

4.2.4 起草情境说明书

当了解商业问题后，商业分析师就应该通过记录当前需要解决的问题或需要开拓的机会来草拟情境说明书。因此该活动过程的输出是"情境说明书"。草拟情境说明书的主要目的是确保相关方能深入一致地理解组织计划解决的问题或机会，否则解决方案会有错误的风险。

需要理解的是情境说明书的格式，包括：
- 问题（或机会）是"a"。
- 具有的效果是"b"。
- 产生的影响是"c"。

该活动过程并没有介绍相关的技术。

4.2.5 获取相关方对情境说明书的批准

有了草拟的情境说明书，还需要获得受影响相关方的批准。

在项目实战中，我们需要根据组织文化，采用符合组织习惯的批准方式，有可能是很正式的官方批准过程，也有可能是非正式的邮件或备忘录批准方式，并且可能需要不断调整以获得相关方的批准。

该活动的输出是"批准的情境说明书"。

相关技术有以下三种。
- **促进**：作为协调者促使各方达成既定目标，或者就某项决策达成一致。在这里，需要促使各相关方对情境说明书的理解达成一致。
- **谈判**：各方通过协商来解决争议的过程和活动。
- **决策**：在实际做出或推荐一个特定决策前对不同决策的后果进行检查和建模。目标是做出或推荐一个充分知情的决策。实现方式通常是用某种形式的数学建模来评估可能的结果。

案例4.4 平安保险的情境说明书

案例背景

在移动互联网的大背景下，保险公司纷纷利用移动技术不断优化业务流程，提升客户体验。其中平安保险公司近年来利用移动技术不断改进其理赔过程，首先就是要明确所遇到的商业问题，其通过情境说明书表述的商业问题如下：

1）近年来保险理赔流程的成本持续提高，在过去三年内以每年7%的平均速度增长（**a. 问题或机会**）。

2）通过现有手段——客服电话或PC网络提交理赔要求的方法存在明显的流程延迟（**b. 具有的效果**）。

3）这就需要增加人力来处理客服电话和亲自到现场调查（**c. 产生的影响**）。

> **案例分析**
>
> 这个案例属于典型的情境说明书案例，其中以 a.问题、b.效果、c.影响三要素的情境说明书来表述商业问题的方式非常值得我们学习。因为这样的问题表述，既有定性的描述，也有定量的描述，为明确和解决问题打下了基础。

4.3 评估组织的当前状态

"评估组织的当前状态"活动是为了理解组织当前的目的和目标，阻碍达成这些目标的根本原因和目的，或者任何能够帮助抓住机会的重要贡献因素，最终识别出组织当前能力和所需能力之间的差距。该活动的可交付成果是"**组织能力的差距**"。

该活动共有以下七项活动过程。

- 评估组织目的和目标：组织目的和目标用以指导商业分析的方向，是商业需求的重要输入，因此需要评估组织目的和目标。
- SWOT 分析：运用 SWOT 分析法来帮助组织评估策略、目的和目标。
- 相关的标准：使用目的和目标作为衡量项目选择决策的标准。
- 对情境进行根本原因分析：将情境在行动前分解成根本原因或机会贡献因素，以建议可行的和适当的方案。
- 确定解决情境需要的必要能力：对较为复杂的情境建议新的能力。
- 评估组织的当前能力：知道某个情境需要哪种能力后，确定组织的当前能力。
- 识别组织能力的差距：运用差距分析技术识别当前和所需状态间的差距。

下面让我们来看一下每个活动过程的输出和相关技术。

4.3.1 评估组织目的和目标

组织目的和目标是定义商业需求的重要输入，它用于指导商业分析的方向。该过程的输出是"组织目的和目标"。两个明确目的和目标的建议：查看商业策略文件和计划以获得发展组织策略的因素的理解；若没有这些计划，则建议进行相关方访谈。

商业目的或目标信息通常可以在组织战略计划（Organizational Strategic Plan）里面查到，它来自组织的愿景、使命和价值。

- **愿景**：愿景描述了未来的状态。
- **使命**：使命描述了为什么要达成未来的状态。
- **价值**：价值提供了组织为了达成愿景如何定义其使命的边界。

图 4-7 描述了从组织愿景、使命和战略计划到达成战略目标的项目之间的各层

关系。商业目的是一种战略说明，描述了组织寻求确立或维持当前条件的变化。商业目的可能分解为多个领域，如客户满意度、运营卓越性或业务增长。

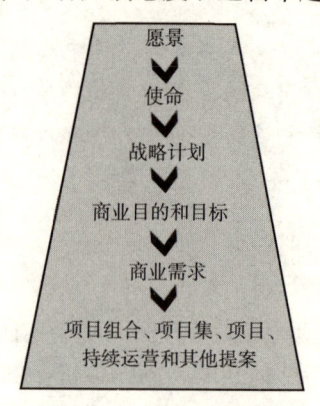

```
愿景
  ▼
使命
  ▼
战略计划
  ▼
商业目的和目标
  ▼
商业需求
  ▼
项目组合、项目集、项目、
持续运营和其他提案
```

图 4-7　组织战略和实施

商业目的必须分解为一组能够量化的商业目标。商业目标说明了资源投入方向的预定结果，如希望达到的战略定位或意图。

4.3.2　SWOT 分析

SWOT 是一种常用的促进与相关方讨论的工具，可以帮助理解高层级商业需求。可以使用 SWOT 创造结构性框架来将情境分解成根本原因或贡献因素。

SWOT 分析的内部视角主要关注商业问题或机会的优劣势，外部视角则关注商业需求的机会或威胁。

相关技术：SWOT 分析。目的是将组织策略变成商业需求，如图 4-8 所示。

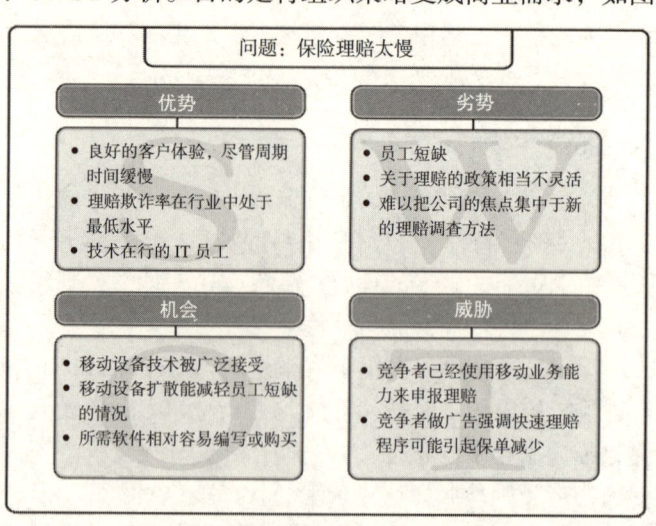

```
问题：保险理赔太慢

优势
• 良好的客户体验，尽管周期时间缓慢
• 理赔欺诈率在行业中处于最低水平
• 技术在行的 IT 员工

劣势
• 员工短缺
• 关于理赔的政策相当不灵活
• 难以把公司的焦点集中于新的理赔调查方法

机会
• 移动设备技术被广泛接受
• 移动设备扩散能减轻员工短缺的情况
• 所需软件相对容易编写或购买

威胁
• 竞争者已经使用移动业务能力来申报理赔
• 竞争者做广告强调快速理赔程序可能引起保单减少
```

图 4-8　商业问题 SWOT 分析的例子

4.3.3 相关的标准

推荐使用目的和目标作为衡量项目选择决策的标准。例如，当目的和目标是创收时，扩大市场或增加新产品的项目就成为关键；当主要目标是降低成本时，过程改进或削减成本的项目就很重要。

4.3.4 对情境进行根本原因分析

之所以要对情境进行根本原因分析，是为了将其分解成根本原因或机会贡献因素，从而使解决方案更加可行、合适。在这里需要明确以下两个定义。

- **根本原因分析**：用于确定引起偏差、缺陷或风险的根本原因的一项分析技术。当应用到商业问题中时，根本原因分析可用于发现问题的潜在原因，从而能设计出方案来减少或消除问题。
- **机会分析**：一个关于潜在机会的主要方面的研究，以确定成功推出新产品或使其成就的服务的可行性。机会分析可能要求额外工作来研究潜在市场。

可交付成果："情境根本原因"。相关技术有以下两项。

- **五问法**：针对问题的原因进行五次提问或更深入的五个层次来提问，以达到真正理解的目的。五问法常常用来澄清商业问题。
- **因果图**：因果图用于分解问题或机会的根本原因。这有助于将商业问题或机会分解为组件，从而理解问题的原因。常用的因果图有以下三种。

（1）**鱼骨图**：鱼骨图通常的流程是将需要解决的问题放在鱼头部位，使用 3~8 个原因类别，对每一个原因标注其子原因，寻找原因的模式，圈出重要的因素，如图 4-9 所示。

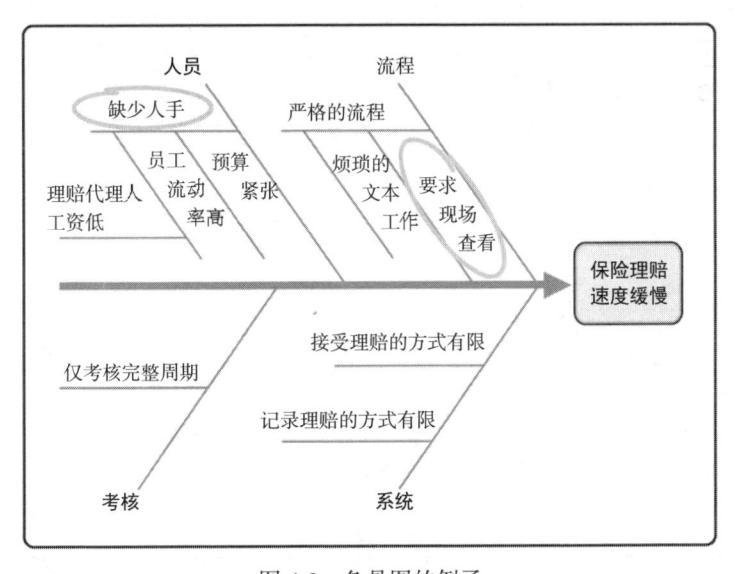

图 4-9 鱼骨图的例子

（2）关联图：关联图的作用是将复杂问题可视化，对识别变量很有帮助。它可以帮助理解原因和结果之间的关系，并识别哪个是产生问题的首要原因；最大数目的"到达"箭头的因素是结果；最大数目的"出发"箭头的因素是原因，如图 4-10 所示。

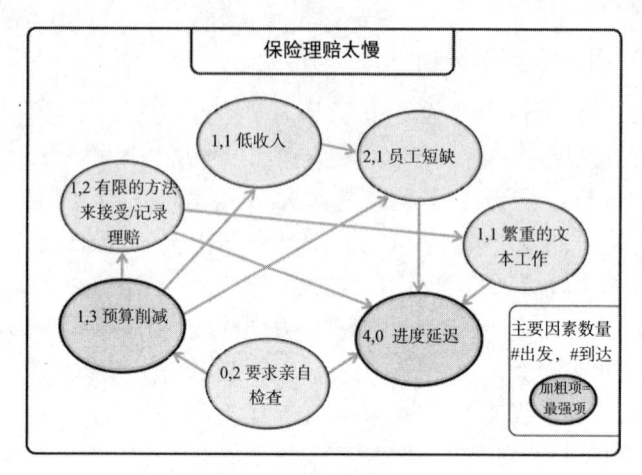

图 4-10 关联图的例子

（3）过程流：记录和分析当前和未来的过程。过程流也可以用于根本原因分析，它聚焦于分析当前过程的各方面对问题的贡献度，如图 4-11 所示。

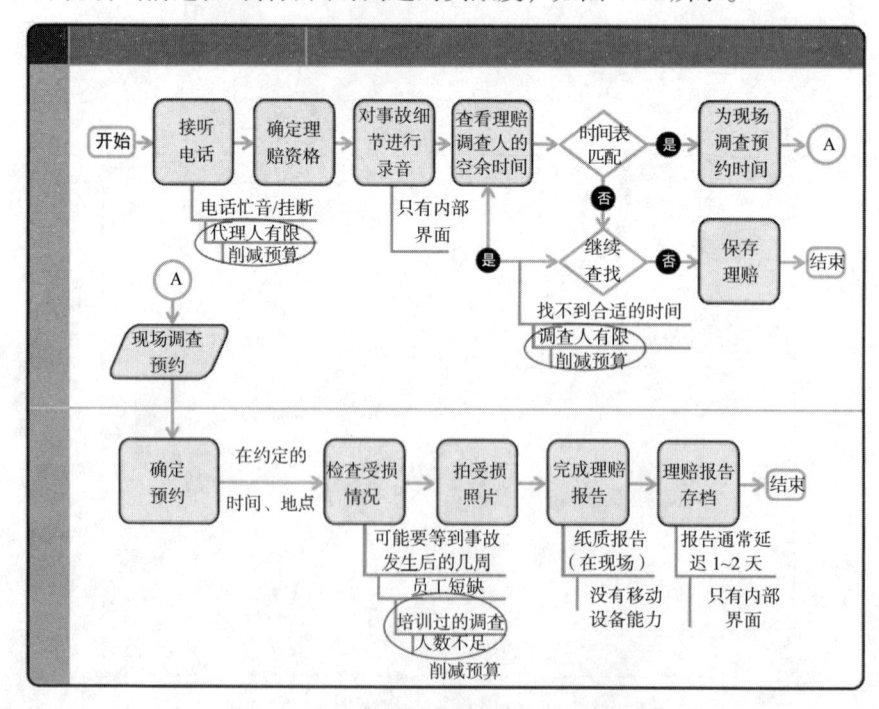

图 4-11 带有根本原因分析的过程流的例子

案例 4.5　昆山农商行 IPO 的根因分析

案例背景

2018 年 12 月 21 日，证监会官网公布了《江苏昆山农村商业银行股份有限公司首次公开发行股票招股说明书》（以下简称《招股书》），公司拟在上交所上市。根据《招股书》显示，昆山农商行本次拟发行股数不低于 1.79 亿股，不超过 5.39 亿股。发行所募集的资金扣除发行费用后，应全部用于充实资本金，以提高资本充足水平。

昆山农商行业务主要集中于昆山地区，近年来，各项业务发展稳定，资产规模及盈利能力稳步提升。截至 2018 年 6 月 30 日，不良贷款率为 1.52%。昆山农商行不良贷款的主要来源是哪里呢？昆山农商行不良贷款来自企业贷款（含贴现），2018 年 6 月 30 日企业不良贷款（含贴现）为 5.51 亿元，不良率为 2.05%。同时，个人贷款不良贷款余额为 0.84 亿元，不良率为 0.56%，维持在较低水平。

从行业分布上看，企业不良贷款规模最大的为制造业贷款。截至 2018 年 6 月 30 日，制造业贷款的不良贷款余额为 2.64 亿元，占企业不良贷款总额的 48.00%，不良贷款率为 1.88%。

案例分析

问题背后一定有原因，因此需要针对商业问题做根本原因分析。昆山农商行的不良贷款率为 1.52%，其中制造业贷款占企业不良贷款总额的 48.00%。为什么会这样呢？

这是由于昆山当地经济以外向型经济为主，是江苏省重要的制造业基地，昆山农商行对制造业企业长期维持较高贷款投放比例，制造业贷款以中小企业为主，而中小企业整体抗风险能力较差，容易产生经营困难、现金流紧张等影响偿债能力的问题，因此不良贷款规模自然相对较大。

4.3.5　确定解决情境需要的必要能力

一旦将情境分解后，那我们对情境问题的理解就会更加透彻，接下来就可以制定改进的方法了。对于简单的情境，可能组织本身就具备能力或资源。而对于复杂的情境，则需要新的能力，如软件、设备、熟练员工、厂房等，而这些能力是对情境进行根本原因分析后发现的。

因此该活动的可交付成果是"解决情境的必需能力"。相关技术有以下两项。

- **能力表**：这个工具通过检查每个问题和有关的根本原因，找到必需的能力。方法是列出每一项限制因素或问题，指出相应的根本原因，然后列出需要的能力或功能来解决问题，如表 4-1 所示。

表 4-1　能力表的例子

问题/当前限制	根本原因	新能力/功能
保险理赔速度太慢	有限的理赔代理人	额外受培训的代理人 给理赔代理人更高薪酬
	现场检查的必要性	跳过检查的新政策，基于投保人的保单时长、索赔记录和初始晤谈 使用投保人的技术来记录受损
	有限的理赔调查人	额外受培训的调查人，参见第 2.2 节
报告延迟	接受/记录理赔和报告的有限方法	接受理赔的新方法 远程提交报告
	纸质报告	淘汰纸质报告

- 亲和图：亲和图展示了群聚或相互有密切关系的观点的类别和子类别。它可用来帮助组织和构造主要原因类别并通过解决问题需要的能力来对它们进行整理，如图 4-12 所示。

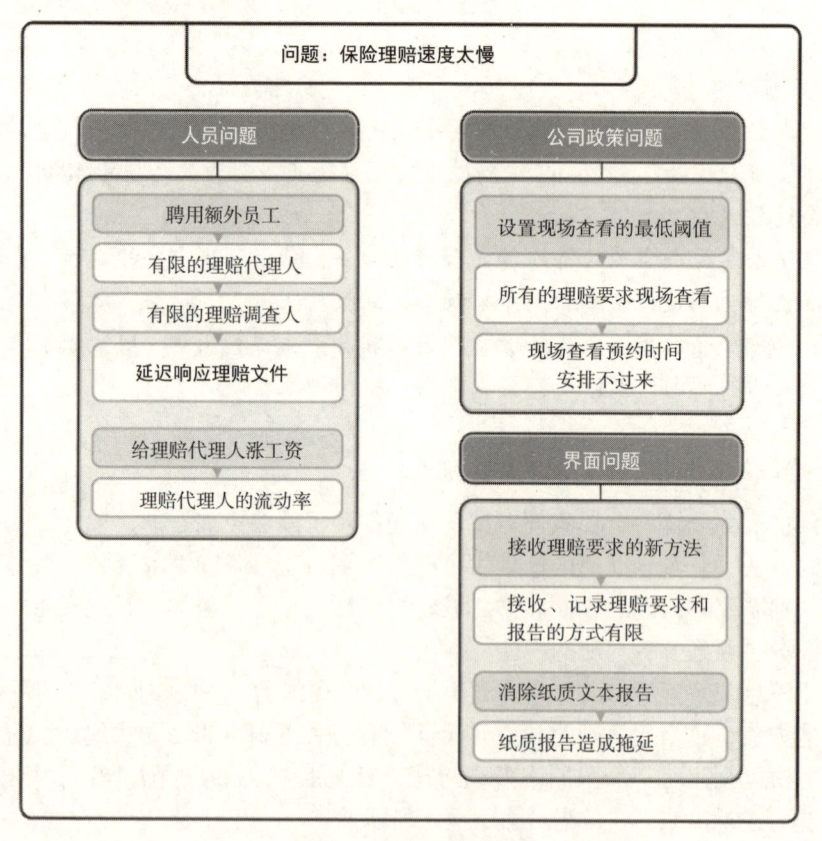

图 4-12　亲和图的例子

4.3.6 评估组织当前能力

了解了所需能力,就有必要确定组织的当前能力,这样才能准确理解组织能力差距。

为能有效地评估相对于期望商业成果的已有组织能力,组织通常需要执行以下3个步骤。

- **分析当前能力**:商业分析师必须问的问题是:"组织是否具备满足商业需要的业务和技术能力?"因此建议仔细分析与商业需要相关的企业架构。有最新的企业架构信息无疑是很好的,但如果没有这方面的最新信息,关于组织当前能力的理解就可能不正确或不完整。那可能需要你花费额外的时间去调查缺失的信息。
- **评估新的能力需求**:一旦你了解了当前能力,就有必要理解达成商业需要的新的能力。一个方法是差距分析,也就是接下来第 4.3.7 节所介绍的技术。差距分析可以帮助你制定消除或最小化当前能力与未来状态间的差距所需要采取的措施。记住,达到未来希望状态就是满足商业需要。
- **记录假设**:定义新的能力需要制定假设。假设是关于满足商业需要认为是真的事情。理解与新能力相关的假设,确保识别并记录每一条假设,以便未来发现假设不成立时有相应的应对措施。

其中第三条记录假设很容易被忽略,在项目实战中却是很重要的。因为新能力往往对我们来说是未知的,存在不确定性,所以识别并记录与之相关的假设无疑可以帮助你有效地控制由此带来的风险。

同时对于评估组织当前能力的活动,还有一项技术在项目实战中不容忽视,那就是文件分析技术。

文件分析(Document Analysis)是指"通过分析现有文件,识别与需求相关的信息的一种启发式技术"。文件分析允许组织通过研究已有文件或相关信息来启发、确认或交叉核查项目需求信息。下面我们列举了一些"信息源",它可以帮助组织收集已有解决方案的细节信息(当前状态),从而去进一步分析其中是否有可用的组件或哪些需要为建议的新解决方案(未来状态)发生改变。

文件分析假设已有的文档是容易获得和最新的。如果信息并不是最新且有效的,对启发或确认需求来说将起到很少的作用。在项目实战中,已有材料往往是一些为其他项目准备的信息,却又与你的项目需求相关。因为你会发现组织中的项目关联性通常很大。辅助类型的数据在需求启发中往往很有用。

实施文件分析,商业分析师需要执行三个阶段的步骤:准备、文件审查和总结。

- **准备阶段**:包括定位和评估相关系统和业务的文档。
- **文件审查阶段**:商业分析师研究材料,识别技术和业务的相关细节,并将这些细节及在后期需要主题专家跟进的相应问题一同记录下来。

- 总结阶段：包括获得答案并且确认。

辅助信息源清单可以作为文件分析技术的一个很好提醒：
- 项目和系统文档。
- 组织级别文件。
- 组织年度报告、战略计划。
- 书籍或其他公共出版物。
- 公司内部局域网上面的信息。
- 公司网站。
- 竞争对手的网站。
- 组织架构图、座位排列图、通信录。
- 白皮书。
- 技术标准和指南。
- 非正式或临时的资料来源。
- 互联网信息研究。
- 竞争对手的演示和评价。
- 标杆对照研究。
- 行业杂志。
- 问题登记册。
- 质量登记册。
- 用户手册。
- 市场研究信息。
- 变更请求。
- 问题报告。
- 售后服务报告。
- 售后服务日志。
- 简讯。
- 会议纪要。
- 相关项目的信息。

4.3.7　识别组织能力的差距

评估当前能力后，就可以识别出组织能力差距：当前和所需状态间的差距就是需要增加的能力。

活动输出是"组织能力差距"。相关技术有以下一项。
- **差距分析**：比较当前状态和未来状态以识别差异或差距的技术，如表 4-2 所示。

表 4-2 能力差距

问题/当前限制	根本原因	新能力/功能	填补差距的项目可交付物
保险理赔速度太慢	有限的理赔代理人	额外受培训的代理人 给理赔代理人更高薪酬	为代理人开设新培训项目 增加理赔代理人每小时工资率
	现场检查的必要性	跳过检查的新政策，基于投保人的保单时长、索赔记录和初始晤谈 使用投保人的技术来记录受损	创建新的公司政策规定检查的阈值 开发新程序和界面来导入投保人的受损照片
	有限的理赔调查人	额外受培训的调查人 新过程和界面为理赔提供便利	调查人的新培训项目 开发新程序和界面来导入投保人的受损照片
报告延迟	接受/记录理赔和报告的有限方法	接受理赔的新方法 远程提交报告	为在线接收理赔开发新界面 开发新界面来提交远程理赔报告
	纸质报告	淘汰纸质报告	创建在线或移动报告

案例 4.6 滴滴金融生态布局

案例背景

2019年1月2日，滴滴平台低调上线了"金融服务"频道。据了解，这是自2018年滴滴金融服务事业部成立以来，首次集中对外呈现产品板块。

目前，滴滴"金融服务"频道内已上线"点滴互助"、"点滴求助"、"点滴医保"、车险、理财、支付等板块，其中"点滴互助"为重大疾病互助产品，点滴求助为大病筹款平台，"点滴医保"内含100种重疾保障和百万医疗医保。

据滴滴介绍，滴滴金融服务事业部于2018年年初成立，目的是为滴滴出行体系内的司机、乘客、合作伙伴等出行生态参与方提供出行场景定制化、安全可信赖的融资、保险、支付等多样化服务，助力出行生态稳健发展，"滴滴金融服务发挥出行生态，输出数据风控能力，使金融科技惠及更多场景"，如图4-13所示。

根据滴滴发布的数据显示，滴滴平台覆盖超过400个城市，用户规模达4.5亿人，提供服务次数高达74.3亿次，在庞大的用户群体基础上，滴滴开始了金融生态的大布局。

具体来看，在医疗服务方面，推出了"点滴互助""点滴求助""点滴医保"；在出行服务方面，推出了专属车险；在资金服务方面，除了推出包含金桔宝和银行理财产品的理财服务，还推出了针对司机、乘客的"滴水贷"和针对合作伙伴的汽车金融解决方案；在支付服务方面，推出了滴滴支付和信用付等产品。另外，在智能风控方面，滴滴金融搭建了风控管理平台"九角星"，日新增金融属性数据超过5TB，提炼特征5000余种，部署风控模型近百个，通过邀请制服务的用户数量超过1亿人。

图 4-13　滴滴金融版图

综合而言，滴滴金融正在不断扩大金融科技业务版图，通过自身的流量优势与银行、保险公司、消费金融等持牌金融机构合作，构建金融生态圈。

案例分析

在上面的案例中，滴滴金融针对司机、乘客、合作伙伴等出行生态的各个相关方的不同商业需求——医疗、出行、资金、支付、风控，推出各种解决方案，这些解决方案正是弥补商业问题而导致的能力缺口所交付的。

4.4　建议满足商业需要的解决方案

承接"评估组织的当前状态"活动，一旦组织能力差距识别出来后，就需要建议的解决方案来弥补能力差距。活动的可交付成果是"可行的解决方案选项"，其涉及的活动过程有以下六项：

- 纳入增加能力的高层级方法。
- 为满足商业需要提供可选方案。
- 识别每个选项的约束条件、假设和风险。
- 评估每个选项的可行性及对组织的影响。
- 推荐最可行的选项。
- 为建议的选项执行成本收益分析。

总结来说，组织需要提供高层级的方法来增加新的能力，考虑可供选择的方案和每种可选方案的可行性，以及可选方案的优先次序。

在项目实战中，满足商业需要的行动往往包括两方面。一方面是确定解决方案方法，另一方面是定义解决方案范围。两者对于准确有效地实施满足商业需要的行动都是重要的。

首先解决方案方法描述了你如何创建或获取满足商业需要的所需能力（解决方案），这实际上解释了实施解决方案的方法或途径，如特定的方法论或生命周期模型。这些信息可以有效地评估组织是否具备实施解决方案的能力。解决方案方法实际上是商业需求的第三个部分。

而解决方案范围是指"为满足商业需要，解决方案必须交付的一组能力"。解决方案范围来自商业需要、期望成果（商业收益）及所需能力。解决方案范围由选择的解决方案方法所决定，与解决方案方法同属于商业需求的第三个部分。

解决方案范围聚焦于项目的关键商业相关方，商业分析师为这些相关方详细地定义推荐的解决方案，从而确保相关方理解解决方案提供的新的商业能力。定义的解决方案里面可能包括主要的特性、功能，以及解决方案外部交互。

4.4.1　纳入增加能力的高层级方法

通常来说，完整的建议包含如何获得所需能力的高层级方案，也就是如何增加能力的建议路径。

当增加新的能力时，应该和商业或技术架构师一起工作，分析新能力如何与已有系统对接，并注明主要相关性。

可交付成果：新增能力的高层级方案，方案考虑如何与已有系统对接或相关。

推荐以下七个项目实战中可以考虑的实用解决方案方法：

- 增加商业资源。
- 进行组织变更。
- 变更业务流程。
- 伙伴合作或外包。
- 利用已有软件或硬件能力。
- 购买或租赁软件或硬件。
- 构建自己的定制化软件。

4.4.2　为满足商业需要提供可选方案

针对商业需要，推荐的做法是商业分析师可以提供多种方案（如自建或外购）。组织也通常希望商业分析师提供多种建议并提供支持建议的事实和证据，而最终的解决方案决策主要由商业发起人或问题持有人确定。

可交付成果：可选的解决方案。

虽然关于提供可选方案的相关技术介绍不多，但在项目实战中，以下五种技术可以考虑：

- **标杆对照**：标杆对照研究将你所在组织的战略、运营和流程与业界最先进的

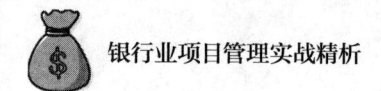

竞争对手或合作伙伴的战略、运营和流程相对比。这些研究可以帮助你识别在其他组织中运作良好的解决方案方法。
- **头脑风暴**：头脑风暴是一种非常有效的方式，可以帮助项目团队产生满足商业需要的解决方案选项列表。头脑风暴法通过充实可能的解决方案选项列表来完善解决方案方法。
- **决策分析**：这种方法可以让你在真正做或建议一项特定决策前检查不同决策的后果。具体来说，可以用决策树和财务评估技术来识别特定情境的解决方案方法。
- **预估**：你可以预估和比较每一个与解决方案方法相关的成本和工作量范围。关于这点，请记住：最好与你的项目经理一起用项目级别的预估工具和技术去做预估。
- **SWOT 分析**：SWOT 分析技术可以让商业分析师比较满足新商业需要的不同可能解决方案选项。之前我们讨论过，SWOT 分析有两个维度：组织的内部优势和劣势、外部机会和威胁。

4.4.3　识别每个选项的约束条件、假设和风险

当分析解决商业需要的项目建议时，需要理解约束条件、风险和假设。这里的风险不仅要考虑项目风险，还要考虑产品风险。

我们要明确制约因素、风险和假设三个定义，具体如下。
- **制约因素**：制约因素是执行项目选择的限制，解决方案选项需要评估其约束。
- **假设**：假设是被认为是正确、真实或肯定的，无须证明的因素。在评估建议时需要记录假设。如果假设不正确，需要重新评估需求或商业论证。
- **风险**：风险是不确定的事件，假如发生的话，可能对一个或多个项目目标产生正面或负面的影响。选择可选方案时需考虑其潜在风险。

可交付成果：可选方案的约束、假设和风险。

在项目实战中，除要考虑诸如关键相关方态度或技术可行性这样的假设、进度或资金限制、必须遵循的行业或组织标准等约束条件外，还必须考虑依赖关系。

解决方案依赖关系包括内部和外部的依赖关系，其中可能有关于业务和技术的依赖关系。

案例 4.7　京东逆风进军 P2P 市场

案例背景

2018 年 12 月，京东推出了 P2P 产品，成为 BATJ 中首家自营 P2P 公司。

用户在点击进入"财富"一栏中的"京东小金投"后，系统会自动跳转到"和丰网贷"页面。据了解，"和丰网贷"背后的主体是北京和丰永讯金融信息服务有限

公司，公司成立于2015年11月，是京东金融旗下专注于提供网络借贷中介信息服务的平台。截至2018年7月31日，"和丰网贷"累计借贷金额达到37.41亿元，累计借贷笔数为19014笔，累计出借笔数为158440笔，逾期笔数为0笔，逾期金额为0元。

在此之前，京东金融还上线了名为"旭航网贷"的P2P产品，其背后主体是京东旭航（厦门）网络借贷信息中介服务有限公司，公司成立于2017年9月，同为京东金融旗下的网络借贷中介信息服务平台。腾讯、阿里、百度及京东其实早已入股了好几个P2P平台，如图4-14所示，而这次京东直接进入P2P市场，可以说采取了一种更为激进的方式。

互联网公司	P2P平台
腾讯	人人贷
	陆金所
百度	宜人贷
阿里巴巴	网金社
	趣店
京东	钱牛牛
	乐信集团
	桔子理财
	京东旭航

图4-14 BATJ P2P布局表

资本寒冬之下，受网贷行业早期发育良莠不齐的影响，2018年网贷行业面临前所未有的市场危机。根据网贷之家数据显示，截至2018年11月，累计问题平台数量高达2578家，甚至8—11月，行业内无新增平台，各大互联网企业更是对P2P行业避而远之。在如此萧条的行业环境下，网贷平台不得不如履薄冰般生存，因此我们不禁好奇，京东选择在此时逆风进军P2P市场意图何在？

实际上，随着合规检查期限渐进尾声，市场的政策风险正在逐步消除，而坐拥巨大流量的BATJ早已积累起丰富的用户资源，在大数据分析和智能风控的加持下，可以精准匹配和掌握用户的资产需求和消费需求，从而搭建起P2P的平台桥梁。由此可见，市场环境本身并不能遏止P2P的发展，反而是有洗牌的过程，加剧头部平台的"马太效应"。

除市场环境的影响外，京东入局P2P可能也与融资杠杆限制有关。根据2017年12月1日发布的《关于规范整顿"现金贷"业务的通知》要求，网络小贷表内、表外融资合并计算杠杆率，这直接导致京东金融此前通过ABS融资的方式涉嫌杠杆率超标。而在P2P模式中，由于平台仅扮演撮合中介的角色，自身不持有债权、债务关系，因此尚未有杠杆监管的要求。

这样看来，京东选择在此时进入P2P领域，正是瞄准消费金融新起点，来一次针对网贷市场新机遇的巧妙博弈。

> **案例分析**
>
> 京东在 2018 年年底逆风进军 P2P，有其既定的策略和市场洞察，但最重要的是通过多个行动方案的筛选，最终确定"和丰网贷"和"旭航网贷"两个确定的解决方案。
>
> 而且针对推出的解决方案服务提供了更为完善的风险控制措施，也就是用严格的白名单准入机制，引入了保险及第三方担保措施，并且不对客户提供本息出借的任何担保承诺。
>
> 不仅如此，解决方案的推出还充分考虑了市场制约因素的限制，即政府出台的"融资杠杆限制"，P2P 由于平台仅扮演撮合中介的角色，自身不持有债权、债务关系，因此尚未有杠杆监管的要求。
>
> 由上分析可以得知，京东采取了上面我们所讲的建议满足商业需要的解决方案的步骤，包括针对每个解决方案进行了制约因素和风险的评估，从而很好地实现了商业需求，这也是像"和丰网贷"能达到"累计借贷金额达到 37.41 亿元，累计借贷笔数为 19014 笔，累计出借笔数为 158440 笔，逾期笔数为 0 笔，逾期金额为 0 元"这样好的经营业绩的根本原因。

4.4.4 评估每个选项的可行性及对组织的影响

评估方案的可行性的目的是筛选出最可行的方案，而避免为不可行方案做后续完整的成本效益分析和商业论证。

项目中常用的可行性有五种。

- **运营可行性**：符合商业需要的程度，如何融入组织及后续运营可行性。
- **技术/系统可行性**：技术能力是否可以支持方案。
- **成本效益可行性**：成本和效益的初步高层级可行性估算。
- **时间可行性**：是否能在时间约束前交付。
- **评估因素**：评估可行性因素确定选项对目标的贡献度。

可交付成果：可选方案的可行性分析结果。

> **实战技巧**
>
> 除以上列出的五种可行性外，项目实战中还要考虑以下四种可行性：
> - 组织可行性。
> - 文化可行性。
> - 法律可行性。
> - 市场可行性。

另外，可行性分析作为评估解决方案可行性的常用工具在项目实战中也经常用到。

可行性分析是一种解决方案研究技术。它可以是不怎么正式的研讨，也可以是针对解决方案可选项的正式的可行性研究分析。这些形式都有一个目的，就是分析所有潜在解决方案选项以决定最合适的方案。

可行性研究报告来自商业分析师的可研分析工作，这项研究呈现了解决方案选项的初步分析，评估每个选项如何交付期望成果（商业收益），以及满足商业需要。很重要的一点是要去评估所有选项（包括"什么也不做"选项）的技术、经济和运营可行性。

4.4.5 推荐最可行的选项

我们需要推荐最可行的选项，或者对选项按照每个选项满足商业需要的程度来排序。

关于排序的方法，指南中推荐了加权排序矩阵。加权排序矩阵结合了配对和加权标准，配对是通过把每个选项和其他所有选项逐一比较，选出最优项；加权标准是为每个需要排序的选项选择权重标准。每个选项通过得票多少来排序，每个可选方案的评分被乘以权重值并相加得到每个选项的分值和总体排名。项目中应用加权排序矩阵时需要相关方的协作（见表4-3）。

表4-3 加权排序矩阵实例

需要排序的项目	标准（权值）			成本（权值0.1）	总投票	最终排名
	增加收入（权值0.3）	降低理赔成本（权值0.4）	易于实现（权值0.2）			
软件包	1×0.3=0.3	1×0.4=0.4	1×0.2=0.2	2×0.1=0.2	1.1	2
内部开发	2×0.3=0.6	2×0.4=0.8	—	—	1.4	1
开发外包	—	—	2×0.2=0.4	1×0.1=0.1	0.5	3

活动的可交付成果：最可行选项或选项排序。

在项目实战中，解决方案的选择必须考虑其范围。而定义解决方案范围在实战中可以考虑以下五种技术。

- 问题或愿景说明：问题或愿景说明描述了满足商业需要将对关键项目相关方产生的积极影响。同时，问题或愿景说明还是有区别的。问题说明描述了组织应该以某种方式解决的商业需要；愿景说明定义了组织将要实现的未来状态。问题或愿景说明通常包含以下内容。

①问题或愿景的描述。
②受影响相关方的列表。
③问题或愿景对列表中每一位相关方所产生的影响。
④成功解决方案的关键收益。

- 分解模型：分解模型可以让你系统地将解决方案组件分解成更细小的模块，从而帮助你增加解决方案范围更多的细节，如工作产品或可交付成果。
- 接口分析：接口分析是解决方案范围的关键部分，它聚焦于解决方案与范围外的人与系统之间的交互。这项技术可以让你识别和分析这些外部接口。
- 范围建模：范围建模帮助商业分析师确定解决方案的"范围内"和"范围外"工作。
- 用户故事：用户故事描述了相关方和相关方对于提议的解决方案所持有的目标，它同样可以帮助你增加解决方案范围更多的细节。

4.4.6　为建议的选项执行成本收益分析

要注意：这个活动的成本收益分析与成本收益可行性分析不同，可行性分析是初步估算，而成本收益分析是要写在商业论证里面的。一旦项目接受，这些估算将被用于项目启动中。

项目通常使用以下四种财务计价方法。

- 投资回收期（Payback Period, PBP）：项目投资回收的时间，PBP越大风险越大。
- 投资回报率（Return on Investment, ROI）：项目初始投资的回报百分比，ROI通常有"门槛比率"，一般越大越好。
- 内部收益率（Internal Rate of Return, IRR）：项目投资的预设年收益，同时合并了初始和持续成本，一般越大越好。
- 净现值（Net Present Value, NPV）：期望项目收益的未来价值，NPV考虑到现在和未来的收益和通货膨胀。大于"0"的NPV是值得做的投资。如果是政府指令的项目，即使项目的NPV小于"0"，该项目可能也会被批准。

可交付成果：选项方案的成本收益分析。
相关技术：财务计价方法。

案例4.8　小微金融与社会的线下信息联动，实现高投资回报率

案例背景

中国实体经济生产主体分为大中经济体和小微经济体两类。在中国现行体制下，大中经济体的问题得到了省、市、县各级政府的高度重视和及时解决，而小微经济体一直处于弱势地位，缺乏关注，融资难问题尤为突出。小微（"草根"、包容、普

惠）金融就是为不同程度上被传统金融覆盖不到的小微经济体服务的。

小微经济体细分为三类：第一类是小微企业，包括小型企业和微型企业，约2800万家；第二类是个体自营者，包括6500万个个体工商户和5000多万个自营就业者；第三类是生产性农户、普通农户和贫困农户，共计约1.8亿户。

为稳定、可持续地向各类小微经济体提供金融服务，应推动建立机构、技术（产品）、监管、统计和政策"五位一体"的中国特色多层次、多类型小微金融服务体系；要着重于建立完善、稳定的体制制度，尽量少用行政性的、运动式的方法去干预金融市场，最终要实现小微金融常态化自动运转。

其中，近年来一些农商行和信用社进行了"二维信息"联动的实践。下面我们一起来看看浙江江山农商行和贵州农信社的两个案例。

浙江江山农商行：从1999年开始探索以信用户、信用村、信用乡镇为载体，贷款与信用挂钩的农村信用体系建设。截至2018年6月末，该农商行创评信用农户10.89万户，占江山市农户数的71%，授信金额达79.28亿元，户均7.19万元；农户小额信用贷款余额28.75亿元，贷款覆盖信用农户3.3万户，占信用农户的30%，户均贷款8.7万元；新增贷款余额3.69亿元，不良贷款率仅为0.5%。

贵州农信社：从2006年开始农村信用评定工作。截至2017年12月末，全省总农户841万户，其中，建档农户723万户，评定信用农户702万户，授信总额3892亿元。全省共创建信用组12万个，信用村1.3万个，信用乡（镇、街道）990个，农村金融信用县（市、区）21个，农村金融信用市1个（安顺信用市），农户小额信用贷款16.28亿元，占各项贷款余额的38.15%，不良贷款率为3.13%。

> **案例分析**
>
> 浙江江山农商行和贵州农信社建立农村信用体系，以信用户、信用村、信用乡镇为载体，实现了小微金融线下信息与社会的线下信息的二维联动，达到了较高的投资回报率。这从两家银行良好的业绩数字中就可以看出来：浙江江山农商行农户小额信用贷款余额28.75亿元，不良贷款率仅为0.5%；贵州农信社农户小额信用贷款16.28亿元，不良贷款率为3.13%。

4.5 组合商业论证

商业论证对项目是有价值的，共有以下四个价值点：

- 探索商业问题或机会的本质，确定了其根本原因或获得成功的贡献因素，呈现有助于完整建议的各个方面。
- 控制不清晰的产品范围，避免范围蔓延。

- 帮助应对缺少相关方的支持不得不取消项目的风险。
- 避免解决方案和商业需要不匹配而使最终产品没有得到使用的情况。

当构建商业论证时，需要关注解决方案中的以下四项细化的元素。

- 量化收益：商业分析师经常要问的问题："如果我们做这个项目，能为业务带来什么？"量化收益可以告诉项目关键相关方解决方案将给他们和整个业务带来什么。这也正是你需要将实施和运营解决方案与组织战略商业目的和目标相关联的地方。收益可能是显性的（定量的），也可能是隐性的（定性的）。显性的收益当解决方案实施后很容易测量和报告，它们往往是财务或数字化的价值，如提高的收入或是一个运营系统中减少的问题数量。隐性的收益同样很重要，但是它们往往很难评估。隐性收益指标包括提高的客户满意度或员工道德水平。有时你能感觉到这些收益达成了，但你很难证明。
- 估算成本：估算解决方案的总计净成本包括多个部分。商业分析师应从多个领域估算成本，如资本支出、研发成本和实施成本。你需要在解决方案部署后计算与运营和支持解决方案相关的总体成本。同时考虑其他没有选择的解决方案的机会成本无疑是明智的。
- 评估初始风险：风险管理需要在整个项目中实施——新的风险在生命周期中被不断识别出来，而旧的风险不断被消除或真实发生。在商业论证中实施初始风险评估实际上是要回答这个问题："项目带来比组织所愿意承受的更大风险吗？"如果答案是肯定的，那么项目就不会被批准。当商业分析师初始化看待风险时，聚焦点实际上是在解决方案的可行性上面。
- 测量期望成果：商业论证应该始终解决如何测量、评估，以及评价商业论证中所包含的项目成本和收益，必须定义这个定量评价的用法，以更好地计划、测量和报告解决方案绩效和成就。好的指标需要同时解决精确度和准确度。精确度聚焦于测量的一致性，目标在于重复的测量产生相同的值；准确度检查测量值与正确值有多接近。更接近的值表明了更高的可靠性和更小的不确定性。

在项目实战中，你会发现以下六项技术在商业论证中也是很有用的。

- 风险分析：当制定商业论证，识别提议解决方案的技术、财务和业务可行性时，会用到风险分析技术。风险在整个项目中是持续进行的。包含在项目商业论证中的初步风险评估是规划"意外事件"的第一步。风险有可能是积极的或消极的。
- 风险分析的关键一步是理解组织的"风险容忍度"。组织可能是风险规避者、风险中立者或风险追求者。有意思的是，组织对待风险的方式也会随着时间而变化。风险规避者组织想要减少风险，愿意获得更多确定的成果，相应地也会获得更少的收益；风险中立者组织处于中间，它们通常想要与解决方案成本相等或超出的收益；风险追求者组织会为了成功地获得高回报而接受高风险。

- 为分析解决方案相关的初步风险，商业分析师需要确定每个识别风险的概率和影响，并进行优先级排序。接下来，商业分析师和关键相关方需要确定主要风险的应对策略。
- 决策分析：决策分析技术允许商业分析师检查提议解决方案及其实施的成本和收益。你可以利用决策树和财务评价技术去对比不同的可能成果。
- 评估：你可以评估商业论证中所需的部署和运营解决方案的投资。估算通常需要与项目经理一起利用项目估算工具和技术来完成。
- 指标和 KPI：指标和 KPI 用来测量、管理和报告执行解决方案的期望收益。商业分析师必须确保收益在解决方案部署后能实现。
- SWOT 分析：这项技术可以让你比较实施解决方案的成本和收益。像之前讨论的，该项分析有两个维度：组织内部的优势和劣势，以及外部的机会和威胁。商业分析师总是寻求最大化优势、最小化劣势。
- 供应商分析：当解决方案的某些产品或服务必须从第三方购买时，对供应商的评估就应当包含在商业论证中。购买或外包的决定应当在解决方案方法中做出。

案例 4.9 长租公寓融资的商业论证

案例背景

近年来，长租公寓运营商为了扩大规模，以高于市场正常价格的 20%~40%在争抢房源，套高收房价格后，让原本平静的长租公寓市场迅速成为公众关注的焦点。我们不禁好奇，长租公寓的项目能盈利吗？其商业论证能通过吗？作为市场发展的新兴产物，长租公寓正处于野蛮发展阶段，而其所采用的盈利手段与背后的融资手段有着密切的关系。

2018 年北京的一个自持租赁项目"××翡翠书院"，90 平方米月租 1.5 万元，10 年起租，2020 年前付清。这是全国首个全自持的集中式长租公寓，共由两个地块组成。以 100%权益、50 亿元竞得一块，总计容积率建筑面积为 13.9 万平方米；以 50%权益、29.5 亿元竞得另一块，总计容积率建筑面积为 16.3 万平方米（该公司有 50%权益就是 8.15 万平方米），权益低价 79.5 亿元，楼面地价 36054 元，建安成本以 4000 元来算，每平方米成本约为 40000 元，90 平方米户型的成本约为 360 万元，租 20 年才能回本，先付 180 万元租金才是房源成本的一半，还不包括豪华装修、家电和运营成本等。

那么问题来了，既然 10 年起租的 180 万元租金只是房源成本的一半，究竟如何才能盈利呢？下面我们再来分析一下长租公寓项目的成本结构，核心包括以下两种成本。

一是物业成本。目前市场上有两种公寓：集中式长租公寓和分散式长租公寓。

集中式长租公寓获得房源的方式分为重装和自建，其中重装是将现成物业进行重新装修，这种公寓的前期成本主要是装修建安费，比自建成本低。互联网平台型创业公司多采用这种形式，市场的收益率可以达到10%~20%，10年内回本；自建是从拿地开始自建，上面我们所说的"××翡翠书院"就是自建的形式。

分散式长租公寓则是通过租赁或受托的方式收集房源，将房屋统一标准化管理、承租给租客的模式。这种模式的利润率在10%左右，具体与运营方是否囤积足够房源及运营能力有关。

二是融资成本。时间就是金钱，建一个20年才能回本的项目，收20年租金等着回本并不现实，因为地产公司一般是有不低的财务成本的，而通常企业的融资方式有贷款、发债和ABS。作为政策提倡领域的长租公寓，还有另两种债券融资工具，即专项债和资产证券化。

专项债是事前融资工具，就是在项目建设前就可以通过发债融资，融到钱后用来建房、装修、经营，相当于开发商可以"借鸡生蛋"。根据行情，专项债项目如果要让租金完全覆盖财务成本，收益率必须在5.6%以上（债券票面利率），算下来每间房每月财务成本平均为1500元。

资产证券化是事后融资工具，更重视底层资产的资质。要求项目能产生稳定的现金流。从国内发行的长租证券化项目来看，其优先级利率基本都在5%以上，也就是说，这些项目的租金收益率至少在5%以上才能覆盖财务成本。以其中某项目计算成本，该租赁住房第一期资产支持专项计划总发行规模为16.76亿元，优先级为15亿元，利率为5%，共提供1087套长租公寓。要让项目的收益率覆盖优先级的财务成本，则该项目每月每套房的租金至少是5700元，在覆盖财务成本的基础上收益率达到10%、20%和30%的租金分别是1.7万元、2.9万元和4万元。

案例分析

从上面的案例来看，长租公寓想要实现盈利，应该从四个方面来看：资金杠杆、运营杠杆、定价权和规模。拉高资金杠杆（融资包括 ABS）、运营杠杆（第三方与租客签订租金信贷后将房租提前支付给运营方），扩大规模获取定价权才是长租市场能够盈利的关键。

长租公寓的项目有三个核心痛点——"地贵、钱贵、周转慢"，因此项目的商业论证就围绕着这三个痛点展开，如何找到解决方案呢？

首先是"地贵"。根据房产行业的经验，"地贵"的问题可以通过与地方政府谈判来解决，有两个方案可以考虑：一是低价供地用税收取代卖地，引入可经营的产业收税。这个方案的默认前提是企业需要有当地政府背景，这样税收利益才能"肥水不流外人田"。二是人才在当地就业，这样就可以从引进人才创造经济发展中获得税收。

其次是"钱贵"。这个问题也有两个方案：一是提高项目流动性，二是降低政策支持债券的资本风险计提。

最后是"周转慢"。资产证券化可以让经营方将物业所有权和未来的租金收入打包转让，回收资金，可以提高项目的周转率。

4.6 商业论证在项目实战中的说明

在本章的项目实战技巧讲解中，你看到了如何一步一步地定义项目的商业需求，以及运用商业论证获得发起人的审批，从而启动项目。正如商业分析行业经常说的那样，商业分析工作通常在距离项目三万英尺高的地方启动。描绘出所需要完成的范围，以及论证组织为什么需要做这些事情是一件有趣的事情。理解并定义"蓝图"对项目的开始是很重要的，每个商业分析师都应当把这件事情做好。

当一个项目所需要完成的事情能清晰定义并达成一致时，项目会很成功也就不奇怪了。定义解决方案范围的活动为后续需求开发的活动制定了框架。解决方案范围是由关键业务和管理层的相关方协商定义的。解决方案范围定义限制了具体的需求开发流向，并且在整个项目生命周期中促使商业分析师在决策和优先级排序方面与相关方及时沟通。

针对定义商业问题或机会的范围，以及论证组织应当做的事情，有许多文档可供参考。以下是一个简要列表：

- 商业论证。
- 商业需求文件。

- 项目简报。
- 可行性研究报告。
- 机会评估。
- 项目章程。
- 运营概念描述。
- 范围定义文件。

不管你用哪个文件的模板，或者你怎样命名这些文件，里面应包括多数在本章中所介绍的信息：商业需要、论据、基本原理、受影响的相关方、商业约束、假设，以及初步的风险评估。

下面是项目实战中经常用到的商业需求文件的模板，你可以根据组织的实际情况进行定制。

商业需求文件

1.0 介绍和概述

    1.1 背景

    1.2 当前情境的描述

    1.3 建议系统的概念

2.0 建议行动的范围

    2.1 问题或机会的说明

    2.2 商业领域和目的

    2.3 商业需求

    2.4 受影响的相关方组织

    2.5 约束

3.0 分析和建议

    3.1 论证和基本原理

    3.2 改进建议总结

    3.3 不利点和制约

    3.4 影响和风险

4.0 参考文档

5.0 签字页

    附录 A：术语表

    附录 B：首字母缩略词

大多数组织在制定商业论证、范围定义或商业需求文件时都有自己的模板、例子和特定要求。在定义项目"蓝图"时，确保与你的项目经理一起检查这些是否常用的或你所在项目要求使用的。通常，文件模板提供给你一个非常有价值的路线图，沿着这个路线图，你可以明确在需要评估领域的工作中需要收集和分析哪些信息。

第4章 价值论证

总结

　　价值论证领域聚焦于定义项目的商业需求，制定商业论证，以及证明项目为什么应该执行。商业需求是解决方案为满足商业需要将要交付的能力框架。同时还会定义执行解决方案的商业收益和测量它们的方式。包含商业需求和商业收益的商业论证在整个项目生命周期里都会被引用。

　　价值论证领域的活动聚焦于定义新的解决方案会提供给组织的能力和收益"蓝图"，并得到相应的审批。

　　价值论证领域的活动是商业分析工作中与组织战略最接近的部分。通常来说，这些活动发生在一个项目实际计划或批准前。大多数组织评估针对商业问题或机会的解决方案选项的可行性和价值，从而选择最重要的项目去完成。其他的项目则搁置在次要位置，等待商业机会去启动和完成。

　　在开发商业论证和需求时关注商业目的和目标的优先级。我们必须理解商业需要，并且确定组织希望满足商业需要而期望的成果。这项工作需要与高层管理者进行互动交流，以更好地确定商业问题是什么，以及他们如何看待要解决问题应该做些什么。在这里，有效的沟通技能和交互技能对成功来说是很重要的。

　　一旦能够理解商业需要，我们必须评估与需要相关组织的当前能力。这就需要去查看企业架构，企业架构往往定义了组织的当前能力。商业架构通常是企业架构的子架构，并由应用系统、信息、支持技术拓展组建成一个完整的组织蓝图。

　　接下来，要去思考执行满足商业需要的解决方案的方式。解决方案的方式很大程度上依赖问题的本质和组织的偏好。有些组织倾向于通过服务外包的方式来执行解决方案，而有的组织喜欢构建自己的软件应用，并且提供给客户。

　　在构建商业论证过程中，需要识别解决方案可行性的有关技术、业务和财务的风险。商业论证是"授权进行"的文件，它论证了为什么组织应当投资执行某个解决方案。一旦商业论证通过，项目本身就可以愉快地进行了。

第5章 项目相关方管理

本章内容

- 相关方定义
- 洋葱图
- 相关方矩阵
- 相关方关系策略

本章案例

- 案例 5.1　邮储悦享之旅——汪涵带队迪士尼漫威跑
- 案例 5.2　工行善用洋葱图应对九寨沟震后需求
- 案例 5.3　场景相关方分析，武汉通投资、消费、出行三不误
- 案例 5.4　"四大行"与"四巨头"的事业共同体
- 案例 5.5　汇付天下上市项目成功的定义
- 案例 5.6　"千人广场舞"享"一元真优惠"

相关方是与项目有利害关系的人或人群。相关方不仅仅能影响项目成功，更重要的一点是，项目的成功标准和需求是由相关方定义的。因此需要清楚地理解相关方的权力利益分布与相关方关系，而相关方图便是可以帮助管理相关方关系的好方法。同时，制定相关方关系策略有利于最大化争取相关方的支持，正所谓"得道多助、失道寡助"，这里的"道"所指的就是相关方支持，这在重视政策监管、生态圈融合的国内银行业项目中尤其如此。

5.1　什么是相关方

相关方是指任何与项目有利害关系并且关注项目工作（包括发起变更、支持及具体执行）的人。相关方管理是关于识别、确定和维护相关方关系并适应变更的工作。相关方管理中主要包含以下几个方面：识别关键参与者，理解相关方期望和动机，定义项目成功的标准，管理冲突，并且在整个项目生命周期中能够与相关方合作，完成工作同步，以及对相关方施加影响。

在具体项目中，相关方主要由以下几类角色组成。
- 执行发起人：机构、组织或公司内对经授权的项目集活动的成功负有责任的高级管理人员。
- 发起人：为项目、项目集或项目组合提供资源和支持，并负责为成功创造条件的个人或团体。
- 客户：可以指用金钱或某种有价值的物品来换取接受财产、服务、产品或某种创意的自然人或组织。他们可能是最终的消费者、代理人或供应链内的中间人。
- 项目经理：由执行组织委派，领导团队实现项目目标的个人。
- 项目团队：支持项目经理执行项目工作，以实现项目目标的一组人员。
- 职能组织：把员工按专业领域分组的一种组织架构。

案例 5.1　邮储悦享之旅——汪涵带队迪士尼漫威跑

案例背景

邮储银行曾与途牛联合举办"悦享旅行：汪涵约你香港千人健康跑"活动，该活动在香港迪士尼乐园举行。在漫威超级英雄的助威声中，邮储信用卡持卡人与汪涵一起体验了妙趣横生的短途马拉松。

邮储银行已连续四年组织信用卡境外出行优惠活动，之前曾带领邮储持卡人前往中国台湾、意大利等地旅行，受到客户的一致好评。今年，邮储银行信用卡邀请了综艺大咖汪涵，他幽默睿智的正面形象与健康活力的迪士尼漫威马拉松跑活动有效融合，传达了邮储银行信用卡年轻、活力的品牌形象。

活动当天，邮储信用卡持卡人纷纷化身心中最喜爱的超级英雄，一路跑过迪士尼乐园七大主题园区，冲线后，获得了由邮储银行信用卡中心副总颁发的特制的漫威超级英雄奖牌，并乐享到邮储银行为持卡人提供的 99 元香港迪士尼乐园特惠门票。为扩大影响，此次活动在虎牙直播、映客直播平台同步呈现，创造了"旅游+直播"的互动体验模式。通过直播，超过 200 万名网友体验和了解到邮储银行悦享旅行的盛况。

在本次活动中，邮储银行信用卡不仅为持卡人提供了参团旅行特惠，还推出了境外消费赠礼、免税店购物立减、境外酒店优惠等广受欢迎的旅行优惠。近年来，邮储银行围绕客户需求和市场热点，不断推出"悦享生活"信用卡系列活动，覆盖客户日常消费的餐饮、购物、出行等 8 个领域，把优惠渗透到大众生活的方方面面，受到市场和客户的一致好评。

案例分析

在本案例中，邮储银行基于自身的品牌目的，很好地识别了相关方，达到了很好的市场效果。其中的相关方有途牛、汪涵和直播平台。与途牛合作的目的是实现旅游资源的整合；而与汪涵合作的初衷是看重他幽默睿智的正面形象，与健康活力的迪士尼漫威马拉松跑活动的融合能传达邮储银行信用卡年轻、活力的品牌形象；与虎牙直播、映客直播平台的合作，创造了"旅游+直播"的互动体验模式。通过直播，超过 200 万名网友体验和了解到邮储银行悦享旅行的盛况。

通过与项目相关方——途牛、汪涵和直播平台的合作，实现了自身品牌影响力的提升，很好地服务了持卡人用户，增强了与用户的黏性。

5.2 相关方分析

能在早期识别相关方有助于在整个项目周期内更好地对相关方进行管理。可以利用诊断工具和关键人物特征的方法来识别相关方。可以问自己这个问题：谁有权决定停止这个项目？表5-1是项目相关方登记册（或称为相关方分析）模板的一个例子。

表 5-1 相关方登记册模板

相关方姓名	支持/反对（+5 到 –5）	为什么？个人利益？	相关权力	管理/沟通方式

为了更加全面地对相关方进行分析，可将所有相关方放在一个可视化的罗盘上。指北的是管理链，与其对立方向（南）是直接下属。西面是客户及终端用户，其他职能领域在东面。介乎每两个之间的区域代表其他机构、供应商或监管机构。

识别出所有相关方，记录他们的名字并了解其详细信息。弄清楚他们的动机是什么，如何衡量，以及什么是他们最关注的。

用相关方管理评估矩阵（见表 5-2）来记录在相关方管理规划中的相关方参与的起始点。

表 5-2 相关方管理评估矩阵

相关方	不知情	反对	中立	支持	领导
终端用户			C		D
关键 VP		C	D	D	
外部客户				C	

可采用以下步骤对相关方进行分析。
- 影响：相关方会对产品需求产生的影响。
- 冲击：一旦解决方案被实施，相关方会受到的影响。

了解了相关方对你的态度后，可以进一步用相关方矩阵工具来分析对项目的影响。相关方矩阵是一种使用象限或矩阵来分析一组相关方的技术。X 轴和 Y 轴用产品团队选定用于分析的变量名称标记，例如，每个相关方名称或组的名称将被放置在四个象限中的其中一个，如图 5-1 所示。

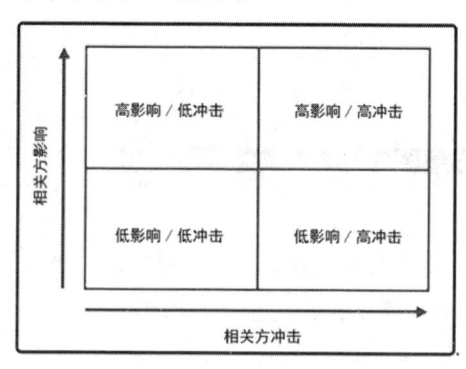

图 5-1　相关方矩阵

除了了解相关方与项目的关系，有时也需要了解相关方与产品解决方案之间的关系，就可以利用洋葱图。洋葱图是一种可以用来建模一个主题的不同方面之间关系的技术。在商业分析中，可以创建洋葱图来描述相关方和解决方案之间存在的关系。该解决方案代表一个或多个产品，相关方可以是组织内部的或外部的。该模型的建立通过展示人们与解决方案关系的强度或重要性来帮助团队分析相关方。最接近洋葱图中心的相关方代表了那些与解决方案具有最密切和最强大关系的人，如最终用户或产品开发相关方。洋葱图外圈部分的相关方代表了那些与解决方案具有不太重要关系的人。

团队可以决定模型的层次或关系所表示的意义，如图 5-2 所示。
- 第一层：直接参与解决方案开发的相关方。
- 第二层：直接受解决方案影响的相关方。
- 第三层：直接受解决方案影响的人工作或交互的相关方。
- 第四层：外部相关方。

当团队正在寻找一种简洁的方式来表达相关方之间的关系信息时，洋葱图是一个很好的选择。其他如头脑风暴法或分析组织结构图的方法作为辅助技术，可以帮助团队识别需要在洋葱图中描述的相关方角色。另外，项目内外的竞合态势决定了项目生存和发展空间的格局，盟友多，对手少，则发展空间就较为广阔。相反，树敌多，盟友少，则会举步维艰。

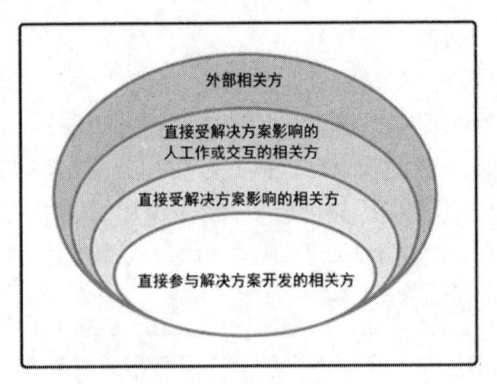

图 5-2 洋葱图示意图

案例 5.2　工行善用洋葱图应对九寨沟震后需求

案例背景

2017 年 8 月 8 日，四川九寨沟发生 7.0 级大地震。工行为配合当前抗震救灾工作，解决受灾群众应急取款需求，出台了《九寨沟地震抗震救灾工作中个人金融特殊业务应急处理规定》。

四川工行对受灾地区客户无法提供支取介质、账户密码、有效身份证件，办理个人应急取付款、账户和密码挂失、存折异地取款及账户信息查询、个人电子银行身份认证工具遗失补发等业务时，特事特办、急事急办，专门开辟绿色通道，切实满足受灾群众在特殊情况下的应急金融业务需求。

针对灾区无法及时还款的信用卡客户，经客户提前申请，工行可向其提供延期还款应急服务，免收因延迟还款而产生的违约金和利息，不影响客户征信记录。

同时，对灾区客户实施费用减免。在灾区办理银行卡系统内异地存取款、转账汇款、工行信用卡 ATM 跨行取现、挂失及补换卡业务的客户，一律免收手续费。个人客户公益捐款业务，免收捐款手续费。

此外，四川工行充分利用震区沿线绵阳平武、江油、北川及阿坝、都江堰支行的营业网点，特别是作为救援和疏散主要途经地的平武支行网点，开通抗震救灾绿色通道和军队业务专柜，确保过往救援部队和撤退群众优先办理应急金融业务，并为过往救援人员及受灾群众准备了食品、饮用水、药品、雨具等生活必需品和急需用品，为有需要者提供便利。

案例分析

工行在应对四川九寨沟大地震的震后需求时，有效利用了洋葱图工具实现了与解决方案相关联的需求分级：

第一层，与银行卡业务联系最紧密的迫切需求：受灾地区客户无法取款、付款、账户和密码挂失的需求，则采取了特事特办、急事急办的原则。

第二层，无法及时还款的信用卡客户，可提供延期还款应急服务。

第三层，取现、汇款一律免收手续费。

第四层，除金融服务外，提供生活必需品和便利帮助。

四层需求非常清晰，从洋葱图内核直到外延，优先满足内层需求，有效应对了灾后用户的急迫情况。

同时，在分析相关方时，如能进一步明确以下五个方面问题，将对全面认知项目相关方大有好处：

（1）哪些人是项目相关方？
- 通过头脑风暴的方式来识别所有可能的相关方。
- 识别每个相关方的定位。
- 识别在整个项目生命周期内项目团队与每个相关方的权力关系，以及相关方对项目的影响。

（2）相关方有哪些期望？
- 识别项目相关方基本的在较高层面的期望。

（3）项目/产品如何影响相关方？
- 分析产品/交付物将会如何影响每个相关方。
- 确认相关方采取哪些行动会对项目的成败产生影响。
- 按照对项目成功产生正面/负面影响的程度对相关方进行排序。
- 将前面几个步骤收集的信息整合到风险管理规划中，并针对可能对项目产生负面影响的相关方制定风险防范措施。

（4）相关方需要哪些信息？
- 从已经收集的信息中识别出哪些信息需要通知到每个相关方，什么时候以什么方式知会。

（5）准备好一个利用相关方图来解决潜在问题的行动计划。该计划可能包含以下行动：
- 与中层管理人员召开面对面会议，向他们说明项目的使命和目标，并让他们分享各自的本质需求和期望。
- 与中层管理人员开研讨会，用思维导图的方式集思广益，收集来自各方面的建议和需求，并最终达成项目的共同愿景。
- 识别并尽力避免来自各方面的障碍，如组织氛围、不同观点、来自客户的压力，以及太多沟通链条的问题。

当与相关方接触时首先要了解其意向。例如，当相关方权力较大但是对项目的支持意愿较低时，要首先强调有效的合作关系、该相关方对项目的贡献和从中可获得的收益。阐明这种关系的存在会帮助各方在工作中消除分歧。只有建立了目标一致性之后才能进一步解决定位问题。很多人经常直接开始谈问题，这会导致对方产生防卫行为。在谈问题之前花时间建立融洽的关系能更有效地达成令双方满意的解决方案。这个过程中也可以帮助人们发现误解之处，或者就产出、成本或进度的变更进行谈判，这些都可以降低担忧并提高相关方对项目的支持度。

举个例子，一个客户对项目经理说："我觉得你提供的状态报告没有什么问题，但是我在解决资源问题的进度上面临比较大的问题和挑战。"大多数人只听到了问题本身，并立刻启动了防御模式。相反，如果换种方式说："我的理解是你对我们目前的执行情况比较满意而且可以继续保持，对吗？太好了！那么，我们现在只有一个尚待解决的问题。"这个方式是积极的，讨论的主题也是明确的，氛围是令人愉悦的，并且为创造性的解决方案提供了良好的开端。

案例 5.3　场景相关方分析，武汉通投资、消费、出行三不误

案例背景

一卡在手，可以实现存取款、理财、交通出行、购物优惠等多重功能。渤海银行武汉分行与武汉城市一卡通公司联名推出一张全新的金融 IC 卡"渤海-武汉通"卡获得市民青睐。

"渤海-武汉通"卡不仅可以在公交、地铁、轻轨、指定商家消费，而且具备渤海银行全新现金管理工具"添金宝"（见图 5-3）的所有功能——享受该账户提供的投资收益，一分起存，不设限额，理财全自动，其历史七日年化收益率最高曾达 5.2%。市民使用该卡可以自由地进行存取款、转账、POS 机消费，满足金融、生活全方位的需求。

图 5-3　渤海银行"添金宝"

"渤海-武汉通"卡内具有两个账户——渤海银行"添金宝"投资账户和"武汉通"电子钱包账户。两个账户相互独立，功能叠加。客户将资金存入"添金宝"账户，即可享受该账户提供的投资收益，并使用该卡自由地进行存取款、转账、POS 机消费；同时客户还可以在遍布全市的"武汉通"人工及自动充值点上将不低于 50 元不高于 1 000 元的现金直接存入"武汉通"账户，实现用该卡便利出行的功能。"武

汉通"账户目前可在全市公交、地铁、轻轨刷卡乘坐，并已实现仙桃、孝感、大冶三个省内城市互联互通，还可在全市接受"武汉通"卡的商户进行电子钱包脱机消费。

> **案例分析**
>
> 渤海银行推出的"渤海-武汉通"卡之所以受到武汉老百姓的欢迎，是因为其利用全面的场景相关方分析，了解相关方背后的场景需求，并能根据场景需求提供相应的服务。聚焦在投资、消费、出行三个场景上。
>
> 投资场景：作为投资理财者，客户将资金存入"添金宝"账户，即可享受该账户提供的投资收益。
>
> 消费场景：作为消费者，客户可以自由地进行存取款、转账、POS机消费。
>
> 出行场景：客户可以在遍布全市的"武汉通"人工及自动充值点上将不低于50元不高于1 000元的现金直接存入"武汉通"账户，实现用该卡便利出行的功能。
>
> 这三个场景中，相关方分别有不同的需求。渤海银行应用相关方分析的五方面问题（有哪些场景相关方；相关方有哪些期望；项目/产品如何影响相关方；相关方需要哪些信息；解决相关方问题的行动计划是什么），很好地满足了相关方不同场景的各种需求，受到市场的欢迎。

5.3 冲突

有不同利益的相关方会形成天然的冲突。高层经理和客户想要更多的功能、更低的成本及更少的时间，并可以提出他们想要的变更。会计人员主要在乎低成本，团队成员希望的是少量功能开发、大量的金钱和时间，并且越少变更越好。

项目中发生冲突是正常的。冲突太少说明项目成员存在过度合作的倾向，即"一切服从团队"；冲突太多反映团队存在另一种不合理信念，即"一切以自我为中心"。这就是所谓"战斗或逃跑"的两种极端行为。理想的模式是让团队培养"大家一起解决问题"的良性竞争状态。这种中间状态在以下情况下可以实现：

- 存在一个各方参与实现的共同目标。
- 团队成员知道他们能做哪些贡献。
- 当前的议题对于各个参与方及组织都具有重要意义。
- 当事人已经被充分授权去解决此事而不需要从其他地方寻求解决方案。
- 每个人有共识，即对于项目成功或组织风险人人都有责任。

例如，一名银行业务经理因为对项目进度不满，所以找项目经理抱怨。项目经理将其他经理叫过来面谈。该项目经理没有立即开启防御模式来抵挡对方的攻击，而是召开会议对项目目标进行评估，征求各方的意见并达成一致的期望，使各方都能充分理解当前情况。然后他再去询问银行业务经理的意见和担忧之处，并发现如果在早期实行交叉检查的方法，就能够保证新产品设计好后不会出现库存超额的问题。这对于项目来说是个重要的贡献。这些个人被授权去执行变更，对于项目有重要意义，因为他们所制定的交叉检查的检查清单可以推广到其他项目。双方通过简单的流程就把冲突化解，而没有掀起组织内部的政治斗争。最后项目更好地达成了目标，而且冲突的双方也能够继续携手并肩朝共同目标前进。

在实施一个新计划或做出对相关方产生影响的变更时，要从大处着眼，小处入手。首先制定一个原型并达成阶段性胜利。通过这些小的成功经验建立信誉度和可行性，并证明项目的价值。在此基础上再去争取相关方进一步的支持。

项目的相关方间会形成不同的共同体。下面我们来研究一下可能形成的四种共同体，通过这四种共同体可以将各种错综复杂的相关方关系梳理清楚，方便管理者采取合适的策略和方法。因为在不同的共同体里面，成员和组织的命运关系是不一样的，所以，建设的方法是不同的。明确四种命运共同体，可以方便管理者稳定更广阔的格局。

第一种共同体，叫职业共同体。组织的大部分成员，加入的都是一个职业共同体。在这个共同体状态下，员工主要是为了获得薪酬，工作的目的是养家糊口。在这个阶段，如果员工不能从他的直接上级那里获得满意的心理感受，只要条件合适，他也不会离职，还会保留着一种经济交换的关系。

比职业共同体更进一步的，是利益共同体。顾名思义，利益共同体是靠利益来维系的。中国的不少企业目前都处于这种状态。老板们也流行一句话：财散人聚，财聚人散。很多企业都考虑让骨干持股和员工持股，希望通过这样的方式来激发骨干和员工的组织承诺。

事业共同体，是第三种合作关系的类型。创业团队就属于事业共同体。

第四种共同体，叫作命运共同体，军队中的团队，就是一种命运共同体。一场仗打下来，是死是活，都在一起。

案例5.4　"四大行"与"四巨头"的事业共同体

案例背景

2017年3月28日，中国建设银行与阿里巴巴、蚂蚁金服宣布战略合作，双方共同推进建行信用卡线上开卡业务，以及线下线上渠道业务合作、电子支付业务合作、打通信用体系。

同年6月16日，中国工商银行与京东签署全面合作协议，双方将在金融科技、零售银行、消费金融、企业信贷、校园生态、资产管理、个人联名账户及至电商物流等方面展开全面合作。

同年6月20日，中国农业银行与百度达成战略合作，合作领域主要是金融科技、金融产品和渠道用户，双方还将组建联合实验室、推出农行金融大脑，在智能获客、大数据风控、生物特征识别、智能客服、区块链等方面进行探索。

同年6月22日，中国银行对外宣布"中国银行—腾讯金融科技联合实验室"挂牌成立，二者将基于云计算、大数据、区块链和人工智能等方面开展深度合作，共建普惠金融、云上金融、智能金融和科技金融。

至此，"四大行"和"四巨头"强强联手，形成有着竞合关系的事业共同体。

案例分析

事业共同体是双方谋求发展和长期利益，寻求利益最大化，有着共同的目的和共同的事业。为什么"四大行"和"四巨头"能形成事业共同体？分析下来，原因有三：

首先，随着技术发展，客户金融需求和消费习惯发生深刻变迁，更好地适应客户变化、满足客户需求成为两者共同的任务。

其次，近年来，金融监管政策不断收紧，以互联网金融风险专项整治和银行业市场乱象整治为代表的"严监管"行为，对两者都产生压力，加强合作成为两者共同的需要。

最后，两者还存在明显的互补关系。从两者各自的优势看，如在最为核心的信贷业务方面，商业银行资金成本较低，从业者素质较高，风险管理经验丰富，在提供大额和中长期贷款方面具有优势；互联网公司流程简单快捷，客户体验较好，应用场景丰富，在批量业务和信息搜集处理方面优势明显，更擅长提供小额贷款。从大数据角度看，两者拥有的数据在来源、范围、性质和方式上都存在较大差异，互联网公司的客户数据多为非结构化数据，商业银行的数据集中在结构化数据，这也决定了两者在大数据处理方面有着各自的比较优势。

5.4 定义项目成功

根据以前项目经验列出所有导致成功和失败的因素。纵观全局并从已识别的因素中甄选出那些贯穿始终的内容。你会发现，这些因素的共同点在于：它们都是与人有关的，人是其中最重要的因素。

项目的成功或失败通常与团队的合作方式紧密相关。如果忽视与人相关的问题，如确定清晰的目标、有效的沟通方式、管理层的支持情况等，项目注定会陷入困境。当然，有心的人会在问题丛生的环境下找到出路。对领导层来说，挑战在于，如何为团队创造一个能发挥他们最大潜力的工作环境。

可以列出一堆关于项目成功和失败的定义。满足范围、进度和资源的需求对于项目成功来说只是一个起点。你会发现，有的情况下尽管明确了这三个方面的限制条件，项目仍会以失败告终。造成失败的原因可能是市场变化或竞争对手先发制人，也可能是客户变卦。还有一种情况是，没有考虑这些限制条件但事后发现项目依旧很成功。重要的是，要尽可能清晰和准确地确定需求，同时也要保持一定的灵活性，因为随着时间推移，需求和环境会发生变化，即使在项目进展过程中，很多都是已知条件的情况下也会有临时变化。

这里给出一个关于项目成功的参考性总体标准：与关键相关方沟通并询问他们关于项目成功的定义，让他们每次针对某一个关键部分进行界定。你会得到一些意外的答复，例如"不要为难我""别让我见诸报纸（别让这个信息公开）""只要完成这些事情就好了"。有时甚至还会出现一些自相矛盾的回复。要做的工作就是将这些给出的定义进行整合，并设法达成相应的目标。在项目早期进行这种对话有助于明确项目的目标，并能对关键相关方关注点提前预警。这种讨论的目标是通过对组织和相关方的期望进行裁剪的。

对项目成功的定义和看法是相对的，但也是真实的。曾经有一个项目经理说关于项目成功的"观念"比其他因素（如工作完成情况、成本、可衡量的收益回报率等）的影响都更大。听起来似乎实际的工作成果只是相关方和终端用户信念的副产品。

我们已经明确了一点，即项目的成功或失败与人息息相关，所以当前的目标就是要学会怎样成为更好的"人"的领导和管理者，而不仅是项目本身的管理者。怀着成为全能项目经理的目标，去培养各个方面的技能。

案例 5.5 汇付天下上市项目成功的定义

案例背景

汇付天下成立于 2006 年 6 月，2011 年获得《支付业务许可证》，2013 年成为首批获得外管局颁发的《跨境支付业务许可》的支付公司，2018 年 6 月汇付天下在香港联交所主板上市，成为首家上市的非银行支付机构，也成功拉开移动支付行业服务商冲刺主板市场的序幕。

根据 2018 年年报数据显示，汇付天下总体业绩持续高速增长，其中支付交易量为 1.8 万亿元，同比增长 58%，收入为 32.5 亿元，同比增长 88%，主要由支付交易量增加所致；净利润为 2.63 亿元，同比增长 51%。这个上市项目的成功定义可以分为以下四个方面：

一是用户层面。汇付天下在小微商户移动支付与行业解决方案等成熟业务中保持快速增长。小微商户由2017年年底的580万家增加至830万家，面向小微商户的移动端支付交易量同比增长91%；行业客户数也由2017年年底的5 700家增至8 700家。

二是业务层面。汇付天下的业务主要是支付服务和金融科技服务两大板块。2018年支付服务收入为31.67亿元，占比达97.6%，同比增长95%；金融科技服务为7271.3万元。

三是创新层面。与SaaS供应商持续加强深度合作，2018年SaaS供应商大幅提升至137家，2018年年底实现单日交易笔数超过200万笔的目标；推出创新账户服务产品"企账通"，累计服务的账户数量增至3 100万家；跨境业务交易规模快速提升，2018年实现跨境支付交易量202亿元，同比上涨312%，营业收入约3 000万元，同比增长115%。

四是研发层面。2018年，研发投入2.32亿元，同比增长77%。全面建设三大核心能力：超大规模的交易处理和运营能力、多场景的账户系统和钱包支持能力、数据驱动的智能化分析和决策能力。

> **案例分析**
>
> 项目成功的定义不仅仅是一个整体情况，还需要与各个相关方进行沟通确认，并进行目标分解。汇付天下上市项目的成功定义分为四个层面，分别与用户、业务、创新、研发等相关方有关，因此在项目早期与相关方进行对话有助于明确项目的目标。

5.5 行动中的诚信领导力

怎样创建一个能达成目标、建立信任并能让团队学习成长的环境，而不是一个破坏性的环境？想办法让相关方可以协同工作，并思考能让他们从工作中获益的方式：项目存在是为了组织需求；他们将从中体会到乐趣；经验是有启发性的；如有需求他们将会获得更多的帮助；他们将会收到建设性的反馈；他们被愿景所激励；他们将从项目中获得成长；他们专业性的需求将被满足；他们可以广交朋友；这将有利于他们的职业发展；合作将比单独行动让他们获益更多。

在实践中展示诚信领导力的方式：
- 说出你的信念。
- 言出必行。
- 相信并努力证明建立信任是第一要事。
- 避免"诚信罪行"，防止团队成员因言行不一致而受到侵犯。
- 让团队成员参与战略实施方案的设计、制订。

- 通过询问和倾听获得的信息来调整价值、项目和组织目标，并使用标准的流程将实际工作与战略目标连接起来。
- 培养一个良好的环境，能让团队成员通过共同学习、在开放的环境下协同工作取得成功。
- 培养"组织意识"的技能——一种能够观察和识别团队情绪和政治问题的能力。这是一种至关重要的能力，它允许个人通过私下的方式或者建立联盟的方式对组织发挥影响，而不依赖其职业角色。挖掘团队中的能量，它来自按照自己的信念行动——有勇气做自己认为正确的事——以及时刻做好准备的人。

例如，一个承包商来到项目经理办公室，提了一些资源方面的需求之后便离开了。鉴于两个人之前关系较好，此举略显反常。项目经理决定不对承包商提出的需求给予支持，因为它会给项目造成严重的负面影响。然后他找到承包商并发现他跟之前的情绪状态有所不同，询问后得知需求来自承包商公司层面而非其本人。通过正确地解读当事人的情绪状态并推测问题背后的原因，项目经理得以了解与其共事的承包商，防止了事态升级，并找到了合适的解决方案。

犯"诚信罪"的领导是将压力和负担从解决问题本身转移到了个人工作能力上。在这种环境下是很难培养其信任度的。领导要么身陷困扰，要么通过培养团队的能力和忠诚度来取得成功。

从系统思考的层面来讲，这是个"舍本逐末"的经典案例。在此案例中采取临时补救措施阻止了领导者，从而从根本上解决了问题。当面对压力时，很多项目经理诉诸快速补救——一种命令和控制的方式来获得表面上的解决。但这种方式对他们想要影响和说服的人会起到反作用，这些人不会尽力做好本职工作，结果导致后面问题更加严重。

锻炼说服技能是一种根本的解决方式。帮助团队建立愿景和使命，解释为什么他们的投入能带来最好的回报。人们能够接受这种方式并在较少压力的情况下完成工作。

下面介绍几个劝导/说服的工具。
- 互惠：主动馈赠礼品。通常，人们收到这种礼物时会想到要回赠，可能是大的合同订单，或者另一个进一步巩固双方关系的机会。
- 一致：引导当事人当众承诺，包括一些小的承诺，并推动这些承诺的兑现。这种方式将能非常有效地指导未来的行动。
- 社会确认：让说服对象知道这种方式是其他人都认可的"标准"。人们经常会根据其他人的表现来做决定。
- 欣赏：让他知道我们欣赏他们并且我们也是被欣赏的。大家都愿意跟自己喜欢的人做生意。影响双方建立这种互相欣赏的关系的因素包括外表吸引力、相似性、赞美和合作。
- 权威：在着装和言谈举止上要表现的既专业又平易近人。影响权威性的其他因素还包括经验丰富、有所专长及科学成就等。
- 稀缺：我们已经知道良好的项目管理实践是多么稀缺了。稀缺性原则既可应用于商品也可应用于对信息的价值评估。不是每个人都知道如何使项目成功的。

总体来说，关于说服能力的科学和实践主要包含以下几个层面：互惠、一致、遵从相似性指引、爱屋及乌、服从权威。

为了对有效实践进行评估和使用工具对相关方进行分析，可以考虑采用以下步骤：
- 识别基本的领导特质及其影响。
- 评估和比较在不同情境下的领导方式。
- 使用转嫁负担的方式来创建一个积极的文化环境。
- 珍视诚信领导的价值并坚持正直诚信的行为。

案例 5.6 "千人广场舞"享"一元真优惠"

案例背景

"沃德杯"广场舞大赛是交通银行在全国范围内针对广场舞爱好者开展的全民健身比赛，2017 年至今已经举办三届。据统计，三年来共计有近千支舞队、2 万多名客户报名参赛，比赛吸引超过 5 万名客户进行投票与关注。

广西壮族自治区有着能歌善舞的传统，交通银行广西分行在广西赛区共设南宁、柳州、桂林、梧州、北海、贵港、玉林、钦州、百色 9 个海选城市，凡是年龄在 40~65 周岁的市民均可通过线上线下两种方式报名参赛；并设冠军奖金 5 万元，冠军队伍将代表广西参加全国比赛，角逐 100 万元大奖。

交通银行广西分行与银联合作，现场设置银联云闪付一元购体验区，让市民在享受广场舞精神文明的同时，也得到实在的物质优惠。

案例分析

交通银行能举办如此大规模的广场舞大赛，在响应国家全民健身号召，推动群众文化、精神文明建设的同时，也给予用户实在的优惠，这得益于其能顺应市场需求，并能发挥行动领导力，来带动各相关方参与到项目中，取得良好的效果。

5.6 相关方管理计划

相关方管理计划通常包含以下要素：
- 相关方登记册。
- 相关方参与度评估矩阵。
- 沟通计划，包括沟通需求。
- 变更管理和变更控制计划，用来评估变更及减少变更对相关方和项目的影响。
- 相关方技能培训和发展。
- 相关方关系管理策略。

人们由不同动机来驱动。为维持相关方的参与、与相关方的期望相一致、跟踪和监督相关方、记录进度和挑战（问题），要有能跟进进度、任务完成、挑战、问题解决的程序。与其将相关方管理看成烦人的事情，不如了解和接受相关方分析的敏感本质；认可参与项目的任何人对你们一起从事的工作都有合理的关注。

5.7 对成功、合作环境的展望

相关方管理的愿景是所有人能够自愿且有效地合作，使用标准的项目管理技术，并且基于项目型的组织实施。达成此愿景的前提是大家有这样的认知：项目经理的角色相当于当前的部门经理。高层管理者是项目管理过程中不可或缺的一部分。团队是组织的基石。所以高层管理者就是高层管理团队的成员。项目的位置与其影响相关，影响是基于信任和相互依存建立起来的。每个项目都是大的项目组合的一部分，各个项目之间不是争夺资源的对立关系，而是为实现组织目标和战略共同合作的关系。也就是说，项目经理们要把自己看成一个团队。高层管理团队的职能在于改善团队结构，知道项目系统（或项目组合）的发展方向。信任是在公开明确的沟通中建立的。高层管理者将通过监管项目管理信息系统来解答各个项目的疑惑，并向其提供信息。在此过程中强调的是用愿景来指导行动，而非规则。每个人的工作都与组织的使命紧密相连。治理项目混乱的流程要考虑将项目与组织战略联系起来，聚焦于项目的价值和方向、信息的畅通及组织对项目团队的支持。

总结

制定相关方管理策略的目标是提高相关方参与程度,能够让相关方与项目保持统一战线,并且对项目相关方产生积极影响。根据关键相关方的需求制定清晰的项目成功标准。在相关方手册中识别和记录相关方特点。积极管理项目中出现的冲突,并能理解这些冲突也反映了各方的参与度。提升游说技巧。能够被信赖,保持坦诚和正直。对项目相关方进行正面强化,将能促进其对项目产生积极影响并促进项目成功。

第6章 项目需求管理

本章内容

- 需求启发
- 建模需求
- 需求分析
- 记录、确认、核实和批准需求

本章案例

- 案例 6.1　日本移动支付的需求启发
- 案例 6.2　马背上的"指尖支付"开启"助农惠牧支付模式"
- 案例 6.3　浦发瑞幸咖啡联名卡的"强场景营销"
- 案例 6.4　兴福村镇银行的接口分析
- 案例 6.5　飓风推高蛋挞销售量？沃尔玛漏斗模型一探究竟
- 案例 6.6　"小天额"的普惠小幸运
- 案例 6.7　浦发银行用生态系统图打造 API Bank 无界开放银行
- 案例 6.8　用例图构建上海华瑞银行"极限"产品
- 案例 6.9　富国银行网点转型的场景化用例
- 案例 6.10　康旗股份善用商业规则，探索 B2B2C 商业路径
- 案例 6.11　奥特莱斯（Outlets）的数据画像赋能
- 案例 6.12　加油小票背后的故事——万事达卡（MasterCard）数据字典
- 案例 6.13　宁城农商银行采用接口模型，打造"银医通"自助系统
- 案例 6.14　日本第三方支付系统的三级需求确认
- 案例 6.15　Libra 为何被强势叫停？

需求启发和分析往往是迭代性的工作，包括计划、准备和实施来自相关方的启发信息；分析和记录这项工作的结果；最终定义出足够详尽的需求，以便定义和选择出最好的解决方案。

6.1 需求启发概述

6.1.1 需求启发的重要性

需求启发是很重要的。启发的结果是项目工作的核心输入。其价值在于以下几个方面。

- 生成需求：回答解决方案的问题，确认项目交付合适的解决方案。
- 支持决策：为高管决策提供支持信息。
- 增强影响力：当以有效信息作为依托时，商业分析师的影响力会更有效。
- 谈判或调解：启发信息，理解冲突各方动机，基于事实谈判。
- 解决冲突：为解决冲突提供必要信息。
- 定义问题：提供用于识别真正问题的信息。

为了有效开发四种需求（商业需求、相关方需求、解决方案需求、过渡需求），我们需要启发一些必要信息。启发活动的四个任务可以指导我们为新解决方案收集和理解项目相关方的需求。请记住，有效的启发方法不仅仅是提问题而已。启发活动是一项与人互动的活动，在活动中，我们可以确定项目需求的正确来源，并决定如何从这些来源收集到正确的信息。

启发和科学调查非常相似。它要求我们深入研究、阅读、交谈，并观察组织机构中发生着的变化，这些都和我们的项目有关联。启发活动包括整理和评估所得到的结果，并确保所获得的信息是有效组织的、合适层级的知识，以及对启发工作量范围和状态的良好把控。

6.1.2 需求启发主要目的

需求"启发"是获取需求信息的常用方法。需求启发是一项从相关方和其他来源提取信息的活动。在项目实战中，相关方常常连自己也不清楚自己想要什么，因此需求启发并不是简单的需求收集或汇总。

在项目工作中，它包括：

- 启发商业问题原因的信息。
- 把握当前机遇原因的信息。
- 导出需求以便开发和实施解决方案的信息。

按照流程来讲，需求启发主要包括四项：准备需求启发、开展启发活动、记录启发结果、确认启发结果。

需求启发关注收集正确的信息以制定项目需求。项目需求是设计和部署解决方案的基础。

需求启发工作在项目实战中非常具有挑战性。在讨论需求时，经常会碰到用自己的行业或业务术语来描述需求的相关方。为了弄清楚他们所描述的功能，我们就需要去熟悉相关方的行业或业务语言。

相关方并不会告知我们所有需要了解的信息，至少在第一次交谈时不会和盘托出。这就需要我们选取合适的启发技术来尽快收集尽可能多的相关信息。

案例 6.1　日本移动支付的需求启发

案例背景

2019 年，移动支付的浪潮来到了日本。据日本媒体报道，包括千叶银行、西日本城市银行在内的日本 50 大地方银行计划开展二维码支付业务（见图 6-1）。而就在日本大力推行移动支付的当下，中国已在移动支付领域呈现飞跃式的发展，根据恒大研究院发布的《2018 年中国移动支付报告》显示，2017 年中国移动支付规模达 202.93 万亿元人民币，近五年平均增速 181%，成年人电子支付比例高达 76.9%。

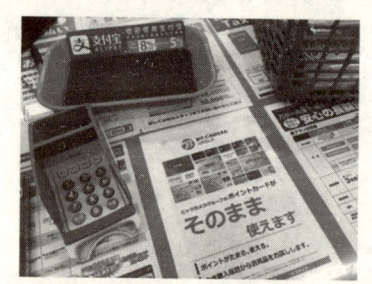

图 6-1　日本某便利店商超的移动支付场景

在中国移动支付市场，二维码支付主要采用能够快速读取的 QR 码（Quick Response）技术。与条形码相比，QR 码能存储更丰富的信息，包括对文字、URL 地址和其他类型的数据加密，与其他二维码相比，QR 码具有识读速度快、数据密度大、占用空间小等优势。虽然中国将二维码支付发展推向巅峰，但是 QR 码最初是在 1994 年由日本的 Denso Wave 公司所发明的。为什么作为二维码技术的起源国，日本在移动支付市场上却发展缓慢？

根据支付服务提供商 Worldpay 发布的《关于 2018 全球支付报告》显示，尽管日本的互联网渗透率高达 100%，但是实际上日本的电子钱包使用率并不高，甚至成为全球后付费使用率最高的地区。比如，许多日本消费者在网上选择产品后，会去线下便利店付款取货。另外，日本十分热衷现金交易，有数据表明，现金交易占据了日本 70%的交易额，而其他发达国家仅为 30%。

现金支付给日本带来诸多弊端，集中体现在两个方面：一是现金多环节运维成本巨大。除交易不便外，现金在流通、损耗、保管等环节还需要投入大量的运维成本，据 Nomura 研究机构估计，每年日本花在这些方面的支出合计达到 1 万亿日元。二是游客接受度不高。40%的外国游客对只能使用现金的情形表示不满，而这对于即将举办 2020 年东京奥运会的日本而言，无疑会造成诸多负面影响，激化游客支付方式的选择矛盾,为旅游收入带来损失。

基于多方面影响,日本开始大力推行无现金支付方式。据新华社报道,2018年4月12日,日本经济产业省通过"无现金愿景"规划,日本将努力提高无现金支付手段,直到占据支付比例的80%。但目前日本显然有非常强势的现金文化,移动支付的需求如何得以启发呢?

案例分析

我们知道,任何项目的顺利开展必须切合需求。而日本推行移动支付方式,也要考虑日本固有的需求因素。日本有强势的现金文化,有以下四方面的原因:

一是长期以来的消费习惯。许多日本民众表示喜欢现金的踏实感,民间更有传说很多日本富豪把现金整齐地放在钱包里,他们觉得对钞票恭敬的人才能发财。

二是对隐私保护的高度重视。相比于产生消费记录的移动支付,现金的安全性要高得多,现金支付不会产生任何消费记录,也不会造成任何个人隐私泄露问题。

三是在日本智能支付功能存在的场景大多已经被预付卡(见图6-2)和现金占据。比如,中国游客熟悉的 Suica(西瓜卡)、PASMO 卡,关西地区常见的 ICOCA 卡都能满足交通出行、日常消费的场景。日本的互联网服务的支付行为,部分仰仗通信运营商的扣费体系,另外,还有通过便利店直接购买的预付卡来满足。

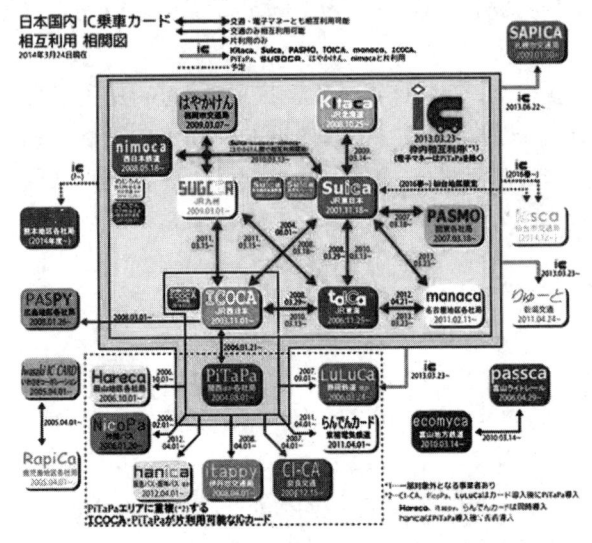

图6-2 日本交通预付卡支付场景示意图

四是现金是抵御通货紧缩的手段。日本政府公布数据显示,近年来日本全年 GDP 增长平均只有 0.5%,有部分日本民众认为,经济增长缓慢会导致通货

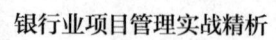

紧缩，而持有现金可以有效抵御经济风险。

基于以上日本需求因素的分析，要启发日本移动支付的需求，需要从文化的角度去改变，也就是从底层的商业需求开始探究，进而分析相关方需求和解决方案需求。

6.1.3 需求启发实战问题

需求启发活动适用于所有需求类型：商业需求、相关方需求、解决方案需求、过渡需求。启发活动既可以针对项目高级业务需求，也可以针对更为详细的解决方案需求。需求启发活动往往与以下领域的活动同时进行：

- 价值论证（聚焦于商业需求）。
- 需求分析（聚焦于相关方需求和解决方案需求）。
- 解决方案评价（聚焦于过渡需求）。

让我们来看一下与需求启发活动相关的三个领域。

- 价值论证：价值论证侧重于识别商业需求。商业需求为项目指引方向，并确定商业能实现的可行解决方案。该领域包括为项目挖掘商业需求。这些需求描述了高层级目的和目标、组织需要，以及解决方案所需的高层级业务功能。
- 需求分析：需求分析通过对相关方需求和解决方案需求进行细化和优先级排序，逐步推进项目。相关方需求描述了相关方的需要，以及它们如何与解决方案进行互动。它们相当于高层级商业需求和详细解决方案需求的连接桥梁。相应地，解决方案需求描述了为了满足高层级商业需求和相关方需求的解决方案特征。
- 解决方案评价：这个领域评估并验证提案的、进行中的和已实施的解决方案，这些解决方案分别处于项目生命周期的前期、中期和后期。这个领域中也定义了过渡需求，过渡需求描述了从当前状态转换到将来状态所需的解决方案能力。过渡需求在状态转换结束后将不再需要。

6.1.4 需求启发的活动

需求启发领域的活动主要有以下四项。

- 准备需求启发：包括制订启发活动计划，细化启发任务，编制详细任务计划。
- 开展启发活动：开展包括引言、主体、结尾和后续跟进四个步骤的启发活动。
- 记录启发结果：记录正式或非正式的启发活动结果。
- 确认启发结果：与相关方确认他们表述的需求和问题，确保清楚准确地理解相关方的意图和问题。

下面让我们来逐一学习每一项活动的过程、可交付成果及其技术。

6.2 准备需求启发

准备需求启发活动实际上包括两个活动，第一是制订启发计划，第二是启发准备活动。对应的可交付成果是启发计划和启发笔记。

制订启发计划是商业分析计划的一部分。由于规划的渐进明细和迭代性，在启发前，制订启发计划会更加细化，如启发任务计划、决定哪些相关方参与、如何安排启发讨论等细节。

请注意启发计划的内容是一个考点，内容包括：

- 启发什么：针对需求问题，需要了解什么？
- 信息来源：哪些角色拥有信息？利用企业架构元素，哪些模型有信息？
- 如何获取：从信息源获取信息有什么技术？
- 排序启发活动：理解依赖关系，进行启发活动的排序。

启发计划示例如表 6-1 所示。

表6-1 启发计划示例

信 息	来 源	方 法	排 序
多少员工需要搬迁？	人力资源部	访谈	2
两个建筑物的空间布局是怎样的？	• 建筑图纸 • 设施	• 文档分析 • 访谈	1
需要搬走哪些设备？	• 信息技术部 • 设施 • 执行副总裁	会议	4
一次性搬迁完成还是分阶段完成？	• 人力资源部 • 执行副总裁	访谈	3
在建筑竣工前，可以让员工先搬进去吗？	• 法务 • 人力资源部 • 设施 • 建筑分包商	会议	5

实战技巧

启发活动可能包括：进行面对面访谈，设计调查问卷并分发给成百上千的全球用户，开展10~15人的引导式研讨会。启发准备工作可能包括启发活动详细计划、细化启发任务、编制详细任务计划。

为项目进行需求启发准备，可以有很多种方法。我们应与相关方一起确定，如何对启发结果进行反馈、验证和签字认可。同时商业分析师还要为后续启发活动建立人人都要遵循的一些基本规则。

在项目实战中，项目启发活动也有多项技术，如头脑风暴、文件分析、焦点小组、接口分析、访谈、观察、原型、需求工作坊、调查问卷。这些技术在前面的章节中大都讲过，这里不再赘述。

启发准备工作让必要的相关方资源提前得到组织和规划。这一步骤，也让我们清楚所有的准备工作：预定会议室，准备必要的材料，通知提醒参加人员。

启发准备活动的目的是规划启发讨论。可交付成果是启发笔记，包括的步骤有以下三个。

- 确定目标：设定讨论要达成的目标，即希望达成的价值和成果。
- 确定参与者：确定参与讨论的相关方和相应的启发时间。一般来讲，管理层级越高，安排时间宜越少。
- 确定讨论的问题：启发前准备问题，并了解问题的原理和重要性。

案例6.2　马背上的"指尖支付"开启"助农惠牧支付模式"

案例背景

内蒙古作为曾经的"草原丝绸之路"的重要通道，是中蒙俄经济走廊的重要支点，在国家"一带一路"倡议中具有重要地位，地势狭长横亘在中国北方，形成了连接东北与西北的"大动脉"。内蒙古人均土地面积是全国的6.4倍，地广人稀，乡村人口超4成，村镇及居民分布较为分散。鉴于我国经济呈现的城乡二元结构特征，统计数据表明，平均每个乡镇只有2.13个金融网点，平均1个网点服务近2万人。内蒙古相比全国的均值，网点更加负重，但这给移动支付腾挪出更大的发展空间。

移动支付作为近年发展起来的创新支付手段，多数人形成了固定思维：应用场景在都市，目标客户是白领。向"头部""腰部"人群添加更多的功能比向"长尾"人群推广新功能更加容易。事实上，越是发达国家或地区，如美国、日本和欧洲，移动支付应用越加缓慢；反之，欠发达国家，如肯尼亚、印尼和菲律宾，移动支付应用相当广泛。显见的事实是，撇开用户依赖路径，增值服务只能伴生"降维打击"，金融普惠则能激发刚性需求。

从2013年9月开始，内蒙古农村信用社和内蒙古银联就联合以内蒙古的农牧区"刚性需求"为切入点，开始进入农村牧区移动支付试点阶段，开启了"助农惠牧支付模式"。

以下是"内蒙古助农惠牧支付"项目需求启发工作表示例（见表6-2）：

项目：内蒙古助农惠牧支付。

目标：获得相关方关于助农惠牧支付的解决方案需求。

方法：我们将单独访谈相关方，并进一步安排需求工作坊来讨论需求启发的结果。

表 6-2 "内蒙古助农惠牧支付"项目需求启发表示例

启发问题	询问对象	应用技术
农牧民售卖粮食有什么困难？平常如何取现？	农牧民、当地政府	访谈（个人） 需求工作坊（项目组） 观察
经纪人和种植/养殖大户如何收购农牧民的粮食？	经纪人、种植/养殖大户	访谈（个人） 需求工作坊（项目组）
粮库、畜产品加工厂和农副产品收购站的需求是什么？	粮库、畜产品加工厂、农副产品收购站	访谈（个人） 需求工作坊（项目组）
当地银行能提供哪些支付产品？	当地 A 银行、当地 B 银行	访谈（个人） 需求工作坊（项目组） 文件分析

案例分析

内蒙古银联集中走访农副产品产地巴彦淖尔市，联合当地的 A 银行、B 银行向收购经纪人和种植/养殖大户提供必选支付产品。在确立"助农惠牧支付模式"阶段，通过上述项目需求启发表，创建了粮食、畜产品和农副产品收购的非现金支付商圈，如图 6-3 所示。

图 6-3 内蒙古某烟酒百货超市的助农金融服务点

首先，农牧民将粮食、畜产品和农副产品交给经纪人，经纪人和种植/养殖大户将粮食、畜产品和农副产品交给粮库、畜产品加工厂和农副产品收购站；其次，粮库、畜产品加工厂和农副产品收购站通过"云 POS 机"智能终端或便民支付终端，将销售款转给经纪人和种植/养殖大户，经纪人通过 SD 卡客户端，将收购款转给农牧民。农牧民需要少量现金时，就近通过"助农金融服务点"

或传统银行网点取现，于是形成了农村牧区的"零现金"支付。2014年内蒙古农村信用社、内蒙古银联联合开展金融便民服务"春雷行动"计划，定制开发的"农信社手机银行"，向纵深推进农村牧区普惠金融的开展。

内蒙古的移动支付实践证明，移动支付能成为乡村牧区居民小额转账的手段，借此消弭金融基础设施的不足。

用表格来规划需求启发活动，并记录他们准备要问的问题，是一个良好的实践。表 6-2 以"内蒙古助农惠牧支付"项目作为例子，阐述了需求启发表格所包括的一轮解决方案。基于组织和项目特点，我们可以询问不同的问题，采用不同的技术，或者添加更多的信息到工作表中。

启发工作表格可以帮助我们定义启发活动目标，提前设计检查要问的问题。记录下来仔细思考要问的问题，这也为如何组织和管理启发结果奠定了基础。

我们应为需求启发做好充足准备。对于大型项目，这个通常是项目团队的责任。他们会同时从不同的相关方处收集信息。我们应协调好什么时候谁应该做什么，并安排好团队一起汇总每个人所了解到的。商业分析师和项目经理都可以参加需求启发。

接下来，我们来看看有效需求启发的下一步——如何成功开展启发活动。

6.3　开展启发活动

开展启发活动可分解为四个步骤，最终可交付成果是"启发结果"，具体如下：
- 引言。引言确定活动基调，并提出启发讨论的总体目标。
- 主体。主体是提出问题和回答问题的阶段。
- 结尾。结尾就是要为该讨论画上一个圆满的句号。
- 后续跟进。后续跟进的目的是与参与者一起整合信息及确认信息。

6.3.1　引言

引言的可交付成果是"讨论框架"，框架实际上是讨论问题和活动目标。其中也提到为提高相关方参与度，建议说明目标实现后将会得到的收益。

相关技术：停车场。停车场的作用是减少偏离主题，或与会者打乱会议节奏。在画架、白板或其他类似电子工具上创建的停车场，可以用于存储那些参与者已提出的但与讨论目标不相关的主题。

6.3.2　主体

启发主体的可交付成果是"启发信息"。在启发讨论的主体中，商业分析师需要用到多种软技能：积极倾听、同理心、肢体语言、选择要提的问题、问题排序、影响力等。

提问是启发主体的关键,重点提到了关于提问的以下三个方面。

- 问题类型:开放式问题(任何方式回答)、封闭式问题(有限选项做选择)、语境问题(根据主题来回答)、语境无关问题(任何情境下都可以提问)。
- 提出恰当的问题:提出问题越多,提出恰当问题的机会越大。评估恰当问题的标准是分析评估启发结果,是否实现了启发讨论的目标。
- 积极倾听:采用积极倾听捕获蕴含信息。积极倾听包括全神贯注倾听,重述所听到的内容,以确保正确理解沟通的内容,识别差异信息。同时与相关方沟通所需的信息详细程度。

在项目实战中,建议在整个项目周期中关注以下信息,它们对需求启发很有帮助。

- 跟踪的需求:需求跟踪是其中一项启发工作。可以让你从需求回溯至商业目标,这将有助于确保新能力在解决方案范围之内。往往在项目需求管理计划中描述了需求跟踪方法。
- 获取的需求属性:有经验的商业分析师在启发过程中会主动获取需求属性。与其再回头去找相关方询问更多有关需求优先级和需求责任人的问题相比,不如主动去获取这些信息。在项目需求管理计划中,通常描述了需要收集的需求属性。
- 收集的启发指标:跟踪完成一项启发活动的所用时间,并与计划所用时间相对比,有助于更好地规划启发需求工作。这些信息有助于我们调整将来需求启发工作的时间和工作量估算。

6.3.3 结尾

结尾通常是对下一步行动事项做扼要概述,同时发现新的问题。因此结尾的可交付成果是"启发总结"。

6.3.4 后续跟进

后续跟进的重要目的是与参与者确认整合后的信息,保证信息的准确性和完整性。因此该活动的可交付成果是"确认信息"。

6.3.5 启发技术

> 需求启发八项技术

启发领域的很多项目实践聚焦于如何应用这八项技术,因此建议仔细学习这一部分,并了解每项技术的相关细节。

下面列举了启发的八项技术。

- 头脑风暴：激发群体创新的横向思考技术。
- 文件分析：分析现有文档并识别与需求相关信息的启发技术。
- 引导式研讨会：又称为需求研讨会，是快速定义跨职能部门要求和消除相关方差异的主要技术。这一技术有群体互动性，可以建立信任、产生协同、达成共识。

研讨会包括准备、邀请参与者、提示三个方面。其中准备包括协商议程、明确决策流程、准备技术设备和研讨会材料等；邀请参与者强调按照角色邀请，从而建立参与期望并受到鼓励而出席；提示包括研讨会提示、结束提示、跟进提示。研讨会提示有介绍参与者、提醒时间和指派角色等步骤。结束提示是明确会议在什么时候结束。跟进提示是尽快将会议结果整理发给参与者审查。

- 焦点小组：用于获取对已完成的工作或原型的反馈。最佳人数在8~12人。焦点小组不是启发问题信息的最佳方法，其缺点是群体压力。
- 访谈：通过提出问题并记录回答来启发相关方信息。访谈有两种类型和两种方式。

两种类型：结构化访谈（按照预设问题清单来提问题）和非结构化访谈（根据上一个问题的回答来问下一个问题）。

两种方式：同步访谈（访谈实时进行，如面对面、电话、视频会议等）和异步访谈（访谈非实时进行，如电子邮件或录像录音等）。

- 观察：观看工作或任务的执行和过程实施的直接获取信息的技术。观察的四种类型：被动观察（观察同时不打断）、主动观察（中断过程询问问题）、参与式观察（参与执行被观察的活动）、仿真（使用工具来再现模拟工作）。
- 原型法：提供模型以获得早期需求相关反馈。原型有两种类型和两种技术。

两种类型包括低保真原型（通常用纸或白板完成，目的是可视化解决方案）和高保真原型（创建最终成品的表示形式，包括抛弃式原型和演进式原型。抛弃式原型是确认后被废弃的原型；演进式原型是在过程中的实际成品）。

两种技术包括故事板（通过图像、界面显示导航的原型技术，通常是静态的和抛弃式的）和线框图（展示静态蓝图或用户界面示意图的图表，标识基本功能，是低保真度的蓝图）。

- 问卷和调查：快速积累大量调查对象的信息，有利于在短时间内用较小的费用从大量人群中收集大量的信息。

案例6.3　浦发瑞幸咖啡联名卡的"强场景营销"

案例背景

近两年，瑞幸咖啡可以用一个"火"字来概括，2018年成为国内第一家入驻故宫的连锁咖啡品牌。近期，浦发银行联合瑞幸咖啡推出了联名信用卡。这张卡片设计以蓝色色调为主，卡面有瑞幸咖啡的标志性元素，配以散落的咖啡豆，卡面整体简约大方，给人以清新的感觉，被称为"小蓝卡"。

除了值得收藏的卡面设计，该卡片的权益也是非常吸引人的：白金卡，免年费，免版面费；新客户每周可以凭这张联名卡以超优价格换购 3 份咖啡权益；还有美食半价、刷卡红包等多重豪礼，如图 6-4 所示。

图 6-4　浦发银行和瑞幸咖啡联名信用卡

这么好的产品和权益如何才能让用户知道呢？浦发银行通过对用户的行为观察，谋划了针对"咖啡"这款产品的强场景营销。具体来说，就是抓住快递员与用户唯一见面的机会，向用户简单介绍联名卡的权益。在普通信用卡推广中，最难的地方就是寻找目标用户，以及与用户进行直接交流。而通过快递员上门送货的天然触点进行推广，一来用户对产品的需求是刚性的，那么对于带有权益的产品不会排斥；二来这些权益对购买咖啡的目标用户来说是有吸引力的。因此快递员只要简要介绍联名卡的权益，然后让消费者扫码办卡即可。如此一来，快递员也可以因办卡获得奖励而产生推广的积极性，这是普通信用卡销售所不具有的优势。

案例分析

浦发瑞幸咖啡联名卡的案例应用了上面所讲的八项启发技术的"观察法"，通过观察目标用户的收货场景而触发一种"强场景营销"，从而引发用户需求。瑞幸咖啡联名卡产品具有极强的营销场景，随着网络时代的不断发展，信用卡产品也应迅速抓住时代脉搏，这就要求产品相关的项目人员（设计人员、市场人员、营销人员）多用启发需求的技术，打开思路与视角，把握产品的场景商机。

每项启发技术都可以想象成三步法：准备、开展和总结。图 6-5 说明了步骤。首先，准备使用技术启发需求。具体的准备活动由所选择的技术来决定。接着，展开启发活动并正确地应用所选方法。启发活动结束后，通过回顾、报告，根据需要做进一步调查，并进行总结。

```
准备 → 开展 → 总结
```

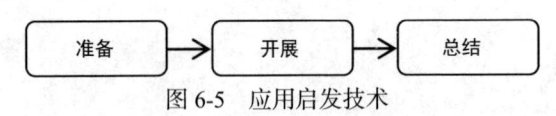

图 6-5　应用启发技术

在项目实战中，刚才我们提到的六项事件技术（头脑风暴、焦点小组、访谈、观察、原型和引导式研讨会）中，通常都需要一个协调人（也可能需要一个记录人）才能使事件活动的效果更好。按照项目经验总结来看，项目协调人的角色是很重要的，其职责通常有：

- 确定专业客观的会议基调。
- 介绍会议目标和议程。
- 强调会议纪律、机构和基本规则。
- 控制会议按时完成。
- 推动做出结论和达成共识。
- 确保所有相关方参加。
- 问对问题。

除刚才的八项技术外，还有一些启发技术在项目实战中也经常用到，如数据词典、术语表和接口技术。

首先来看数据词典和术语表技术。

我们应识别确定项目中要用到的所有术语。如果幸运，组织可能已经有一份与项目相关的商业术语表；如果没有，则需要自己创建一份。这项工作应该在定义商业需要和需求时开始，并贯穿整个项目周期。在项目周期内，对重要的术语进行定义和跟踪的推荐方法是术语表和数据词典。

术语表记录了所有关键业务术语及其定义。推荐在项目开始时就创建商业术语表，并在整个项目周期中进行维护、更新。术语表中记载的很多信息将会是明确商业需求、相关方需求、解决方案需求和过渡需求的结果。

数据词典用于定义数据元素、意义及其允许值。在明确项目需求时，就需要开始创建数据词典。数据词典中有两类数据元素：基本数据元素和复合数据元素。

- 基本数据元素：基本数据元素包含数据元素的基本信息。每项数据有独一无二的名字。此外，它可能还有别名。关于别名，当发现对于同一项数据，不同的相关方对它称呼却不同时，就很容易理解。每项数据都需要有明确合理的值范围。它可能是一组数字范围，或者是名字中最多可以含有多少个字符。基本数据元素也要在数据词典中出现。比如，基本数据类型可能指的是客户名字、客户头衔、客户年龄，或者客户电话号码。数据值是数据库技术设计的基础，它定义了需要怎样的内容、关系和方案数据格式。
- 复合数据元素：复合数据元素由基本数据元素组成。复合数据元素有助于将多个相关的数据组合起来进行管理。这可以通过三种方法来实现：序列、重复和可选元素。序列基础数据指定了它们必须以相同顺序出现。重复基础数据表明所包含的基础数据可以多次重复出现。可选数据元素则表示基本数据元素可能出现，也可能不出现。复合数据元素可以是一组和特定客户相关的值，包含前面提到的四种基础数据元素：客户名字、客户头衔、客户年龄和客户电话号码。

接下来看接口技术。在项目实战中，接口技术是一项非常重要的启发需求技术。

接口分析识别并定义需求，新解决方案及其组件如何和其他已经存在的系统进行交互。其他系统通常包括已存在的解决方案及其组件。接口是指两个系统组件之间的连接。所有外部接口都需要被视为相关方来对待。

在项目实战中，商业分析师通常会遇到以下三种通用接口类型：

- 解决方案的用户接口。
- 与外部软件的进出接口。
- 与外部硬件的进出接口。

接口分析建立了相互操作的基础。这就要求识别输入、输出和关键数据元素。这些有助于澄清各自解决方案的边界，以及与各个所需的接口达成共识。

准备接口分析需要查看现有的文档并寻找接口需求。我们应将解决方案和其他外部软件或硬件设备的进出接口清楚地画出来。我们的目标是尽早识别出项目中的接口。如果漏掉某个接口，之后它可能让我们感到困惑。

对每个识别出的接口进行分析和评价，我们就可以识别出，对于解决方案所涉及的所有相关方或者系统来说，哪些接口是必需的。对于每个识别后的接口，我们需要描述接口的目的、类型和大致细节。接口识别需要与由接口互连的其他系统或项目进行协作，它还将影响在开发周期结束时的集成和实现。

作为接口分析工作的收尾，应当详细描述接口需求。描述输入、输出、相关验证规则和触发事件。尽早识别接口有助于实现新解决方案的互操作性。互操作性问题将会影响解决方案的交付计划时间，造成额外工作和接口数据的测试，因此越早识别接口越好。

案例6.4　兴福村镇银行的接口分析

案例背景

2018年4月8日，常熟银行对外宣称，中国银保监会已经同意其筹建兴福村镇银行股份有限公司（简称"兴福村镇银行"），这是国内首家投资管理型村镇银行。

投资管理型村镇银行虽然仍属于村镇银行，却具备了替母行进行集约化管理、专业化服务的职能。除普通村镇银行经营的业务外，其还可以投资设立和收购村镇银行，为村镇银行提供代理支付清算、政策咨询、信息科技、产品研发、运营支持、培训等中后台服务，受村镇银行委托申请统一信用卡品牌等，如图6-6所示。

图 6-6　兴福村镇银行的促销活动

作为首家投资管理型村镇银行的兴福村镇银行获准在海南省海口市筹建，这将有利于常熟银行依托海南省建设自由贸易区的独特优势，对所投资的村镇银行实施集约化管理，在注册地辖区内开展经营活动，在全国范围内开展村镇银行兼并收购，从而有效拓展公司发展空间，增强公司村镇银行业务板块贡献度。目前，常熟银行旗下有恩施兴福村镇银行、常州金坛兴福村镇银行等30家兴福系村镇银行，分布在湖北、江苏、河南、云南四省。

案例分析

兴福村镇银行是国内首家投资管理型村镇银行。投资管理型村镇银行与一般的村镇银行的最大不同在于，投资管理型村镇银行管理与一般村镇银行的接口，是一种集约式村镇银行。其通过各种接口——支付清算、政策咨询、信息科技、产品研发、运营支持、培训等中后台接口，为一般村镇银行提供服务，从而成为村镇银行的投资者和发起人。

从定位上看，投资管理型村镇银行侧重"支农支小"的战略定位，结合县城"三农"和小微企业的金融服务需求，制定整体发展战略规划。其所筹集的资金，主要用于解决村镇银行"支农支小"的资金需求和流动性资金缺口。

从布局上看，投资管理型村镇银行重点覆盖中西部地区和老少边穷地区，切实加大对欠发达地区的金融支持力度，同时按照市场化原则，收购其他村镇银行股权。

因此就像我们刚才所分析的，接口分析的核心是管理三种接口：解决方案接口、软件接口和硬件接口。而投资管理型村镇银行所管理的接口除以上三种外，还有资金接口和信息接口，全方位的接口管理才能为一般村镇银行提供更加全面周到的服务，使村镇银行的投资可控且有可期的收益。

6.4 记录启发结果

通常，文档的格式有白板快照或需求管理工具中记录的现场信息。

该活动的可交付成果是启发文档，详细记载了有助于其他商业分析任务的信息，让读者都能使用。

在项目实战中，以下技术是可以用来将得到的需求和相关方问题记录下来的。可以采用的启发技术：

- 头脑风暴。
- 文件分析。
- 焦点小组。
- 接口分析。
- 访谈。
- 观察。
- 原型法。
- 引导式研讨会。

另外，采用问题跟踪技术可以记录用户的问题。记录了由前面所述的一些技术得到的启发结果之后，我们可以开始与相关方验证结果。

记录启发结果的可交付成果是启发笔记。启发笔记中实际上包含两部分内容——需求描述和相关方问题。需求描述是一种需求文档，其本质是从相关方的视角描述了他们需要什么，可以认为这是原始的相关方需求信息。相关方问题指那些相关方提出的启发活动引出来的问题。这些问题可以是多种多样的，如风险、假设和限制等。

记录下这些问题后，项目团队就需要去解决。通常来讲，记录启发结果活动是项目团队自己的事情，不需要相关方加入。但商业分析师需要确保这些记录的启发结果是正确的，因此下一步就是与相关方确认启发结果。

6.5 确认启发结果

启发信息与分析信息两个步骤都是具有迭代性的，从而能渐进明细地理解信息，描述出商业问题的解决方案。以下是启发完成的六个建议标志：

- 相关方或问题所有者批准了结果。
- 基于信息的模型是可以被完成的。
- 试运行或成功的原型已经完成。
- 目标已经实现。
- 解决方案已经确定。

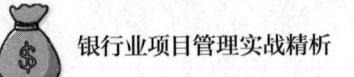

- 相关方开始重复之前提供过的信息,并提供一些冗余信息。

该项活动的可交付成果是"确认的启发结果"。在项目实战中,确认的启发结果实际上还可以进一步分解为表述需求和相关方问题。这些信息都需要被记录下来,并和相关方确认,以确保理解是正确的。表述需求指的是从相关方角度记录下来的需求。相关方问题包括启发活动中相关方提出的问题。一旦表述需求和相关方问题得到确认后,商业分析师就转去完成需求分析和开发的任务。

6.6 启发问题和挑战

以下是启发活动常见的七项启发的挑战和四点建议,分别概括如下。

七项启发的挑战包括:
- 相互冲突的观点和需要。
- 相互矛盾的信息和需求。
- 未阐明的或假设的信息。
- 抗拒变更和合作的相关方。
- 相关方没时间参与访谈或启发。
- 相关方不知道想要什么。
- 相关方不能专注于解决方案。

四点建议包括:
- 不能访问到合适的相关方:关注信息而不是关注个人来解决这一问题。
- 相关方不知道想要什么:使用原型技术帮助相关方可视化解决方案。
- 相关方难以定义需求:理解相关方希望应对的问题或机会。
- 相关方没有提供足够细节:通过可视化模型技术来启发需求和开展对话。

上面这些挑战和问题非常具有代表性,是很好的实践参考。同时相信你从中也能看得出来,提问技巧对于一个商业分析师来说是多么重要。因此下面我们就项目实战中的提问技巧进行更多的分析和案例讨论。

在需求信息收集时可以用到各种类型的问题。在启发活动中采用多种类型的问题,将有助于组织和发现解决方案范围内相关方的需要。经验丰富的需求分析师很擅长提问,特别是当他们并不知道答案的时候。经验丰富的商业分析师应该熟悉以下六种可能提出的问题类型。

- 研究型问题:这些通用问题可用于邀请相关告知关于解决方案范围内的问题、兴趣和需求。研究型问题使经验丰富的商业分析师可以筛选相关方需要。人们更愿意回答研究型问题,因为问题是开放的而不是特定的,然后回答也不受限制。比如,项目成功有哪些因素?
- 详细型问题:详细型问题侧重于收集既定解决方案的特定信息。这些问题通常出现在研究型问题之后，帮助商业分析师更多地聚焦于所需要的特定信息。详细型问题应该包括 5 个 W：谁（Who）、什么（What）、哪里（Where）、何时（When）和为什么（Why）。当问题变得越来越有针对性时，就需要鼓励相关方的回答更加具体，而不是简单的是和否。可以通过设计每个问题如何表述来达到这个目的。一个详细问题的例子是，谁给你提供了这些信息？

- 指引型问题：指引型问题主要用于组环境内，当不同的商业分析师被告知的内容有冲突时。指引型问题可以将其他人引到需要达成共识的某个特定领域，有时也将人们从容易争论的领域带离。对于项目需求信息，这些问题有助于人们在某些特性功能上达成一致意见，同时鼓励相关方做出决定。一个指引型问题的例子是，这个关键特性的相对优先级如何？
- 元问题：元问题是一种强大的工具，有助于澄清和强化商业分析师的需求。元数据是有关问题的问题。这种交流策略，让商业分析师在一种没有威胁的方式下，进行完全开放式的交流。这是一种主动倾听的技巧，表明商业分析师在需求启发时，确实是在仔细倾听某位相关方的表述。一个元问题的例子是："介意我问你吗？"
- 开放型问题：允许被问者用任何他们喜欢的方式回答问题。研究型问题和详细型问题都可以是开放式问题或封闭式问题。
- 封闭型问题：要求从有限选项列表中做选择性回答的问题。封闭型问题是被动和有限的选择，并需确认。研究型问题和详细型问题都可以是开放式问题或封闭式问题。

下面我们通过一个实战案例来看看一位熟练的商业分析师是如何在项目访谈过程中使用上述六种问题类型的。

案例 6.5　飓风推高蛋挞销售量？沃尔玛漏斗模型一探究竟

案例背景

我们在项目实战过程中意识到，设计不同的启发问题来发问，有助于发现相关方需要什么。可以以漏斗形式来设计启发问卷表。在漏斗的顶部是高层级的范围问题。往下，问题变得越来越详细。在漏斗底部，可以询问一些特别详细的问题，如对于我们的项目，相关方会用来干什么，并希望得到什么等，如图 6-7 所示。

作为全球最有名的零售商之一，沃尔玛多次登上《财富》世界 500 强榜首，沃尔玛全球 2018 年营业收入达到 5 003 亿美元。以零售业为主的沃尔玛在全球企业中拥有数一数二的数据资源。在大数据时代，这成为沃尔玛的经营利器。

启发结果

图 6-7　启发问题的漏斗结构

　　沃尔玛拥有一个庞大的用户历史交易记录数据库，消费者所购买的每一件商品、购物金额、购物时间，甚至包括购买时的天气都清楚地记录在这个数据库中。2004年，通过对数据库进行观察研究，沃尔玛发现了一个有趣的现象。

　　由于飓风会引发停水停电、交通瘫痪等问题，所以在季节性飓风到来之前，人们需要做好充足的应对措施，如远离海岸、居住在坚实的房屋里、锁好门窗、准备足够的食物与饮用水。

　　沃尔玛发现，季节性飓风驱使大量消费者购买手电筒，以备停电时照明，但同时POP—Tarts 蛋挞（美国含糖早餐零食）的销售量也会增加。这究竟是怎么回事呢？

　　为此，沃尔玛的项目团队成员珍妮用漏斗问题模型，向客户玛丽提问，探究问题的根本原因。

　　首先，珍妮从漏斗顶部的研究型问题出发，开始收集信息。"飓风会让你碰到哪些麻烦？"（研究型问题）

　　玛丽回答："我们会遇到安全问题、停电问题，而且食物和饮用水短缺也是个大问题。"

　　接着，珍妮采用元问题来澄清对答复的理解："是什么让你认为食物短缺是个大问题？"（元问题）

　　玛丽回答："因为飓风来临，我们不得不更多地考虑安全问题，不能到超市购买食物。网购的配送也会因为飓风问题而耽搁。"

　　珍妮用指引型问题进一步询问："你认为家里食材短缺是个问题，还是飓风来临时买不到即食食物是个问题，还是两方面都有问题？"（指引型问题）

　　玛丽答复："我认为两者都会出现问题。但我认为最重要的还是买不到即食的食物。"

　　珍妮继续深挖了下去，采用详细型问题就后续启发访谈和相关工作接着发问："在您家里谁负责购买食物？通常购买什么食物？多久购买一次？通常在哪里购

买？"（详细型问题）

玛丽解释说："家里的即食食物都是我来买的。因为早上的时间比较紧张，最需要即食食物，而我们家里人通常会把蛋挞作为早餐。尤其是停电的时候，蛋挞食用起来很方便，都不需要微波炉加热的。我们一般一周就要购买一批蛋挞。而且因为是沃尔玛的老客户，通常我们都是在沃尔玛下单订购的。"

> **案例分析**
>
> 在我们看到的案例启发问题中，珍妮很好地采用了漏斗技术。她首先问了一个高层级的研究型问题，接着用元问题把握到了谈话重点。然后她询问了一些关于现状的指引型问题。通过这次需求访谈，沃尔玛项目团队掌握了飓风推高蛋挞销售量的真实原因：首先是美国人对甜食情有独钟，其次在停电时蛋挞容易食用。
>
> 为了应对这种相关关系，沃尔玛在飓风来临前，将库存的蛋挞与应对飓风的用品摆放在一起，这不仅为消费者带来便利，而且提升了蛋挞销售量。
>
> 因此我们可以用研究型问题、元问题、详细型问题和指引型问题，以及开放型、封闭型问题来收集正确的信息。将各种问题类型混合起来，并涵盖各层级的信息细节，有助于启发更完整、更准确的项目需求信息。保存好问题并在其他项目中重复使用，是一种好习惯。有了设计良好的一般性问题，就可以很容易地将它们应用到其他项目中。基于证明过的问题来设计需求启发调查问卷，通常能提高所获信息的质量和数量。这也可以让我们避免从零开始发明车轮，从而可以节省大量时间，提升项目效率。

6.7 分析需求

分析需求首先是制订"分析计划"，因此其可交付成果就是"分析计划"，这包括以下三个部分。

- 分析定义：分析需要密切关注信息的各个部分，以及它们之间相互关联的方式。采用渐进迭代的方式，分析用来提供需求和相关信息的结构。
- 预先思考：预先思考主要是考虑哪些活动、技术、模型有用，以及应该何时使用。
- 分析对象：对需求启发活动的输出进行分析，同时启发和分析通常都是迭代的。

需求分析是基于启发的信息，并使这些信息具有商业意义，进而构建真正的相关方需求或解决方案需求。当结构化的需求分析工作完成后，分析后的需求就会反

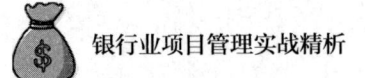

映相关方的真实需要。

在实战中,分析和提炼项目需求是重复和系统化的。有经验的商业分析师会多次重复需求启发、需求分析、需求文档化或规范化的活动,而这也是启发需求和分析需求两个活动的显著区别。

在很多项目实战中,结构化需求是一个非常重要的步骤,它往往要在模型化需求之前完成。需求结构为相关方和解决方案需求定义了一个有组织的结构,并记录它们之间的关系。需求结构定义了特定需求模型或需求集的范围,并提供每个需求的定位。需求结构和需求可追溯性不一样:需求可追溯性链接相关需求,而需求结构告诉你在哪里可以找到项目的具体要求。

对于结构化需求,以下几项技术在项目实战中用得比较多。

- 分解模型:分解模型把解决方案范围分解为一组相关功能的组件部分。你可以把分解的部分进行模型化,模型是关于需要做哪些事情才能提供全部或部分解决方案的描述。分解模型是一种把事情分解成可管理的部分,并理解这些部分之间关系的极好方法。每一部分可能都有自己的一套要求。分解模型与建立工作分解结构非常相似,工作分解结构分解项目范围为阶段、项目工作包和交付物。而应用分解模型建议分解到最低层级直到不能再被进一步细分,并应该独立分析每个部分。

- 组织建模:组织建模是一个有效的商业分析师应掌握的基本技术之一。在需求分析过程中,组织建模描述组织单位、相关方和他们之间的关系。这让你有机会根据每个相关方群体的需求来组织你的项目需求。相信大多数人都看过组织结构图,它显示了一个组织的层次结构。这是一个组织建模的例子。该模型定义了一个组织或组织单元的目的和结构。当使用这种技术来进行商业分析时,组织图需要显示组织单位、汇报关系、角色和处在这些角色上的人。

案例6.6 "小天额"的普惠小幸运

💲 案例背景

入网刚满三个月、无营业执照、急需资金……这是一部分频繁被拒贷的小微扫码商户的"标配"。福建某个体扫码小微商户,虽然被"标配"限制,却成功获得贷款。1分钟申请,3分钟审批,即刻完成的放款,高效便捷地为小微企业解决了生产经营过程中的资金紧张问题。"小天额"这份"门槛低、审批快、费率低、还款便捷"的"小幸运"受到众多小微商户的关注(见图6-8)。

2017年,人民银行发布政策性文件,鼓励银行大力支持普惠金融,定向降准把更大比例的资金借给小微企业主、个体工商户,降低小微企业的融资成本。银联商务通过"天天富"普惠金融服务平台推出"小天额"经营贷产品,向银联商务一证入网的小微商户全面开放申请入口。小微商户只需要登录"天天富"App,在"融资"栏目中选择"小天额"商户贷，按照提示填写申请信息，就可以根据本人在人民银行的征信情况和商户的经营情况获得贷款额度，最高可达 30 万元。

图 6-8　银联商务"小天额"经营贷

截至 2018 年年底，"小天额"经营贷已为近 7100 户小微商户提供了近 5.7 亿元的纯信用无抵押贷款，成功帮助小微商户应对生产经营过程中遇到的临时性资金短缺难题，为完善小微金融生态系统提供更多可能。

> **案例分析**
>
> "小天额"经营贷项目之所以能成功，离不开其对小微商户群体的结构化需求的分析与理解。被拒贷的小微商户在生产经营贷款过程中存在一个结构化的打包需求，那就是"贷款门槛要低、贷款审批要快、贷款费率要低、贷款还款便捷"四个需求，而"小天额"项目正是抓住了这个结构化的需求，提出一揽子解决方案，因此很受入网商户的欢迎。这同时也增强了与入网机构之间的客户黏性，有利于银联商务金融生态的系统发展。

需求结构往往是作为一个输入来准备用于相关方沟通和需求建模的需求包的。因此结构化需求是很重要的。结构化需求除要注意选择适当的需求建模技术外，还需要定义需求抽象或详细的层级，这为接下来的模型化需求的工作指明了方向。

需求的名称（商业需求、相关方需求、解决方案需求和过渡需求）实际上代表了需求抽象或详细的层级。例如，商业需求是高层级的，并专注于组织所需要的蓝图，以解决商业需要。解决方案需求更为详细，为设计和开发新的解决方案及其组件所需要的功能提供了依据。我们要了解项目需求的抽象层次，并把它们纳入项目生命周期的需求启发和分析活动中去。

6.8　建模与细化需求

6.8.1　模型概述

明确需求结构后，就需要进行需求建模。模型的定义、目的、分类、选择、建模语言等具体如下。

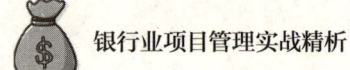

- 模型定义：模型是信息的可视化表达形式。模型包括图、表或结构化文本。工具包括正式的建模工具、白板、艺术软件。建模的信息实例，包括商业目标、需求、商业规则和设计。
- 模型目的：有助于在信息中发现差距和识别外部信息，提供语境以更好地理解及更清楚地传递信息，为定义建立产品而启发更多的信息，并由于可视化及信息归纳，可以使分析更加容易。通过迭代，不断细化需求，确定需求的重要性和价值。
- 模型分类：指南把模型分为五种类别，即范围模型、过程模型、规则模型、数据模型和接口模型（见表6-3）。

表6-3 模型分类

分类	定义	模型例子
范围模型	用于结构化和组织其特性、功能和正在分析的商业域边界的模型	• 商业目的和目标模型 • 生态系统图 • 系统交互图 • 功能模型 • 用例图
过程模型	描述相关方参与的业务过程及方法的模型	• 过程流 • 用例 • 用户故事
规则模型	定义或约束业务各方面以加强建立商业政策的概念和行为的模型	• 商业规则目录 • 决策树 • 决策表
数据模型	用于过程或系统及其生命周期的文档化的数据的模型	• 实体关系图 • 数据流图 • 数据字典 • 状态表 • 状态图
接口模型	辅助理解特定系统及它们在解决方案中的关系的模型	• 报告表 • 系统接口表 • 用户界面流 • 线框图 • 显示—操作—响应

当对项目中的相关方或解决方案需求进行建模时，应考虑一些元素，例如：
- 写作文本需求：使用文本需求来描述解决方案的能力、条件和制约因素是很

常见的。良好的技术写作能力是必要的。写作文本需求并不是什么创造性的写作练习。记住文本需求尽量使用简单的句子，表达清楚、简洁和完整。
- 矩阵文档（如表格）：在需求中最常见的矩阵是二维表格或电子表格。需求属性和数据词典都是以表格形式来描述的。当你试图显示需求信息之间的简单关系，如需求优先级或可跟踪性关系时，表格比一大堆句子有效得多。
- 建立文本或图形模型：模型是真实世界的简化表示形式。它们可以是文本、图形或两者的组合。当涉及分析和记录你的需求时，"一图胜千言"往往是对的。许多商业分析师发现在需求启发与分析工作中使用模型（不管是正式或非正式的）都是有用的。

文本形式或图形模型必须遵循模型的规则。通常情况下，建模规则由你的组织、你所选择的建模工具供应商，或者由你所选择的建模技术标准和指南所决定。这意味着你要始终确保模型里的每个元素使用正确的符号和意义。只要你的相关方听众理解他们所说的语言，正式模型就是一种强大的工具，因为正式模型将需求以相关方的语言形象化地表现了出来。

- 捕获需求属性：确保捕获的需求属性和你建模的每个需求相关。为每个类型的需求捕获的属性都定义在需求管理计划中。我们之前学过，需求管理计划是商业分析计划的一部分。
- 寻求改进的机会：如果不寻找机会来改善你的工作和商业分析工作的方式，需求工作是不完整的。项目实战中的改进点可能包括：

（1）自动化或简化所做的工作。
（2）提高整个组织的信息访问效率。
（3）降低系统和人们之间接口的复杂性。
（4）在组织或团队成员行为方面增加一致性。
（5）消除相关方间交流的冗余信息。

运用每一个元素到适当程度是有经验的商业分析师的一种技能。你必须决定建模什么，如何有效地建模它，以及在你的模型中需要多少细节。

6.8.2 范围模型

范围模型用于结构化和组织目的、目标、特性、功能和商业域的边界。

- 商业目的和目标模型：组织并反映目的、商业问题、商业目标、成功衡量标准和高层级功能的图表，呈现项目价值的来源；用来论证预算及准确呈现项目所获的收益；提供了明确商业需求的结构。量化需求或功能的价值，有助于实现或确定最小可售功能，如图 6-9 所示。

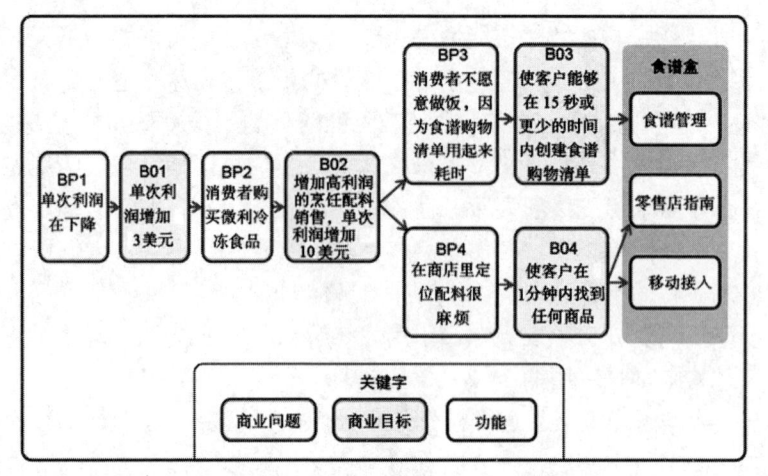

图 6-9 商业目的和目标模型示例

- 生态系统图:显示所有相关系统及其间的关系,或者流经它们的数据对象的图表;用来理解所有可能受影响的系统。生态系统图是系统接口高层级的表示,但它不包含这些接口的具体要求,如图 6-10 所示。

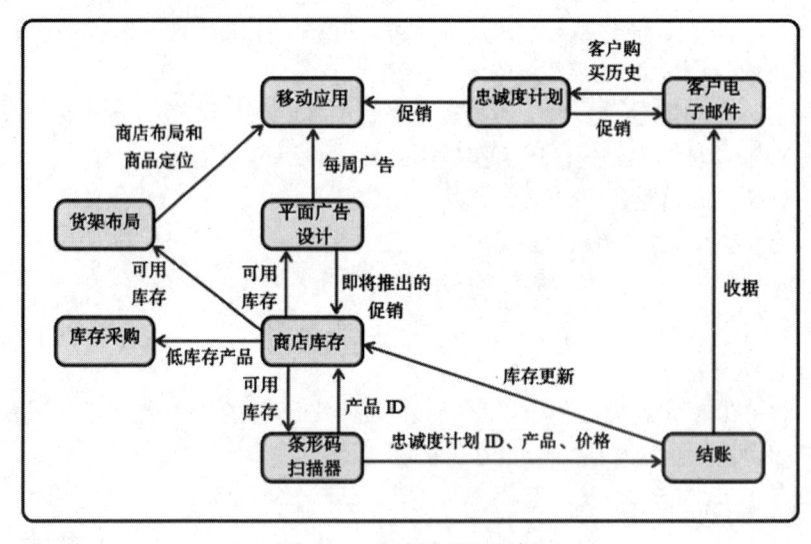

图 6-10 生态系统图示例

案例 6.7 浦发银行用生态系统图打造 API Bank 无界开放银行

案例背景

2018 年 7 月,浦发银行应用生态系统图分析产业各方的接口,发布了 API Bank 无界开放银行,全面开放银行服务,无缝融入社会生活、生产、管理的各个环节。

个人客户方面,简化服务流程。例如,在订购旅游产品时,用户可以通过直接登录旅游 App 完成财产证明、签证、酒店、外币现钞等需求，而无须在 App 中切换。

企业客户方面，嵌入企业经营管理流程，帮助企业畅通信息、融通资金，并贯通单一窗口的通关、商检、税务等信息，主动预警资金缺口，并可实现相关经营数据、物流信息直接与 API Bank 对接，完成在线提交融资申请和审批，解决融资难题。

社会服务方面，推动普惠金融的发展。例如，API Bank 帮助居民通过声纹、人脸等生物识别技术完成远程身份认证等；在社区 App 中，业主可以直接支付物业费、在社区商户消费获得优惠、预约保洁服务等。浦发银行 API Bank 无界开放银行流程，如图 6-11 所示。

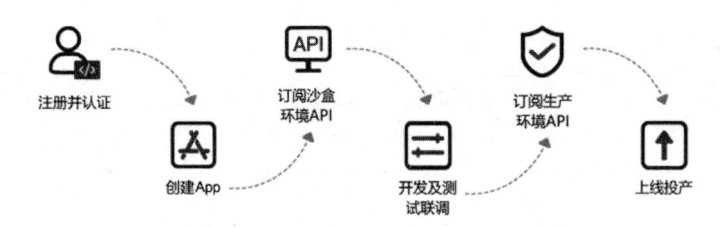

图 6-11　浦发银行 API Bank 无界开放银行流程

截至 2019 年 2 月底，API Bank 已开放 257 个接口，对接中国银联、京东数科、华为、百度、科大讯飞等共计 92 家合作方，日峰值交易量超百万。

案例分析

浦发银行的 API Bank 无界开放银行是应用生态系统图的典型案例。生态系统图的核心是分析产业生态各方，显示所有相关系统及其间的关系，用来理解所有可能受影响的系统。这个案例中涉及的生态方有个人客户、企业客户和社会服务三个方面。

- 系统交互图：系统交互图显示解决方案中所有直接系统和人机界面系统。系统交互图有时候被称为 0 级数据流图。系统交互图在项目早期指定项目范围时特别有用，也有助于确定哪里有接口需求或数据需求。系统交互图没有明确需求，但是总结了产品范围和用来明确所有接口，如图 6-12 所示。
- 功能模型：功能模型是可视化表示解决方案中所有以树状或分层结构排列的功能的模型。功能模型有助于说明功能是如何组合在一起的，以及哪个功能是其他功能的子功能。功能模型通常不显示需求，而是显示需求（功能）集，如图 6-13 所示。

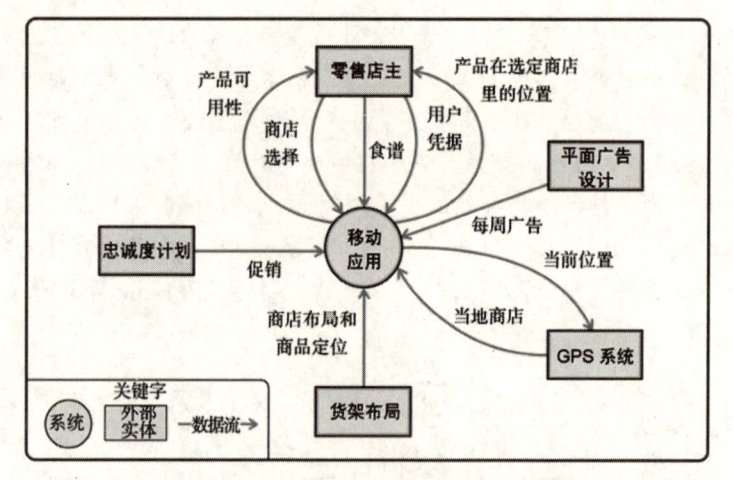

图 6-12　系统交互图

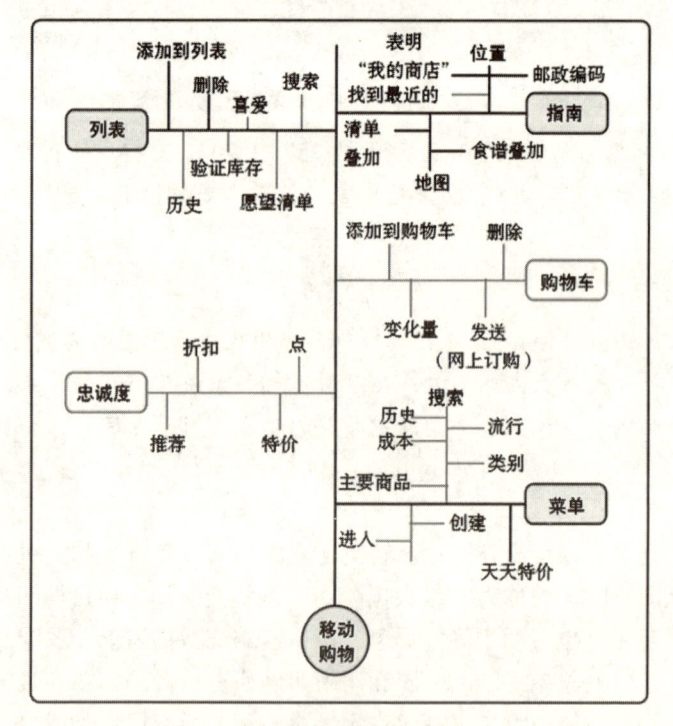

图 6-13　功能模型示例

- 用例图：用例图显示系统所有范围内的用例。用例图除能概括主要功能外，还显示了参与者，以及用例和参与者之间需要创建的接口。用例图不能显示需求，但有助于为商业分析工作组织需求或将需求布局在需求文档中，如图 6-14 所示。

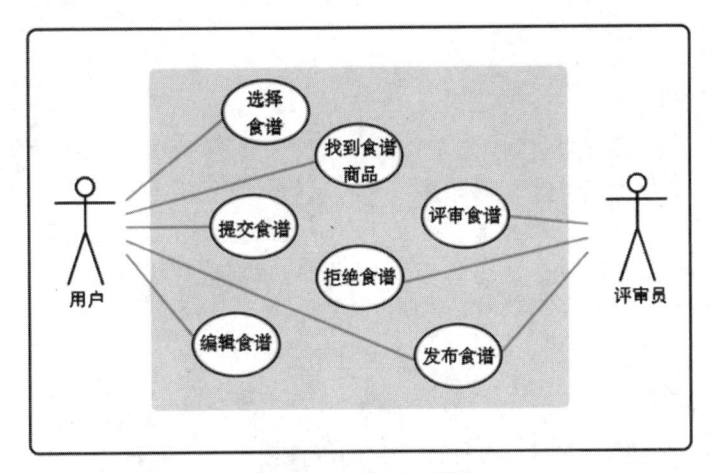

图 6-14　用例图示例

案例 6.8　用例图构建上海华瑞银行"极限"产品

案例背景

2017年4月，上海华瑞银行推出综合金融服务软件工具包（Software Develop Kit，SDK）产品——"极限"。"极限" SDK 可以嵌入各类 App 中，产品聚合账户、支付、投资、融资、数据、企业服务等金融服务，覆盖租房、教育、医疗、出行、旅游、生活服务和企业服务等领域，构建了可持续发展的智慧银行共享商业模式，如图 6-15 所示。

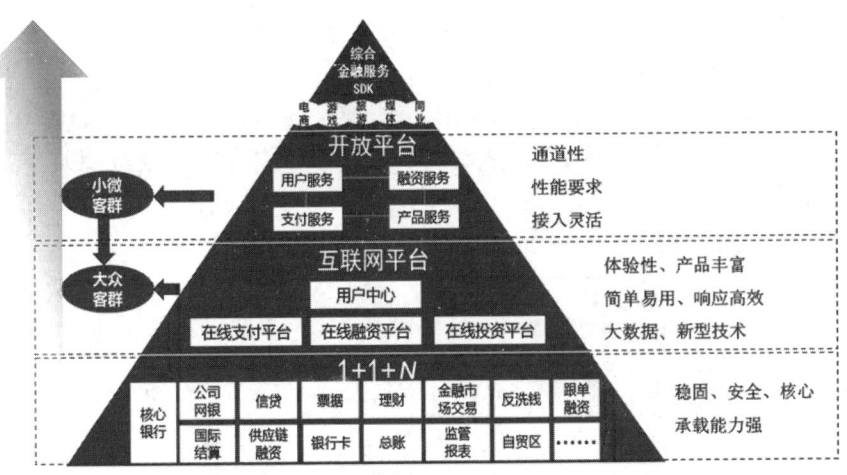

图 6-15　上海华瑞银行 1+1+N 智慧银行架构

> **案例分析**
>
> 上海华瑞银行利用用例图，除概括综合金融服务 SDK 的主要功能外，还重点识别出了参与者，以及用例和参与者之间的接口。本案例用例图的参与者有租客、教育方、医院、旅行者、企业等，涉及的接口有账户、支付、投资、融资、数据、企业服务等。这些参与者和接口的识别很好地厘清了产品功能，构建了共享金融生态。

6.8.3 过程模型

过程模型描述解决方案、过程或项目的用户或相关方元素。

过程模型使用过程和子过程的层级来组织你的需求，它们从过程开始一直追踪到过程结束。你可以用过程模型来记录相关方完成工作所采取的步骤。过程模型是非常容易理解和使用的，它往往图形化地描述一系列的步骤，例如，你可以将一个网上订单过程画在白板上，用它们之间的箭头显示事件的序列。这就是我们上面所说的过程流。

过程模型是可视化表示的顺序流和一组相关活动的控制逻辑。过程模型可能包括由相关方执行的手动步骤，也可能包括软件系统所采取的自动化步骤，或者两者的结合。过程模型既可以是高层级的，以获得对目前的工作有一个大致的了解，也可以是相关方执行的非常详细的工作步骤。

在过程模型中可以使用大量的符号。两种最常见的符号是过程流和活动图，具体如下。

- 过程流：也叫作泳道图、过程图、进程图、过程流程图，可视化地描述人们在工作中执行的任务。在启发阶段，过程流可以促进与业务相关方的会话；在分析过程中，过程流通过跟踪需求的各个步骤，用来识别丢失的功能或需求。过程流还用于显示关键绩效指标，如图 6-16 所示。

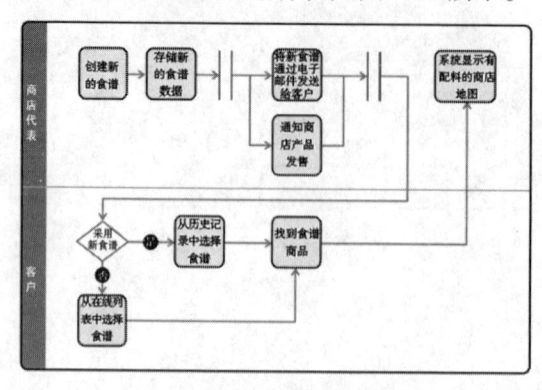

图 6-16 过程流示例

过程流虽然看起来简单,却是经常用到的工具。也正因为简单,所以非常便于相关方理解和达成共识。以下过程模型符号元素表(见表6-4)供你参考。

表6-4　过程模型符号元素表

元　素	描　述
活动	为执行业务流程而执行的个别步骤或工作件
决策	表示工作流程需要不同方向的分叉点,或是基于所做决策基础上的合并点
事件	外部因素,如创建、中断或终止一个进程所采取的行动或接收到的消息
流	指示活动序列的方向,通常从上到下画或从左至右画
角色	代表组织中的一种人或一组人
泳道	一个过程模型的水平或垂直部分,表明哪些活动被谁执行,哪些活动是特定角色的责任
泳池	组织边界,包括多个泳道或角色
终端点	一个过程或过程流的开始或结束

- 用例:用例描述一组情景。用例是主要参与者从启动到成功实现目的所采取的系统活动、行为和反应。用例代表了系统或运营的功能性特征,但不用来记录非功能性特征。用例用于用户和系统之间有复杂的来回作用的场合,如表6-5所示。

表6-5　用例示例

名　称	找到食谱商品
ID	UC_001
描述	每日电子邮件将特色食谱发送给选择该程序的客户。客户直接在他们的iOS或Android设备打开食谱盒应用。客户可以选择一个过去的食谱或使用当前的食谱。当选择好食谱后,客户选择了商店或已使用显示为"我的商店"的商店。商店的地图上叠加显示食谱商品的位置
参与者	用户(使用移动应用的客户)
组织利益	客户拜访商店以购买和菜单相关的高利润烹饪商品
触发器	客户在移动设备上点击电子邮件中的链接或直接打开应用
前提条件	成功地打开食谱盒的应用
后置条件	客户浏览显示食谱商品和位置的商店地图
正常流(MC)	(1)系统显示每日食谱的简短描述 (2)客户选择当前食谱或选择一个过去的食谱 (3)客户选择使用本地商店("我的商店")(见AC1、AC2) (4)系统显示有食谱商品叠加作为图标的商店地图 (5)客户可以选择图标查看商品过道和货架位置(见EX1)

107

续表

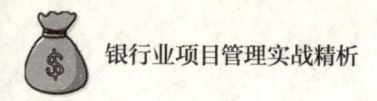

名称	找到食谱商品
替代流	AC1——本地商店没有显示 （1）系统提示商店邮政编码 （2）顾客输入邮政编码 （3）系统列出商店附近的邮政编码（见 EX2） （4）客户选择一个店是"我的商店"，它用于食谱地图 （5）返回 MC 的步骤 4 AC2——本地商店不使用（无论"我的商店"选择与否） （1）系统提示商店邮政编码 （2）顾客输入邮政编码 （3）系统列出商店附近的邮政编码（见 EX2） （4）客户从列表中选择一个商店 （5）返回 MC 的步骤 4
异常流	EX1——选择的商店没有食谱上的商品 （1）系统提醒用户库存没有该商品 （2）返回 MC 的步骤 5 EX2——商店没有邮政编码 （1）系统提醒顾客该邮政编码没有商店和输入不同的邮政编码 （2）返回 AC1 或 AC2 步骤 2

- 用户故事：用户故事是从用户的角度来写的陈述，描述了解决方案中需要的功能。用户故事通常采用的格式：作为（参与者），我希望能够（功能），这样我可以（业务原因）。用户故事的 INVEST 属性（独立的、可协商的、有价值的、可估计的、小规模的、可测试的）应牢记。用户故事是需求的功能组合，可以直接追溯到商业目标以证实需求的价值（见表 6-6）。

表 6-6 用户故事示例

事实：作为客户，我想去商店买食谱所需的配料

用户故事	验收标准
作为客户，我希望能够找到过去的食谱，这样我就可以再次准备了	（1）客户可以搜索过去的食谱 （2）搜索条件可以是食谱名、商品或日期 （3）搜索能返回 0、1、或许多结果 （4）为了一个或多个结果，用户可以从列表中选择食谱

续表

用户故事	验收标准
作为客户,我想选择一个商店购买商品,所以我可以选择一个位置靠近我的商店	(1)客户可以输入一个邮政编码,获取商店列表或附近的邮政编码,从邮政编码过去大约32公里 (2)客户可以从商店列表中选择商店 (3)如果没有找到商店,将会告知客户
作为客户,我想有一张带有食谱商品的商店地图,这样我就不必搜寻它们了	(1)客户选择一个食谱和商店 (2)客户得到商店地图,图标表示食谱上的商品 (3)通过点击或悬停选定食谱图标,将会显示商品名称和过道及货架位置

案例6.9 富国银行网点转型的场景化用例

案例背景

富国银行是一家立足于美国本土,以社区银行业务为特色的传统商业银行,拥有美国最先进的网络金融服务体系。尤其是金融危机以来,美国其他银行在不断收敛网点数量,以降低营业费用和人员成本,提高盈利能力,而富国银行通过新设网点和并购方式,不断扩充物理网点布局,构建了全美最大和最广泛的分销系统。其网点转型的独特性有以下四点:

一是**门店化**。富国银行力图使自身成为一家能提供客户所需任何产品的"百货超市"式的全能金融机构。网点布局有两种形式:一种是零售金融超市,把网点比作"超市",超市中经营房屋抵押贷款、消费信贷、商业贷款、私人银行等几十种金融服务,提供百余种金融产品;另一种是超市银行,富国银行的网点会入驻连锁超市中,派驻工作人员,提供开户、支票、转账等简单性金融需求和业务咨询服务。强调"客户至上,体验为先"的服务理念,真正把每个营业网点做成了金融的"生活超市"。

二是**轻型化**。从2008年起,富国银行陆续推出了"迷你网点",如图6-17所示,重点发展营业面积在100平方米以下的小型化网点,相当于标准网点的1/4,最大特点是不设柜台,但会保留基本技术配备和人工服务,满足客户一般性金融需求,鼓励客户使用各类自助设备办理业务。

三是**社区化**。富国银行提出"2.5公里服务圈"的服务理念,居民社区和企业园区每隔2.5公里就能找到一家富国银行的营业网点或自助取款机。一方面大力开设社区银行,另一方面投身公益,为所在社区捐赠所需,赢得了更多忠实的社区客户。

四是**融合化**。富国银行将网点渠道、自助渠道、电子渠道等多渠道进行融合,实现线上和线下的无缝衔接,大大简化了操作流程和业务手续。

图 6-17　富国银行社区网点

> **案例分析**
>
> 富国银行网点转型成功的秘诀在于基于场景的用例分析。通过用例分析，找到用户所需的基本金融服务，从而把金融 MVP（最小可行产品）融入迷你网点中，实现了网点的成功转型和成本节省。

从上面的案例可以看到，用例往往与场景相关。场景是由相关方执行的一系列步骤，以便记录相关方使用解决方案能力以达成目标的方式。用例包括一组场景，描述了相关方可能实现（或无法实现）的特定目标的所有方式。表 6-7 是用例和场景中的关键元素一览表。

表 6-7　用例和场景中的关键元素一览表

元素	描述
名称	在项目中的每一个场景或用户案例中的唯一名字，通常是一个动词—名词短语，如处理顺序
参与者	独特的名字，代表每个外部人、系统或事件的角色，通过用例与解决方案进行交互
先决条件	当用例开始时，任何解决方案都可以假设为真的事实
事件流	在执行过程中，对参与者和解决方案所做的描述，通常包括一次流和交替流
后续条件	当用例完成时所有必须是真的事实
关系	参与者和用例之间的关联，表明参与者可以访问用例所代表的功能
扩展	用于用例之间关系的名字 扩展：将附加的行为插入一个用例中，该用例已经在一个单独的用例中被捕获，而不是另一个交替流 包括：允许一个用例使用或共享在另一个用例中出现的一些功能

6.8.4　规则模型

规则模型有助于识别和记录那些需由解决方案支持的商业规则、商业政策和决策框架。

- 商业规则目录：商业规则目录是商业规则和相关属性的表格。用平实语言表达，保持各自独立，规则必须正确、可验证和一致。商业规则通常不是特指单个项目。商业规则能产生功能性需求，具体如表 6-8 所示。

表 6-8　商业规则目录示例

食谱盒				
BR ID	商业规则标题	商业规则描述	类型（事实/计算/约束/其他）	参　考
BR01	食谱电子邮件选择性加入	食谱电子邮件只发送给选择性加入和有效电子邮件地址的客户	约束	见公司电子邮件政策
BR02	在食谱电子邮件中没有个人认证信息	食谱电子邮件将不包含任何个人认证信息	约束	见公司电子邮件政策
BR03	商品库存	当超过 10%的商店对任何商品有超过 24 小时的库存状态时，新食谱将不会发送	计算	将使用库存报告系统

- 决策树和决策表：决策树和决策表描述了一系列决策和决策导致的结果。决策树适合用于二元或多元选择。决策树是用一棵有决策点的树来描述的，树上的每个分支代表不同的选择。决策表的四个方面——条件说明、条件、行动说明、行动，如图 6-18 所示。

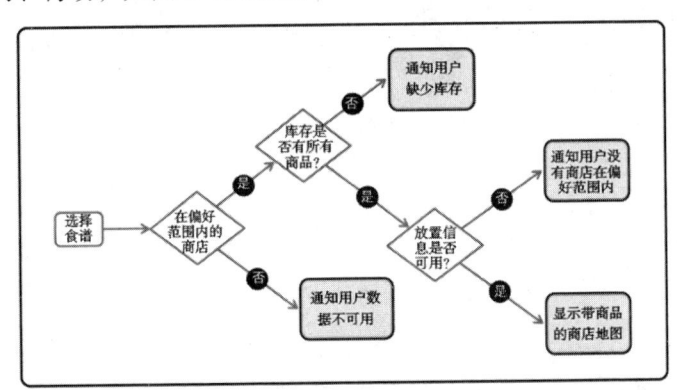

图 6-18　决策树示例

当商业分析师揭示了一系列"如果……，那么……"的陈述时，这两个类型的决策模型都适用。决策树通过寻找冗余结构,有助于确定减少复杂决策逻辑的方法。决策表则确保所有可能的决策选择组合都考虑到。决策树和决策表是用来识别和表示商业规则的,如图 6-19 所示。

映射商店决策表	规则 1	规则 2	规则 3	规则 4
条件				
在偏好范围内的商店	N	Y	Y	Y
可用于所有商品的库存	—	N	Y	Y
可用放置信息	—	—	N	Y
结果				
通知用户没有商店在偏好范围内	×	—	—	—
通知用户库存不足	—	×	—	—
通知用户数据不可用	—	—	×	—
显示有商品的商店地图	—	—	—	×

图 6-19　决策表示例

操作型商业规则指导在组织中工作的人的行为,通常由组织政策所强化。结构型商业规则决定什么时候是或不是真的,它用来结构化和分类组织中的知识和信息。在分析和管理商业规则时,应该考虑以下几个方面:
- 使用适当的术语来说明商业规则。
- 保持商业规则实现的独立性。
- 记录商业规则与执行过程相分离。
- 在最小的原子单元使用声明性格式来说明商业规则。
- 将商业规则从其支持或限制的流程中分离出来。
- 维护商业规则,使其随着商业政策变化而不断变化。

案例 6.10　康旗股份善用商业规则,探索 B2B2C 商业路径

案例背景

从"消费互联网"转向"产业互联网",如何挖掘"金融服务+民生消费+互联网应用"大数据的聚合效用?下面我们通过康旗股份的"激活嘉"挖掘"次优客户"和"存量客户"案例,来一起分析这家金融科技公司是如何利用商业规则,探索 B2B2C 商业路径的。

如何看待申卡被拒客群?由于各家银行存在观察视角问题,所以风险容忍度不尽相同。比如,信用卡发行超几千万的银行,与刚发行信用卡的区域性城商银行的风险容忍度存在差异,银行内部的风控把握角度也不一样。

2017 年 8 月,面对 A 城商银行信用卡申请被拒近 20 万名的客群,康旗股份制订了申卡被拒"次优客户"挖掘综合解决方案,着手"打捞"次优客户。

首先,联合 A 城商行针对被拒客群,建立提高响应率的营销筛选模型。在被拒客群中,虽然没有优质客户,但是要找到"次优客户",经过筛选,还余下近 10 万

名客户。其次，出于风控考虑在筛选模型里加上一些预审批策略。再次，针对筛选的白名单客群做营销。一些客户接受营销后，通过联合共建的网申入口进件，再通过联合风控模型对这些客户经过从初审到终审流程。这是一类具有"循环信用"使用特征的客群，在众多银行信用卡报告中，是对银行收入贡献最高的客群。同时，也要从风险角度对该类客群进行风险定价。

截至 2019 年年底，从被拒客群里面成功"打捞"出 1.2 万名客户，近两年来给 A 城商银行带来了一定的收入，其风控能力整体表现上佳。

除联合 A 城商银行推出申卡被拒"次优客户"挖掘综合解决方案外，康旗股份还联合 B 银行挖掘"存量客户"。"存量客户"是指存量信用卡里面，涵盖持卡人未激活、激活未动支、动支不活跃等的客户。

在联合经营下，挖掘这些持有信用卡的存量客户，风控水平预期会表现更好。2018 年 7 月开始试运行存量客户挖掘综合解决方案，当年底授信规模突破 10 亿元，截至 2019 年 4 月 30 日授信规模超过 13 亿元，授信额度使用率高于全国平均水平，涉及客户数接近 8 万名。

> **案例分析**
>
> 以上案例是康旗股份利用商业规则，来探索 B2B2C 商业路径。以"次优客户"挖掘为例，其中的商业规则有四个：
>
> 一是针对被拒客群，建立提高响应率的营销筛选模型，筛选 50%的客户。
> 二是出于风控考虑，在筛选模型里加上一些预审批策略。
> 三是针对白名单客群做营销，并通过联合共建的网申入口进件。
> 四是通过联合风控模型对这些客户经过从初审到终审流程。
>
> 经过这四个商业规则，筛选出具有"循环信用"使用特征、对银行收入贡献最高的客群，从而带来风险可控的可观收益。

6.8.5 数据模型

数据模型将用于对过程或系统及其生命周期的数据进行文档化。模型用来描述数据间的关系，以显示数据如何与过程关联，并帮助提取需求和商业规则。

- 实体关系图：也被称为商业数据图，显示商业数据对象或者一个项目中感兴趣的信息和这些对象的基数关系。商业数据对象是指业务思考和关注的概念数据，而不是数据库中确切的数据对象。多样性显示在关系线上，以代表一个实体和其他实体发生关系的次数（基数），以及这种关系是否必需或可选。如图 6-20 的乌鸦脚和 1 到 n 符号示例。

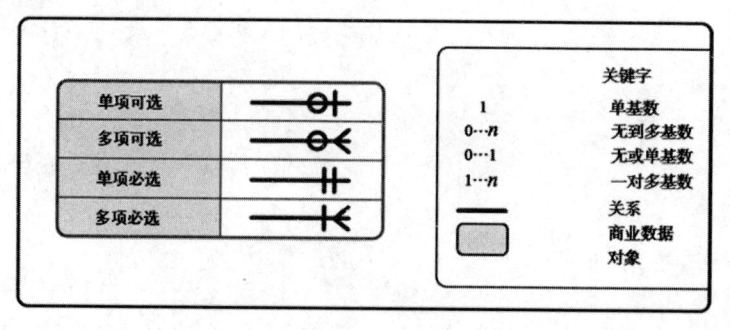

图 6-20　乌鸦脚和 1 到 n 符号示例

实体关系图用来定义商业数据对象及其相互关系。这些对象特定的属性在数据字典里有详细说明。商业数据对象在实体关系图中可直接跟踪到功能的需求，如图 6-21 所示。

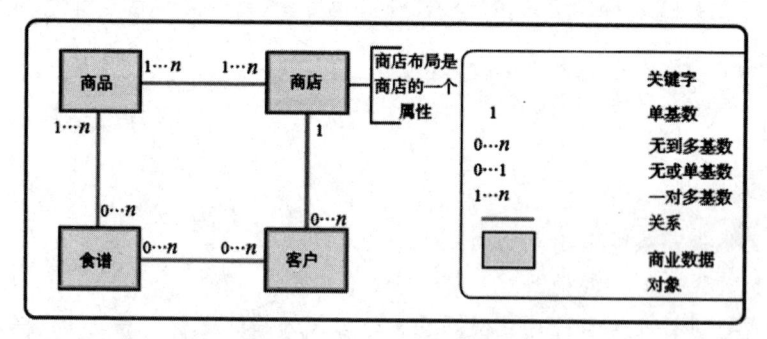

图 6-21　实体关系图示例

案例 6.11　奥特莱斯（Outlets）的数据画像赋能

案例背景

位于上海浦东新区祝桥镇的佛罗伦萨小镇是一个精品旅游购物村，是销售非当季奢侈品牌商品的奥特莱斯（Outlets）式购物中心。经过多年的经营与业务发展，商户沉淀了过硬的品牌实力，并积累了相当数量的忠实消费者。如何有针对性地对新老顾客、不同消费程度的顾客进行营销，以及如何选择招商伙伴、提升品牌特性成为商户的探索方向，如图 6-22 所示。

奥特莱斯与银联商务合作，利用"银杏大数据"18 年积累的海量数据，凭借大数据技术，实现了目标用户群的完整消费轨迹整合。通过对消费者的消费行为与消费特性进行抽象处理，从消费者特性、来源地、消费能力、消费偏好、金融需求等多个维度出发，利用上百个数据标签和上千个模型指标，通过数据分析与交叉算法比对等公式，准确地识别出具有不同消费属性的消费者群体，使得奥特莱斯能实施精准的营销策略；通过分析研判消费者的品牌偏好，以及行业竞争趋势，完善基于数据驱动的智能经营决策。

图 6-22　上海佛罗伦萨小镇奥特莱斯（Outlets）式购物中心

案例分析

从大的时代背景来看，我国人口红利正在消失，而同时互联网又进入 2.0 时代。2.0 时代和 1.0 时代的主要区别是，1.0 时代企业的高速发展主要依赖用户规模的激增，这个阶段各个领域并未细分，用户对于互联网并没有现在这样高的依赖性，企业还有很大的空间可以挖掘用户；而在 2.0 时代，企业更注重现有用户的转化，目前的存量用户都是互联网、手机移动端用户。在我国人口红利逐渐消失的情况下，企业要做的是在用户消费升级的基础上，通过数据深挖用户价值，分析得出用户画像，提高用户价值的转化。

奥特莱斯的数据画像是精准营销和用户转化的有效手段。通过消费者特性、来源地、消费能力、消费偏好、金融需求等多个数据维度，直观地代表人、地方、物体和概念，对业务是很重要的。

在项目实战中，两种最常见的数据模型是实体关系图。实体关系图通常用于关系数据库是解决方案一部分的项目中。逻辑数据模型是关于信息的概念、属性和关系，这些信息与组织在更详细或更高的层次相关联。物理数据模型描述数据如何被软件应用程序存储和管理，该软件应用程序是解决方案范围的一部分。概念对组织关于组织需要什么数据方面有重要意义。属性用来定义与一个概念相关联的特定信息，如它的名称、可接受的值和描述等。而关系是概念之间重要的业务关联。

除了定义的信息和它的关系，数据模型还使用元数据或数据描述了商业信息的语境、用途和有效性。元数据告诉商业分析师什么时候和为什么在一个系统中的信息会以某种方式被改变。

数据模型是从规划到分析、设计和实现的强大的转换工具。它们从属于严格的规则，目的是保证正确性和完整性，以产生更精确的最终产品。在某些情况下，你的相关方发现详细的数据模型很难理解，所以你必须保持它们在适当程度，并且在必要时能够向他们解释清楚。

115

- 数据流图：数据流图说明了系统、参与者和数据之间的关系，其中数据在一个或多个进程间交换和处理。数据流图识别过程中的数据输入和输出，但不指定操作的时间或顺序。数据流图帮助理解数据流如何通过系统，进而确定数据需求，如图 6-23 所示。

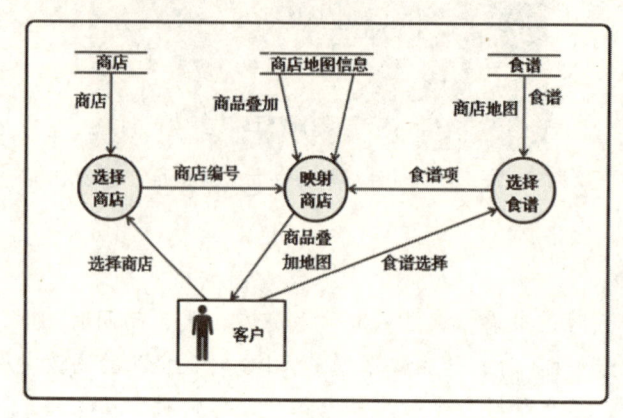

图 6-23 数据流图示例

数据流图说明了系统内的信息是如何流动的。它们关注以下几个方面：
— 外部实体，数据源或目的地。
— 数据流程，将数据以某种方式变换。
— 数据存储，一段时期的数据收集。
— 数据流在外部实体、流程和数据存储之间移动数据。

数据流图帮你理解解决方案内或解决方案的组件内的数据范围。它向你展示了解决方案的高层级视图及其相关的数据流。

- 数据字典：数据字典是表格形式，显示数据域和这些域的属性。数据字典从商业相关方的视角明确数据域和属性等详细方面。数据字典作为输入来创建数据库结构。数据字典用来获取非常详细的需求和它们的商业规则，如图 6-24 所示。

ID	商业数据对象	域名	描述	唯一值？	数据类型	长度	有效值
RM 01	食谱	Recipe Text	食谱格式化布局	Y	字母数字	<1000 字符	结构化文本（参见 REC_FRM01）
RM 03	商品	Recipe UPC	对给定食谱的 UPC 收集	Y	字母数字	<1000 字符	结构化文本（参见 REC_FRM02）
RM 02	商店	Store Num	地图覆盖的商店数	Y	整数	3 个数字字符	整数>0 和有效存储数
RM 01	商店	Store Map	商店布局图	Y	图形	640*480 像素	N/A
RM 05	商店	Item Overlay	食谱商品、位置、缩放的商店布局图的数组	Y	字母数字	<1000 字符	结构化文本（参见 LAYOUT_FRM01）

图 6-24 数据字典示例

- 状态表和状态图：状态表和状态图模拟对象的有效状态和任何在这些状态之

间允许的转换。状态表是表格形式，同时显示允许和不允许转换的状态，确保状态转换不丢失。状态图仅显示允许的转换，更容易可视化有效状态和转换。状态表和状态图帮助明确解决方案中对象的生命周期，如工作流对象的审批过程。状态表还用于确认数据和过程间的差异，具体如图 6-25 和图 6-26 所示。

		目标状态				
		起草	评审	拒绝	发布	过期
初始状态	起草	X	评审员评审	X	X	X
	评审	X	X	评审员拒绝草稿	评审员赞同	X
	拒绝	重新提交草稿	X	X	X	X
	发布	X	X	X	X	120 天过去没有使用
	过期	作者编辑过期食谱	X	X	X	X

图 6-25　状态表示例

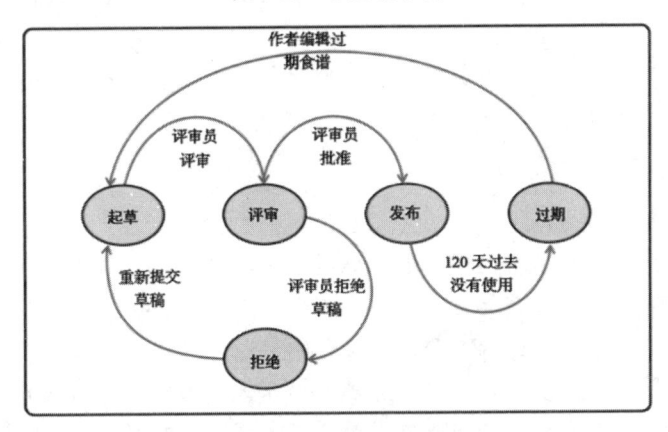

图 6-26　状态图示例

案例 6.12　加油小票背后的故事——万事达卡（MasterCard）数据字典

案例背景

杰克像往常一样，在每周六下午驱车与朋友聚会，然后一起去户外健身。在去朋友家的路上，杰克都会选择在经过的一个加油站加油，并在附近的商店购买饮用水等物品。某一天，当杰克拿到加油小票时，意外发现小票背面附有附近商店的优惠券。杰克问加油站工作人员，工作人员也不知道这是怎么来的。

其实杰克并不知道，一切都是源于他手中的万事达信用卡。在他用信用卡消费的同时，交易信息会通过万事达的用户数据系统进行分析，挖掘其中的用户价值。万事达的一个咨询部门——MasterCard Advisors 对 210 个国家和地区的 15 亿个信用卡用户的 650 亿条交易记录进行了分析，从而预判商业发展前景与顾客消费趋势，如图 6-27 所示。

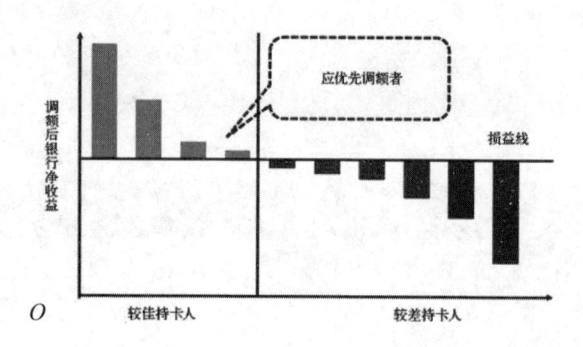

图 6-27　万事达信用卡持卡人数据分析示例

万事达通过"数据字典"工具分析发现：如果某人选择在下午四点左右给汽车加油，他可能在接下来一小时内去餐厅吃饭或去商店购物，并且消费金额在 35~50 美元。如何让这一分析结果为公司创造价值，显然这是关键所在。万事达将这一分析结果卖给了其他公司，从而帮助其他公司更好地进行营销推广，精准触达客户，就像杰克手中附有商店优惠券的加油小票一样。

> **案例分析**
>
> 万事达通过"数据字典"工具分析持卡人数据——消费时间（When）、消费地点（Where）、消费商品（What）、消费金额（Money），从而给商户提供准确的需求信息，使商户的精准营销成为可能。
>
> "数据字典"从商业相关方的视角明确持卡人的数据字段和属性等详细方面，从而可帮助商户获取非常详细的用户需求及其商业规则。

6.8.6　接口模型

接口模型描述解决方案里的关系，以获得对这些接口及接口细节的了解，具体类型有以下几种。

- 报告表：报告表是为单个报告获取详细层级需求的一种模型。报告表可以确保细节在解决方案中不会被忘记或忽略。相关方可以使用报告表和实体模型报告来充分了解报告需求，如图 6-28 所示。
- 系统接口表：系统接口表是为单一系统接口获取所有详细层级需求的属性模型。系统接口表用来详细说明解决方案中系统间每个接口的细节，指定了源系统/目标系统的需求。系统接口表详细到足以代表实际的接口需求，具体如表 6-9 所示。

应用下载数量	菜单上传数量	商店 ID	地区	忠诚度计划交易数量	通过食谱上传的忠诚度计划交易数量	忠诚度计划中基于食谱交易的每笔交易的产品平均数	忠诚度计划中不基于食谱交易的每笔交易的产品平均数
10 732	6 907	0	0	78 563	4 576	34	10
		23 548	得克萨斯中部	10 723	2 469	32	17
		54 721	得克萨斯中部	6 093	1 098	33	15
		56 098	得克萨斯中部	15 497	543	30	12

移动应用使用报告（MAUR）
报告期：2014.09.07—2014.09.13

图 6-28　报告表示例

表 6-9　系统接口表示例

源	商店
目标	客户移动设备
ID	MS_01
描述	传递商店和食谱信息到移动应用
频率	每天
量	<10 000 个菜单
安全约束	无
处理错误	见 Sync_Store_Recipe_System_Flow

接口对象

对象	域	数据词典 ID	验证规则
商店	StoreNum	RM02	正整数
商店	StoreMap	RM04	JPEG 图片
菜单	RecipeText	RM01	良好的结构化文本（参考数据词典）
商店	ItemOverlay	RM06	良好的结构化文本（参考数据词典）

- 用户界面流：用户界面流显示了功能设计里特定的页面或屏幕界面，描绘了根据不同的触发器如何导航屏幕。用户界面流用在项目的解决方案定义阶段，帮助跟踪所有需要进一步定义的屏幕界面。该模型没有反映个人需求说明，但可以追溯到其他需求模型，如图 6-29 所示。
- 线框图和显示—操作—响应模型：显示—操作—响应模型结合线框图或屏幕界面实体模型，用来识别页面元素和功能。每个线框图分成多个显示视角和行为视角来描述用户界面元素，如图 6-30 所示。商业分析师和用户体验分析师一起分析用户界面。请注意七个用户界面要素：兼容性、一致性、记忆、结构、反馈、工作负荷、个性化。

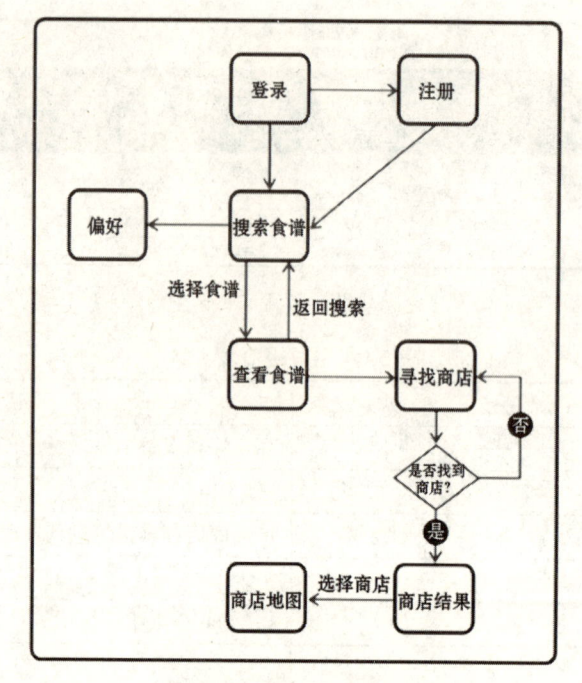

图 6-29 用户界面流示例

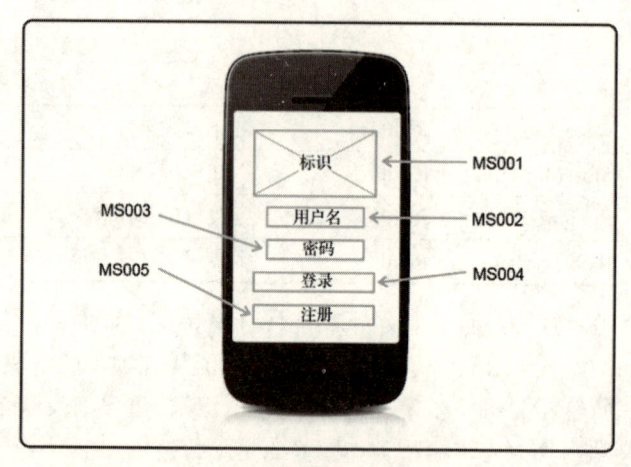

图 6-30 线框图示例

显示—操作—响应模型通常用于用户界面中细化显示和交互需要精确度的情况。显示—操作—响应模型直接追溯到线框图、用户故事、用户界面流和数据字典，这些模型包含用户界面需求，如图 6-31 所示。

第 6 章 项目需求管理

UI 元素：密码域	
UI 元素描述	
ID	MS003
描述	供用户输入密码的域
UI 元素显示	
前提条件	显示
在登录界面	显示域
没有文本输入	密码变灰
有文本输入	每个字符显示成星号
UI 元素行为	
前提条件	操作	响应
在登录界面	选择域	键盘出现
文本输入	输入额外的文本	每个字符星号出现

图 6-31　显示—操作—响应模型示例

实战技巧

除以上介绍的模型外，在项目实战中还经常使用以下两种技术：序列图和非功能性需求分析。

序列图：序列图就像在两个对话的人之间跟踪的信息流，信息流展示了信息是如何在这两人之间来回传递的。序列图是面向对象的分析中常用的方法，显示在一个场景中类和对象如何相互作用。你还可以使用序列图来显示用户界面组件或软件组件在你的解决方案中如何交互作用。

简而言之，序列图显示了对象之间的刺激信号流。刺激信号是一个消息，刺激信号到达物体就被称为事件。每一个对象的名字都在矩形里，矩形下面画了一根垂直线被称为生命线。信息被描述为从生命线的顶部开始，并且随着时间的推移将生命线移动。

对象之间有两种发送消息的方法：程序流和异步流。程序流将一个消息传递给接收对象，并等待响应或返回消息，在此之前不能做其他事情。而异步流允许发送者在发送消息后继续自己的流程。

非功能性需求分析：非功能性需求定义解决方案或解决方案组件的整体质量或属性。实际上，它们限制解决方案需求如何满足解决方案本身。非功能性需求描述了相关方需要的行为质量或质量属性。非功能性需求通过在不同维度说明解决方案特性，扩充了解决方案的功能描述，这对用户或开发人员很重要。

你应该考虑使用一个检查清单来启发和制定你的非功能性需求。同时捕捉功能性和非功能性需求是最容易的。检查清单可以通过分类来帮助组织你的非功能性需求，确保你没有遗漏任何东西。非功能性需求在实践中有以下几种。

- 可靠性：可靠性的重点是解决方案的可用性，以及从错误或失败中恢复的能力。
- 性能效率：性能效率是执行活动的耗费时间和解决方案的资源利用率水平。
- 可操作性：可操作性测量相关方能够识别解决方案是否符合他们需求的程度。它也评估了新解决方案的易用性和它的能力，以及解决方案实际上是如何可用的。
- 安全性：安全性在今天是一个很大的问题，尤其是软件系统。安全性着眼于解决方案存储信息，并保护它避免未经授权使用的能力。解决方案的用户验证和审计报告也应该被考虑进来。
- 兼容性：大多数解决方案需要有效地运作，并在同一环境中与其他解决方案共存或互动。
- 可维护性：可维护性着眼于如何改变一个解决方案组件而不影响其他组件。你还需要考虑组件重用、易诊断问题，以及在不引起意外故障的情况下实现变更的能力。
- 可移植性：解决方案是否可以从不同的环境迁移、安装和卸载。

非功能性需求清单：非功能性需求清单可以让你通过下面一些典型的项目，确保你没有错过可能对你的项目需求是很重要的条件或限制。

- 可靠性（平均故障间隔时间）。
- 可用性（预期的操作时间）。
- 可维护性（易于更换的组件）。
- 性能（在2秒钟内必须返回提示）。
- 环境条件（如脏乱、阴暗或尘埃的环境）。
- 可访问性（对新手、经验丰富的和残疾用户的不同导航）。
- 人体工学（使用特定的颜色，以减少眼睛应变）。
- 安全性（足够响亮的信号，但不能伤害听力）。
- 安保性（物理和系统访问定义谁被授权做什么？）。
- 设施要求（需要特殊的电气或电话功能）。
- 可便携性（手持单元的重量限制）。
- 培训（需要教材或教科书吗？）。
- 文档（联机帮助参考手册）。
- 外部接口（支持行业标准协议）。
- 测试（支持远程诊断）。

- 质量规定（最低要求的校准间隔）。
- 政策和监管（政府要求、约束）。
- 兼容现有系统（支持模拟电话线）。
- 标准和技术政策（符合电气规范）。
- 转换（将支持旧版本的系统的数据）。
- 增长能力（将在 y 年支持 x 个终端用户）。
- 安装（将新系统投入服务的能力）。

一旦捕获了非功能性需求，你就需要记录它们。非功能性需求通常记录在它们所约束的功能性解决方案需求的旁边。这是有道理的，因为功能性和非功能性需求都是解决方案需求的子集。记录非功能性需求，并定义需求部分的全局约束，是个好主意。因为它们以某种方式影响你所有的解决方案需求。

案例 6.13　宁城农商银行采用接口模型，打造"银医通"自助系统

案例背景

为切实解决内蒙古宁城县内及周边百姓的就医难题，宁城农商行与宁城县中心医院开启战略合作，于 2018 年 7 月推出了集金融、医疗服务于一体的"银医通"服务系统。

"银医通"自助服务系统以自助区联社核心业务系统为依托，可实现线上、线下双渠道业务办理。就医群众可通过自助设备和微信公众号进行挂号、预约、查询及缴费，还可通过自助设备打印报告单，节省了排队挂号、缴费的时间，提高了就诊效率，如图 6-32 所示。

图 6-32　"银医通"自助设备

截至 2019 年 2 月末，"银医通"自助服务系统累计通过自助机办理挂号、缴费等业务笔数为 6.25 万笔，交易金额为 6757 万元。日均办理业务 303 笔，交易金额达 34 万元，业务笔数和交易金额逐月上升。目前，通过"银医通"自助服务系统办理诊疗结算的业务额占医院总诊疗业务额的 29%，占非现金结算业务总额的 58%，

其中通过微信渠道办理的诊疗结算交易金额占"银医通"自助系统交易总额的33%。"银医通"自助服务系统的应用得到了就医群众及社会各界的广泛认可。

> **案例分析**
>
> 宁城农商行"银医通"系统的成功离不开使用接口模型，与各系统接口的对接与兼容，其中包括宁城中心医院的挂号系统、预约系统、查询系统、缴费系统和医疗报告系统等，又实现了与微信公众号的衔接。通过接口模型，节省了排队和缴费的时间，提高了就诊效率。

6.9 记录、确认、核实和批准需求

6.9.1 记录解决方案需求

对启发信息进行分析后，结果需求以"需求文件"的方式记录，通常是表格形式。具体形式取决于组织和项目需要，以及项目生命周期的要求。

需求文件是需求基准，包括核实需要的基准，解决方案的基准，设计、开发、测试、质保、审计、用户手册的基准，以及解决方案不断细化的基准。基准的核心目的是确保相关方就如何实施解决方案达成共识，但无法取代相关方间的沟通和协作。

- 商业需求文件：商业需求是组织的目标、目的和高层次需要，为新项目提供论据。商业需求是高层级的需求，用户或相关方据此记录解决方案。
- 解决方案文件：解决方案文件包含产品或服务的特征、功能及特性，用以满足商业和相关方的需求。它是团队构建产品的蓝图。商业分析师负责产品需求，项目经理负责项目需求。

在定义、分析和记录项目的假设和约束时，应该关注三个要素：假设、商业制约和技术制约。

- 假设：假设被认为是真实的因素，虽然这些因素还没有得到证实。假设增加了项目风险，它们可以影响项目生命周期的任何部分，以及由此产生的解决方案的实施。它们应该被记录和分析。
- 商业制约：商业制约限制了解决方案或当前的组织状态。商业往往把重点放在项目可用的时间、金钱和资源上。常见的商业领域的制约，包括预算和时间限制、资源的限制和资源技能的限制。
- 技术制约：技术上的制约重点是限制了解决方案设计的架构决策。它们往往是不灵活的、不变的，可以影响解决方案的实施。它们包括的领域如开发语言、硬件和软件，都必须用于项目上。

分析假设和制约有两种技术。

- 问题跟踪：问题跟踪是问题管理的同义词。这项技术允许商业分析师沟通、审查和保持专注于商业分析相关的问题和横跨整个项目生命周期的问题。商业分析师负责跟踪、管理和解决商业分析活动中发生的缺陷、议题、问题和风险。
- 风险分析：假设和约束经常给项目增加风险。运用风险分析技术，对这些新的风险进行识别和分析。这是特别真实的，如果假设改变了，从真实到假设，或者已知的约束被删除或被修改。

对于需求优先级排序，通常有以下两种技术。

- MoSCoW：MoSCoW 用作群组技术时效果最好。商业分析师需要认识到，由于项目的限制，不是所有的需求都可以在"必要的"类别。使用 MoSCoW 分析的简单方法是列出需要进行优先级排序的需求在白板上，然后在每个需求旁写下 M、S、C 或 W。你也可以把想法写在便笺上，把四个分类移到挂图间并贴在墙上。另一个很好的建议是排列你的需求，25%的需求是"必要的"，25%的需求是"应该要"，25%的需求是"可以要"，其余 25%的需求是"不会要"。如果这些百分比不合适，你可以进行快速调整，直到优先级需求的数字适合你的项目。
- 时间盒法：时间盒法是基于固定资源的分配，通常不是时间（时间盒）就是钱（预算）。当框定了项目的解决方案范围后，这项技术是最有效的。

6.9.2 确认需求

确认保证需求准确反映相关方意图。确认有两种类型——持续确认和需求巡检。

- 持续确认：需求确认不是一次性活动，在诸如启发过程检查采集需求时、向相关方展示解决方案时等都要进行需求确认。确认不等于批准，目的是获得相关方对于需求正确性和目标可达成的认同。持续确认有助于将需求文件进行分组，让相关方仅确认相关的需求。
- 需求巡检：需求巡检用于与相关方一起评审需求，并得到他们对于需求有效性的确认。关于评审会议，建议评审者提前准备，尽可能地澄清需求和提出问题。

当确认需求时，最好不要忽略以下五项要素，从而确保商业收益均已实现。

- 识别假设：在项目的商业论证中，你可能记录实现商业收益的假设。对特定商业收益的任何假设都应记录并关联交付这些收益的需求。这可能引入额外的风险到商业案例所包含的前提条件中，因为有可能最后证实假设不是真实的。
- 定义评价标准：在商业论证中的收益条目，一旦完成同时解决方案上线且运行正常，将会变成项目提供给该组织的商业收益。只有当你定义了衡量标准后，你才能评价是否已经达到目标，商业收益才是可以衡量的。如果幸运的话，衡量标准可能在商业案例中有定义。如果没有，你就需要在需求核实过程中定义它们。

- 确定商业价值：项目商业论证是确定解决方案所提供商业价值的工具。你可以针对完整的解决方案范围去评价它，或者可以针对包含解决方案范围的个别需求去评价它。不提供任何直接或间接商业价值的需求，是在你需求确认活动中需要进行消除或修正的对象。记住：商业价值不只是货币价值，例如，需求可以通过满足法律或法规标准，或者通过使最终用户满意的解决方案来提供商业价值。
- 确定依赖关系：个别需求增加商业价值的另一种方式是通过支持或连接其他为组织提供财务价值的需求。下一章我们将讨论"需求跟踪与监督"，需求跟踪允许在项目生命周期中记录和跟踪需求之间的关键依赖性和联系。
- 评估商业论证一致性：要警惕那些相关方所钟爱但对组织增加很少或根本没有商业价值的需求。遵循的规则是，不与商业论证相一致的需求不是修改商业论证就是从解决方案范围内清除掉。同时应该注意实施这种需求的机会成本。有时候，最好是去掉那些不符合商业论证还要投入时间和金钱才能让它们工作的需求。你的时间和金钱可能花在其他地方更好。每一个机会（或需求）都有机会成本。

下面我们再来看看项目实战中"确认需求"的五项技术。

- 可接受和评价标准定义：可接受标准是质量指标，必须由需求、解决方案组件或解决方案本身来满足，以便被项目相关方接受。评价标准是用来衡量一个部署或运作的解决方案在提供商业收益方面是否成功。
- 测量标准和关键绩效指标：测量标准和关键绩效指标用于为你的需求、解决方案组件或解决方案选择和确定绩效测量。
- 原型：原型可用于从项目相关方那里得到用户对解决方案范围的协议。
- 风险分析：当你对需求做出假设时，可能产生风险，如实现潜在的商业收益或者构建增加组织价值的解决方案。风险分析可能导致需要评估这些假设和相关的潜在风险。
- 结构化演练：这项技术被商业分析师大量使用在从他们的相关方那里寻求协议，协议是关于需求能满足他们需要且能被确认的。

总之，确认需求是确保相关方需求、解决方案需求或过渡需求与商业论证中的商业目的和目标相一致。这些需求给组织带来收益。当实现它们所产生的解决方案时，需求将会提供价值。

案例 6.14　日本第三方支付系统的三级需求确认

案例背景

日本居民对现金的偏好及保守的消费观，使得目前零售支付市场仍然以现金为主。日本第三方支付业务运营相对规范，风险事件也较少，而日本零售支付市场参与者众多，除银行、信用卡组织等传统参与方外，零售商、移动运营商、交通运输公司、虚拟货币交易所等各方也积极发展支付业务。

为什么日本能在如此众多的支付市场参与者的情况下，仍能保持相对规范的运营、较低的金融风险呢？核心在于其三级支付需求确认系统。

第一级：账单支付系统（Multi-Payment Network，MPN）。账单支付系统是日本多付网络促进协会（JAMPA）于 2001 年建立的电子账单支付系统，提供名为"Pay-easy"的缴费服务，用于市政税费、公用事业缴费、保费支付、电子商务账单支付等领域。MPN 允许客户通过 ATM、手机或个人电脑进行此类付款。政府资金相关交易的结算是通过日本银行的活期存款账户完成的，企业账单支付交由 Zengin 系统清分后最终通过日本银行系统完成结算。

第二级：全银数据通信系统（Zengin System）。Zengin 系统是日本主要的零售支付系统，相当于中国的小额支付系统，用于处理日本国内跨行转账结算业务，由日本全国银行协会负责运营管理（见图 6-33）。日本的银行和外国银行在日本的分支机构等金融机构直接参与 Zengin 系统，小型金融机构，如信用金库、信用合作社、农业合作社及区域性银行等，通过各自的行业清算系统间接接入 Zengin 系统。

图 6-33　日本免税店支付场景

Zengin 系统采用两种跨行结算方式，交易金额低于 1 亿日元的采用定时净额结算方式，Zengin 系统作为中央对手方，将付款银行与收款银行之间的借贷记关系转化成付款银行 Zengin 系统，以及收款银行与 Zengin 系统之间的借贷记关系，每天 15:30 进行汇总，16:15 日本银行通过金融机构和 Zengin 系统在央行开设的活期存款账户进行央行货币结算；1 亿日元及以上的大额交易采用实时全额结算方式，接入日本银行的 BOJ-NET 资金转账系统直接结算。

第三级：BOJ-NET 资金转账系统（BOJ-NET Funds Transfer System）。BOJ-NET 资金转账系统是日本支付结算系统的核心，相当于中国的大额支付系统，由日本银行拥有和运营。该系统提供实时全额结算方式，日本银行提供的大多数支付服务都可以通过 BOJ-NET 资金转账系统处理，包括同业拆借市场和证券交易所引起的金融机构之间的资金转账，同一金融机构不同账户之间的资金转账，私营清算系统产生净头寸的结算，金融机构和日本银行之间的资金转账。

案例分析

日本的三级支付系统各司其职，分级确认。账单支付系统定位市政税费、公用事业缴费、保费支付、电子商务账单支付等领域；全银数据通信系统是日本的小额支付系统，用于处理日本国内跨行转账结算业务；BOJ-NET 资金转账系统是日本支付结算系统的核心，是大额支付系统。这三个支付系统分三级——公共缴费、小额支付和大额支付进行支付需求的确认。

而第三级 BOJ-NET 资金转账系统由日本银行负责运营，日本银行（Bank of Japan）是日本的中央银行，确保银行和其他金融机构之间的资金顺利结算、维护金融体系的稳定，并对私营部门运营的支付系统进行监督。

由以上可以看出，日本第三方支付系统正是因为采用三级支付需求确认体系，才能在众多的支付市场参与者的情况下，仍能保持相对规范的运营、较低的金融风险。

6.9.3 核实需求

核实确保需求符合质量或组织标准。确认需求之后再核实需求，可以确保只有"正确的"需求才会得到核实。核实有两种类型：同行评审和检验。

- 同行评审：同行评审是正式或非正式的需求评估过程，由商业分析师同行来进行。其目的是确保书面商业分析成果包括各种形式的需求文件，满足组织的标准和通用需求编写准则。要求测试人员和参与开发培训手册的人员参加核实评审，这样可以尽早给团队成员提供项目的背景知识。
- 检验：检验是更严格的同行审查方式，目的是审查准确性、完整性、相关性等。检验由参与需求创建和编写过程的同行进行，商业相关方和管理者不属于检验环节邀请者。同行审查取决于专家的知识，而检验利用了已知产品缺陷的检验清单。

需求核实实际上是需求分析的质量检查，在项目实战中往往是由商业分析团队和相关方在明确需求并准备将需求公布前进行的内部检查，这样就可以准备进行正式评审和批准。

任何类型的需求都可以核实，包括商业需求、相关方需求、解决方案需求或过渡需求。因为核实是对需求分析的质量检查，所以核实的需求对象不能是启发工作所产生的需求。它们必须已被分析和建模。

写得好的需求并不是偶然的，而是计划好的，全面进行审查和修订以满足大多数特征。指南提供了高质量需求的九个特点——明确性、精确性、一致性、正确性、完整性、可测量、可行性（运营可行性、技术/系统可行性、成本效益可行性、时间可行性）、可跟踪性、可测试，把它们当成书面需求质量检查清单，并在你的需求开发工作中经常使用。

需求核实在项目实战中有以下两种常用技术。

- 检查清单：检查清单特别适合使用在需求核实上。它是适用于需求文档的优秀质量控制技术。检查清单确保重要项目都包括在项目最后需求的可交付成果中，如先前讨论的高质量需求的九个特点。检查清单还可以包含过程步骤，指导你应该做哪些项目的需求核实活动。
- 结构化演练：商业分析师应该尝试与关键相关方和团队成员使用结构化演练来核实相关方需求和解决方案需求。结构化演练是带有导航指南的会议。你的最终目的是核实需求，因此会议议程可以带着你遍历所有可能性，以利于小组评价和修改需求。小组的目标是开发一套核实且编写良好的需求。结构化演练的另一个常见名字是需求审查。结构化演练有一组先决条件。

（1）审查的完整需求包。

（2）合适的审核人列表。

（3）会议设备，无论是面对面的还是远程的。

与会者将参加演练前准备。这意味着他们应该在会议前先阅读需求文件。如果能够给参与者提供良好格式的需求检查清单将是很赞的，以方便他们阅读需求文件和核实你的需求。

结构化演练有一组会议参加者所扮演的角色，现在让我们看看这些角色。

（1）作者：你（商业分析师）通常是被审查需求文件的作者。你的角色是回答有关文档的问题，并听取相关的建议和意见。会议结束后，这些建议和意见可以纳入需求文件中。

（2）抄写员：抄写员抄写笔记，记录所有的意见、建议、问题，并关注在演练中出现的问题。作者可以扮演这个角色，只要它不干扰与相关方的互动。

（3）主持人：这个必需的角色是由中立的主持人扮演的。你可以选择扮演这样的角色；然而，在评审中它可能与你的作者或抄写员的角色发生冲突。主持人协调整个会议，并确保一切顺利。

（4）同行：总是建议同行评审需求文档。没有什么比另一双商业分析师的眼睛能帮助需求文件变得更好了。

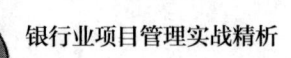

（5）审查人：审查人是在评审中参与审查的与需求相关的任何相关方。他们应该来参加会议并准备提出问题和意见，对文件提出建议的变更或改进。

总之，通过两种技术，可以使需求通过核实变得高质量，从而可用于其他项目的工作，如技术设计、需求确认等。

6.9.4　批准需求

批准和确认是分开的。其中商业负责人认同需求文件完整、准确地对问题进行了正确的描述；解决方案团队确认需求文件为建立解决方案提供了足够的信息；商业分析师负责准备可交付物。

需求经过相关人员确认后，由管理高层批准。

案例6.15　Libra为何被强势叫停？

案例背景

美国社交媒体脸书的数字货币"天秤币"Libra自2019年6月18日公布白皮书及技术文本以来，引发了业界多方探讨。

Libra白皮书宣告将为27亿个社交用户及无法享受便利普惠金融的群体建立一套全球货币和金融基础设施，为数十亿人提供简单的、低波动性、无国界的货币和廉价资本服务。这个体系设立在瑞士，旨在帮助脸书建立一个全新的、与传统货币政策和美元相抗衡的全球金融体系，这一发声引发了监管界的忧心和数字货币界的颠覆呼声。

脸书与万事达、VISA、PayPal、Uber等27家大型商业公司达成合作，影响深远以至于遭到了美国众议院的叫停，理由是会给脸书的27亿个用户、交易者和投资者带来隐私、交易和国家安全的风险。法国设立了G7特别工作组以研究如何确保天秤币受到各种法规的监管。澳大利亚银行机构也发出警告称，用户体量巨大的平台发行数字货币将带来巨大挑战。

理论上，Libra（见图6-34）计划是与一篮子低波动法定货币及政府债券挂钩的稳定币，而实际上我们需要准确了解美元在其中是否发挥作用，对于Libra是否成为以美元为中心的数字货币，这将带来一系列经济、金融甚至国际政治方面的后果。

在法币稳定的数字货币形态中，稳定货币充当一般等价物的角色，如USDT，即Tether公司推出的锚定美元（USD）的代币，严格遵守1∶1的准备金保证制度，每发行1个USDT，其银行账户会增加1美元的资金保障。Libra所挂钩的是全球一篮子货币，概念上有一些类似于国际货币基金组织提出的特别提款权，亦称为"纸黄金"，作为布雷顿森林体系（Bretton Woods System）的补偿，其价值根据会员国认缴的份额分配，是用于偿还国际货币基金组织债务、弥补会员国政府之间国际收支逆差的一种账面资产。

图 6-34 脸书的天秤币 Libra

脸书成立了一个非营利性成员制组织 Libra 协会,由数十家欧美的企业、非营利组织、多边组织和学术机构组成,包括支付行业、风险投资、交易平台、区块链企业等。这样一个私营协会是承担像世界银行、国际货币基金组织和全球央行这类机构的执行职责,还是仅仅围绕社交平台用户派发的虚拟货币或数字货币商业用途为主的方式来占领细分的支付市场?

技术储备方面,脸书白皮书显示出一年多的项目准备,开发及使用了一个新型可资源编程式"Move"语言,用于开发应用中的交易和智能合约,语言具备基础的安全性质(Safety)及灵活性,底层语义模型自带资源类型,该设计由线性逻辑(Linear Logic)赋予灵感,基于拜占庭共识 LibraBFT 和 HotStuff 算法。

案例分析

脸书的天秤币 Libra 为何被强势叫停?核心在于该项目的需求优先级没有管理好。从案例中可以得知,Libra 涉及的相关方需求有以下五类:

一是脸书 27 亿个社交用户及无法享受便利普惠金融的相关方群体,希望得到简单的、低波动性、无国界的货币和廉价资本需求。

二是脸书 27 亿个用户、交易者和投资者所关心的隐私和资本安全需求。

三是美国政府所担心的国家安全问题。

四是各国央行所顾虑的,一旦 Libra 成为以美元为中心的数字货币,带来的一系列经济、金融甚至国际政治方面的后果。

五是世界数字货币各机构(如比特联盟)因为脸书技术可资源编程式"Move"的推出,对世界数字货币格局所带来的重大影响。

显然,脸书仅仅关注自身 27 亿个社交用户的需求,而没有管理好其他相关方的需求优先级是导致这个项目被强势叫停的根本原因。Libra 项目的遭遇恐怕也是很多项目经理所苦恼的,需求优先级的排序往往是一个艰难协商的过程。相关方在排序项目需求的优先级时扮演着关键的角色,将会对重要的问题做出最后决定，如哪些新解决方案功能对他们而言是最重要的，就像哪些功能是必需的才能完成工作一样。

在项目实战中，当考虑优先级排序时，往往需要考虑两个方面：为需求优先级定义标准，考虑优先级排序时的挑战。

首先是需求优先级标准，以下八种常见的标准供你参考（见表6-10）。

表6-10　需求优先级标准

优先次序标准	当……时需求优先考虑实施
商业价值	提供最大的商业价值
商业或技术风险	具有引发项目成功的最大机会
实现困难	对团队来说最早实现
成功的可能性	实现快速或确定性的成功
监管或政策合规性	确定监管或政策需求
与其他需求的关系	支持其他高商业价值需求
相关方一致	相关方对使用和价值达成共识
紧迫性	具有一定的时间敏感性

其次是优先级的挑战。促成一个优先级排序需求的会议是相当具有挑战性的。相关方都有一种倾向，那就是认为需求很重要，然后提出完全不可能协商的需求。例如，他们会认为所有的需求都是最重要的（不管是否真的这样）。在协商优先级的过程中，商业分析师需要事先了解相关的业务知识，以及探究各相关方的需求和底线。同时谈判技巧和协调技能在整个过程是不可或缺的。商业分析师还必须识别并关注相关方的折中决策需求，在需求会议上尽可能地发现和利用这些需求特征达成相关方间的相互妥协是很有必要的。

6.10　需求管理在项目实战中的说明

本章实际上包括需求启发和需求分析两部分。需求启发让我们将启发信息各项任务梳理一遍，这些信息包括商业需求、相关方需求、解决方案需求和过渡需求。请记住，需求启发工作是个迭代渐进的过程。我们所面临的最大的挑战是，确保询问相关方的所有问题都是准确的。毕竟，只有所获得的信息是准确的，我们才能拿出正确和完整的需求，并确定新方案需要提供的功能。因此你会看到需求启发过程在项目实战中很多工作都是在不断核实和确认启发的需求信息。

对于需求分析部分，建议你遵循本书中所述的步骤来分析项目的相关方需求和解决方案需求。确保项目需求是可测试的往往是你在项目中面临的最大挑战。当你开发相关方需求和解决方案需求时，每次都需要不断地对自己的每个需求提出质疑：我可以证明现有的解决方案满足了这个需求吗？如果答案是否定的，那么你需要重写这个需求以保证其可衡量、可测试。如果答案是肯定的，你需要弄清楚你是如何取得证据的。这意味着你应该戴上测试者的思考帽，并开始思考建模需求的标准。适用标准定义了可衡量的目标，这个目标决定了解决方案的测试是否满足方案的初始需求。对于你写的每个需求都是如此。

适用标准是关于需求得到满足的可量化及可测试的说明。它们同时适用于功能性和非功能性的需求。让我们详细地看一下如何定义每种解决方案需求（包括功能性和非功能性需求）的适用标准。

功能性需求是解决方案或解决方案组件必须具有的能力。适用标准是用来测试这些能力是否已成功实施的标尺。它们是一种量化的目标，包括解决方案是否满足的程度或度量值表。当在编写功能性需求时，你应当问自己以下三个问题：

- 该项功能成功实现了吗？
- 结果满足初始需求了吗？
- 定义的用户验收标准是什么？

如果你有计算特定价值的功能性需求，那么需求的适用标准是计算结果符合预期的意图。适用标准应当满足需求的源头，要么需求源头可以自圆其说，要么采取行动后的结果都是可衡量且与行动标准相一致的。

非功能性需求是解决方案或方案组件必须具有的属性或特征。适用标准量化了非功能性需求所表明的必需的行为或质量。有些非功能性需求看起来很难测试，撰写非功能性需求的适用标准就是要找到合理的量化方式。对非功能性需求来说，你应当问问自己是否可以量化定义的行为或属性，而这些行为或属性是解决方案必须用到的质量特征。

总结

需求启发领域的四项活动：准备需求启发、开展启发活动、记录启发结果、确认启发结果。这四项活动指导着商业分析师有效地收集和组织各级别需求信息。如果没有从相关方处启发完整正确的信息，想要拿出完整正确的项目需求是非常困难的。记住，需求启发不仅仅是提出问题。

有效的沟通技巧是基本的技能，让商业分析师能够完成工作。项目的成功从确认和认同需要什么开始。如果不具备启发高质量需求信息的能力，商业分析师很难把工作做好。

推荐商业分析师将八项启发技术（头脑风暴、文档分析、引导式研讨会、焦点小组、访谈、观察、原型法、调研和问卷）中的一种或者多种用到项目需求启发工作中去。我们不需要精通每项技术，但是大多数经验丰富的商业分析师能够熟练运用其中的多种技术。为了便于记忆，启发技术可以分为三类：事件技术、执行技术、收集技术。每项技术都遵循相同的使用流程：准备、开展和结尾。

为了后续的需求分析活动，需要将启发结果记录下来并进行确认。需求启发的可交付成果是确认的需求及相关方问题，这是构建真正项目需求的基石。

需求分析领域的六项活动（需求分析、模型化与优化需求、记录需求、确认需求、核实需求和批准需求）帮助商业分析师分析项目中的相关方需求和解决方案需求。需求分析对于商业分析师甚至很有经验的专业人士来说都是一项具有挑战性的活动。有多种方式来组织、记录和建模需求来确定解决方案能为用户做什么。这就需要你了解所有的可选择的方式，并且基于你的项目特性及所在组织和相关方的偏好对这些文档和模型做出正确的选择和决策。

有效的技术编写和图形化建模技能可以使你的需求分析工作具有竞争力。成功的项目从定义需要什么开始并与相关方达成一致。假如没有分析并确认相关方提出的真实需求的能力，你会发现成功地交付解决方案给你的相关方是很困难的。

建议你使用一种或多种推荐的五类建模技术（共 21 项技术），以便于对项目的相关方和方案需求进行说明和建模。你不需要成为每个建模技术的专家，但是大多数有经验的商业分析师都可以自如地运用这些技术。每项需求建模技术都可以用来判断它是否符合项目和需求的特性。

需求分析领域的可交付成果是批准的相关方需求或解决方案需求，这些需求形成了项目生命周期后期设计和开发工作的基础。

第 2 篇

项目目标控制
——范围、进度、成本、质量

第7章 项目范围管理

本章内容

- 范围定义
- 工作分解结构
- 收集需求
- 可交付成果

本章案例

- 案例 7.1 悦便利无人店的需求场景
- 案例 7.2 英国"脱欧"后中国 5G 金融的项目布局
- 案例 7.3 江南银行移动支付的 WBS
- 案例 7.4 针对地下钱庄的司法范围监控

对很多项目经理或相关方来说,范围管理确实是一个很大的谜团。我们甚至可以称它为"潜变的范围"。项目经理必须启动"预防模式",以有效地定义和管理范围。

防止范围潜变过程的第一步是准确地了解范围的含义。项目管理协会将范围划分为产品范围和项目范围。产品范围被定义为"描述一个产品、服务或成果的特性和功能"。项目范围则包括为了实现产品范围中定义的交付产品、服务或成果所有需要做的工作。

图 7-1 表明了大多数项目是如何构成的。在图的最上方是项目级别。左侧是关注于执行该项目所需的项目管理过程活动。右侧是产品或技术方面,包括产出的产品、服务或可交付成果。产品范围只包含图 7-1 右侧的各项,而项目范围是最高级别,是左右两侧的综合。

大部分项目经理的精力都集中在产品方面,在评估期间,经常忘记花费在生产和监督项目管理活动上的时间和费用。资源同样也将重点放在产品方面而忘记它们需要参与项目管理活动,如开发团队章程、工作分解结构(Work Breakdown Structure,WBS)和计划等。我们需要真正理解这两种类型范围的需求。

当然,有效管理范围的关键在于明确地了解需求。PMI 描述该过程如下:

- 规划项目范围管理的方法。
- 收集需求。
- 定义项目范围。
- 创建工作分解结构。
- 验证可交付成果。
- 监控范围。

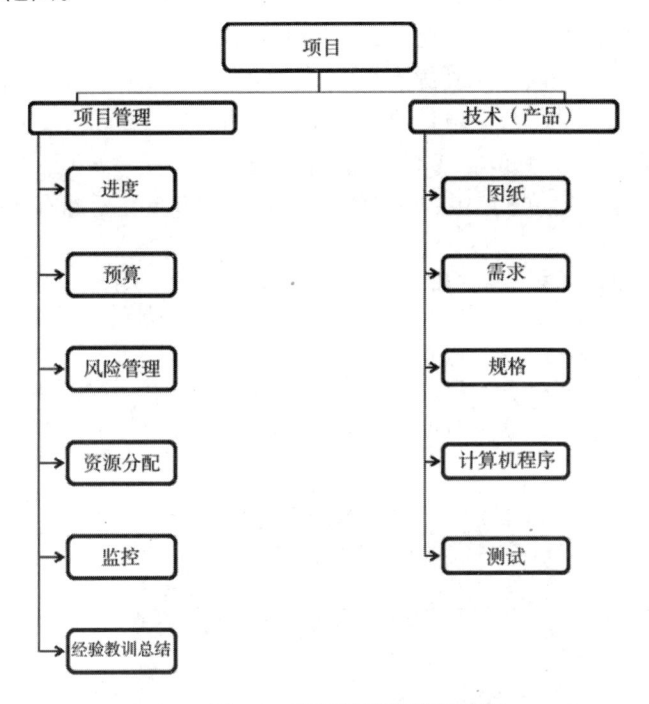

图 7-1 产品范围与项目范围

7.1 规划方法

对于很多项目经理来说，规划项目范围管理的方法是一个全新概念。这个规划其实是给所有相关方提供了一个概念，就是在整个项目管理中项目范围究竟是怎样的。值得注意的是，它贯穿整个项目管理过程。而不仅限于项目计划时期。通常，如果范围规划方法较为细致，那么项目范围规划的方法将会与工作分解结构归在一起。监控过程对理想方法与实际效果进行比较。

项目经理应该利用团队成员和其他相关方的经验和知识，收集有关如何界定范围的经验教训和建议。来自各种来源的输入不仅可以编写更易于管理的计划，而且：①有利于达成相关方对计划的承诺；②给计划提供更好的可实现性；③确保涵盖所有要素。

7.2 收集全部需求

一旦范围管理计划和需求计划准备就绪,接下来就是收集需求了。成功收集需求的关键是使用不同的信息收集方法。比如,焦点小组和引导式工作坊在群体参与的条件下能有效发挥作用。在虚拟环境中,德尔菲或调查问卷可能更好。采访可以在这两种环境中使用。环境决定了所采用的方法。

不过极具挑战性的是确定需求是什么及哪个需求是重点等问题可能引发冲突。如果项目经理在项目早期就意识到优先级的重要性,就可以在项目早期解决,而不是在岌岌可危的项目后期解决。群体决策技术(如两两比较)可能有助于确定优先级。收集需求的输出是跟踪矩阵,这种工具在传统上用于软件开发,但现在其在项目管理环境中的作用也很重要,它能确保每个商业需求和项目目标有效达成。

案例 7.1　悦便利无人店的需求场景

案例背景

悦便利是运用人脸识别技术的无人便利店,使用户拥有"即拿即走"的购物体验,用户在扫码入场后随意拿取货品,选购结束后无须经过收银环节,直接从闸机离开即可(见图 7-2)。

图 7-2　悦便利无人店

上述场景用了三套图像技术模型相互组合,分别应对三个不同的需求。第一套模型从用户进入闸机开始,正对闸机的摄像头就开始捕捉用户体态,可得知用户在店内的行动轨迹,以及是否想离开无人店;第二套模型识别人体与货物的交互,可得知用户拿了什么品类的货物;第三套模型识别货品的各个角度,进一步识别在交互过程中的货物品类。

通过精准识别顾客的生物特征、购物动作、购物路径,结合感应货架上的重量变化,进行匹配分析后确定顾客的购物行为,在顾客离店的同时完成自动结算。

案例分析

在悦便利无人店案例中,核心是三个不同的场景需求:捕捉用户体态、人体与货物的交互、货物品类识别。成功地收集需求的关键是使用不同的信息收集方法,而在这个案例中,收集需求的方法是根据场景流程进行的。

表 7-1 是收集需求的建议模板,但没有设置跟踪矩阵的标准,它可以适应单个项目。

表7-1 收集需求的建议模板

		跟踪矩阵						
							项目名称	
							项目编号	
							项目经理	
需求编号	商业需要/项目目标(纳入依据)	需求描述	工作分解结构的可交付成果	需求优先级	当前状态(活跃、取消、推迟等)	责任人	备注

7.3 定义范围

范围定义主要是通过项目范围说明书完成的。表 7-2 是一个建议模板。这个说明书可以被认为是一个"握手文档"。通常是在项目经理的协助下,发起人或执行委员会发布了章程之后,团队开始编制项目范围说明书。这是一个高标准的文档,用于创建可交付成果和工作要求,并确保相关方达成一致的认知。

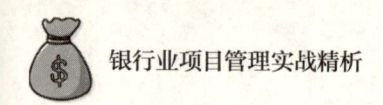

表 7-2　项目范围说明书示例

项目名称：	时间：

用途：项目范围说明书用于定义、开发和限制项目和产品范围。范围说明书应该直接包括范围，或者通过引用包括下面描述的物品。

产品范围描述

产品范围是通过项目章程所描述的产品需求逐步细化的。

可交付成果：

可交付成果由通过项目章程所描述的产品特征、产品需求逐步细化。

验收标准：

为了让相关方接受可交付成果而需要满足的验收标准。验收标准可以针对整个项目或项目的每个组件来开发。

项目除外责任：

项目除外责任清晰地定义了包括哪些项目范围。

项目限制：

可能影响项目的制约因素，可能包括固定预算、硬性交付日期和特定的技术。

假设：

关于可交付成果、资源、估算和其他任何方面的假设。项目团队认为这些假设是对的、真实的或是正确的，但还没有被验证。

能力：

项目经理签名	赞助商或发起人签名
项目经理姓名	赞助商或发起人姓名
日期	日期

范围说明书将可交付成果描述为工作分解结构中的一个级别。图 7-3 所示是一个培训课程开发的项目，描述了章程和项目范围说明书之间的关系。

虽然可能有一些差异，但项目范围说明书通常包括以下内容：
- 产品、服务或成果的产品范围描述。
- 验收标准：决定可交付成果是否满足标准。
- 可交付成果：有形产品、成果或者项目交付的功能。

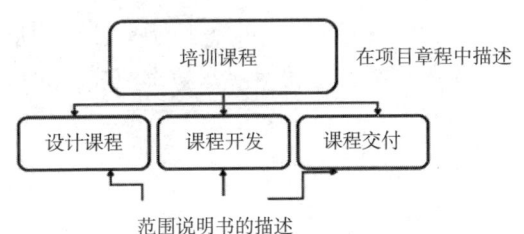

```
              培训课程          在项目章程中描述
           ┌────┼────┐
        设计课程  课程开发  课程交付
           范围说明书的描述
```

图 7-3 项目章程和范围说明书之间的关系

- 项目除外责任：什么不会被包括在项目中。通常得到的建议是：如果不包括在可交付成果中，那么就是排除在外。这一理论的问题在于，人们对可交付成果有不同的定义。例如，建设新房子可能包含一个可以容纳三辆车的车库。有些人在脑海中想象着这个车库完成了布线、石膏灰胶纸夹板及地板。而其他人的看法可能仅仅是石膏灰胶纸夹板或者仅仅布了线。要更好地杜绝感知的差异，并且简单制定除外责任。
- 制约因素：制约因素会限制项目团队的选择。一个数字，无论是预算金额、日期还是资源的数量，通常都是一个制约因素。"项目将在 7 月 20 日开始"或"项目必须在 12 月 10 日完成"，或者"项目预算不能超过 100 000 美元"，甚至"该项目将不可超出这三个资源"，这些都是含有数字的制约。但重要的是要注意，制约可能是任何事情而不只是数字，如"该项目将只能使用内部资源"。
- 假设：是指任何被认为是对的、真实的、确定的和经常性允许通过的条件。这里的关键点是，随着项目的进展，必须验证假设。

案例 7.2 英国"脱欧"后中国 5G 金融的项目布局

案例背景

2020年1月31日，英国脱欧。这给英国、欧洲乃至全球发展带来巨大不确定性。中国各大银行联合华为在内的中国5G电信设备制造商，在已获颁5G网络建设许可的国家和地区，对接、兼容中国与这些国家金融中心，如法兰克福、伦敦、米兰、马德里的金融科技标准、规则和秩序，尤其是 PSD2、GDPR 和英国开放银行（Open Banking）等新标准、新规则，帮助中资银行、金融科技企业、资产管理机构、证券交易商等金融机构优先在上述金融枢纽城市落地，依据各个城市金融业务集聚的不同特色，有针对性地向当地输送相应金融业务，以此实现中欧间金融业互联互通，逐步深度参与英国"脱欧"后的欧洲一揽子金融市场建设。

5G 是智慧城市的中枢神经，有改变社会面貌的潜力。中国各大银行正借助金融科技，与包括法兰克福、伦敦、米兰、马德里等在内的欧洲主要金融枢纽城市，发力基于 5G 标准的物联网、车联网、智慧交通、智能支付等金融科技相关领域和场景构建，尽量融合中欧两地的标准和规则，探索更多 5G 应用场景，为消费者提供增值服务，编织风险防控网，打造两地智慧城市的样板和原型，包括更多新兴就业岗位。

> **案例分析**
>
> 在这个案例中，中国 5G 金融的项目布局包括两个方面的范围定义：
>
> 一是在已获颁 5G 网络建设许可的国家和地区，如法兰克福、伦敦、米兰、马德里，兼容中国与这些国家金融中心的金融科技标准、规则和秩序，开展合作。
>
> 二是基于 5G 标准的物联网、车联网、智慧交通、智能支付等金融科技相关领域和场景构建，探索更多 5G 应用场景，为消费者提供增值服务。
>
> 因此基于地区和应用场景的两个方面的清晰的项目范围定义，中国各大银行能有效地参与英国"脱欧"后的欧洲一揽子金融市场建设，实现中欧间金融业互联互通。

7.4 创建工作分解结构

一旦相关方同意项目范围说明书，就应该创建工作分解结构。正如范围说明书基于项目章程一样，工作分解结构是基于范围说明书的。工作分解结构帮助项目经理和团队成员组织工作，从而识别、估算和排期所有项目的可交付成果。工作分解结构定义了什么事、什么人、多少数量、多长时间。这是通过解构范围说明书中确认的每个可交付成果来实现的，分解到最低层级——工作包。在工作包级别(什么)，进行资源分配（谁），预计完成的时间和精力（多长时间），确定工作包（多少）需要的生产成本（什么）。很重要的是，团队的发展积极贡献工作分解结构。项目经理可以选择工作分解结构进一步定义的元素，包括工作包的元素，在文档中提供诸如详细的可交付成果、一系列相关活动、里程碑、开始和结束日期、所需资源、成本估计、技术引用和质量要求。这个文件称为工作分解结构词典。

因为从头开始开发工作分解结构很困难且有争议，强烈建议工作分解结构最好以之前的类似项目作为模板开始设计。

工作分解结构成为跟踪项目过程的重要工具，要注意范围说明书，结合工作分解结构和工作分解结构字典，共同组成项目的范围基准。

WBS 可促进以下方面：

- 理解所涉及的工作。
- 规划要执行的工作。

- 确定最终产品和可交付成果。
- 定义成功增长的细节工作。
- 相关的项目目标。
- 分配所有工作的职责。
- 估计成本和进度表。
- 计划和分配资源。
- 整合范围、进度和成本。
- 监督成本、进度和技术性能。
- 为管理和报告总结信息。
- 提供较低层次细节的可追溯性。
- 变更控制。

工作分解结构提供了一个通用且有序的框架，用于总结信息，并为客户和管理层提交定量化的项目报告。

案例 7.3　江南银行移动支付的 WBS

案例背景

江南农村商业银行（简称"江南银行"）位于江苏省常州市，是一家有着 4000 多名员工、营业网点 300 多家的机构。

随着线上线下应用场景的扩大，移动支付逐步替代了传统 POS 机刷卡方式，江南银行线下收单市场也呈现萎缩态势，迫切需要顺应市场形势开展移动支付业务。自 2016 年 9 月起，江南银行推出了移动支付业务平台"收银通"，为商户提供多码合一的移动支付收款产品，迈出了农村商业银行在新支付环境中突围的关键一步。

采用"站在巨人肩膀上"的策略，联合成熟移动支付供应商，依托银行自身先进科技，期初通过普惠政策抢占市场，接着通过行业细分进行行业扩展，最后凭借移动智慧城市建设的"东风"，打造无孔不入的智慧支付系统。

第一阶段，通过普惠政策抢占市场。初期全行各网点开展"地毯式"商户拓展，快消品商户营销活动迅速开拓移动支付市场。同时，通过提供实时语音播报收款情况等增值服务和不定期优惠活动，进一步激发客户使用的积极性。第二阶段，通过客户细分进行行业布局，分别对药店、商场、学校、医院等机构客户提供个性化的行业解决方案。第三阶段，联动产业各方，加入移动"智慧城市"建设，进而推进信用和风控等领域的深度合作。

通过业务拓展，截至 2017 年 7 月，江南银行已接入中学、小学、幼儿园共计 157 家合作机构，支付金额达到 4485 万元，交易笔数 28519 笔。而"智慧医保"等移动智慧城市建设项目为银政合作打开了新篇章，为后续其他领域获取政策支持打下了坚实基础。

> **案例分析**
>
> 江南银行的工作分解结构是按照阶段划分的，包括通过普惠政策开展的"地毯式"商户拓展、行业细分布局、移动"智慧城市"建设。而在第二阶段的行业细分布局又分为药店、商场、学校、医院等机构客户的行业解决方案合作。
>
> 正因为有三阶段 WBS 的清晰制定，才使业务拓展有序而富有成效。

7.5 验证可交付成果

当所有相关方正式同意项目可交付成果时，范围验证即完成。每个可交付成果都要通过客观的验证。

范围验收的基本思想是对通过客观验证的可交付成果使用质量控制过程，以确保它们满足客户的期望，然后展示给客户，确保客户的正式验收。这些可以分为临时的可交付成果，以及作为项目收尾一部分最终被正式接受的可交付成果。

虽然范围验收与质量控制过程密切相关，但在目标上有主要区别。验证范围涉及质量控制验收的可交付成果，而质量控制关心什么是正确的可交付成果。完成验证范围所使用的工具因组织不同而不同，也因项目不同而不同。常用的绩效信息包括交付的状态，跟踪交付的变更请求等。

7.6 监督和控制范围

下列文件中的信息有助于控制范围：
- 比较范围基准与实际结果，以确定是否有任何变更或是必要的预防措施。
- 范围管理计划描述了监控的项目范围。
- 变更管理计划定义了如何管理项目的变更。
- 配置管理计划处理项目技术方面的变更。
- 需求管理是变更管理计划的一部分，但仅限于项目上的需求变更。

监督这些项目能够辅助项目经理确定范围基准和实际绩效之间产生差异的原因和差异程度。了解差异的根本原因是决定是否纠正，并采取必要行动的关键。

控制范围的输出是工作绩效信息的真实写照，比如，需要什么变更，哪些文档需要更新，等等。

案例 7.4 针对地下钱庄的司法范围监控

案例背景

为依法惩治非法从事资金支付结算业务、非法买卖外汇的犯罪活动,维护金融市场秩序,2019 年 1 月 31 日最高人民法院、最高人民检察院联合发布《关于办理非法从事资金支付结算业务、非法买卖外汇刑事案件适用法律若干问题的解释》(以下简称《解释》)。对于支付行业而言,这是又一个重要的涉及支付的新刑事司法解释。

虽然《解释》对外宣称重点针对地下钱庄的犯罪,但对于支付业来讲,并不仅限于地下钱庄问题。支付作为诸多刑事问题的通道和环节,已经越发引起司法机关的关注,采用《刑法》手段对支付界的乱象进行处理将逐渐成为司法的惯常手段。司法解释的制定是基于法律在司法应用实践中存在的问题,《解释》围绕的核心法条是《刑法》第二百二十五条非法经营罪,该罪以维护市场秩序为目的,涉及范围广泛,经常被认为是"口袋罪"。

《解释》将犯罪工具从 POS 机扩展到所有终端类型,将 ATM 等也纳入其中;《解释》将行为违法性从"违反国家规定"扩展到所有"非法方式";《解释》将套取的金额来源和返还对象从"信用卡持卡人"扩展到不限制支付工具类型的"指定付款方"。由此,一些过去常见的制度套利行为也被犯罪化。例如,为了推广普惠金融、农村金融,在助农 ATM 取款有返点补贴,有灰色产业从业者向他人收集储蓄卡后,通过取现方式套取助农补贴,这一模式也被纳入非法经营罪的范畴内。

同时,《解释》也对经营数额和量刑处罚做了明确规定,如表 7-3 所示。

表 7-3 《解释》关于经营数额和量刑处罚的说明

经营数额	量刑	处罚
500 万元到 2 500 万元	非法经营数额在 500 万元以上的;违法所得数额在 10 万元以上的	情节严重,处五年以下有期徒刑或者拘役
2 500 万元以上	非法经营数额在 2 500 万元以上的;违法所得数额在 50 万元以上的	情节特别严重,处五年以上有期徒刑

案例分析

要能对项目范围进行有效监控,就要对范围控制标准定义清晰,并量化。我们从上面的案例中可以看出,《解释》对于项目范围控制的边界和量化标准都有清晰定义:控制边界对涉及犯罪工具、行为违法性、套取的金额来源和返还对象等都有明确定义;量化标准涉及经营数额、量刑和处罚说明,这样就可以有效地控制项目范围。

总结

　　范围管理包括范围管理规划、收集需求、定义项目范围、创建工作分解结构、验证可交付成果、监督和控制范围6个方面的内容。明确产品范围和项目范围，用不同的方法来收集需求，通过项目范围说明书来定义项目范围，一旦相关方同意项目范围说明书，就应该创建工作分解结构。工作分解结构定义了什么事、什么人、多少数量、多长时间。范围验收的基本思想是对通过客观验证的可交付成果使用质量控制过程，以确保它们满足客户的期望，然后展示给客户，客户正式验收。最后，确定范围基准和实际性能之间产生差异的原因和差异程度来实现范围监控。

第8章 项目进度管理

本章内容

- 进度排期
- 敏捷时间管理技术
- 控制进度

本章案例

- 案例 8.1 51信用卡助贷业务的活动定义
- 案例 8.2 同盾科技"赫兹"智能语音平台的项目排序
- 案例 8.3 "腾讯信用"的进度历程
- 案例 8.4 酷特智能的敏捷冲刺

项目进度管理应该在有项目调度工具的支持下应用,虽然可以使用便利贴收集信息,然后整理在一个电子表格中完成,但是电子表格只能沟通计划。一旦项目开始,项目会随着时间的推移动态变化,如计划外的范围增加,突然出现的资源匮乏——遵循电子表格的管理很有可能令人感觉不易操作,有可能对项目失去控制。

下面看看进度规划过程是如何在实践中运作的。

8.1 规划进度管理

在规划进度管理时,项目经理和团队基于工作量的规模和复杂程度决定要花多少精力在项目上。大的项目要求很大的精力,相反,较小的项目要求的精力非常小。因此,在规划项目的任一方面时,其领域中的工作量都应根据项目预期的动态来调整。在识别关键组件的进度管理规划时,团队应该考虑其他已完成的计划因素,如项目章程中的任务,适用环境因素的潜在影响,以及组织时间规划的指引的需求。一旦进度管理计划完成,团队就可以开始进度管理的工作,具体计划的执行始于活动的定义。

8.2 定义活动

定义活动的流程目标是完整而正确地识别那些能达到项目目标的活动。通常，项目团队使用工作分解结构这一工具达到这个目的，虽然之后有必要返回来再看看"实际的"计划如何满足业务需求，但在这个阶段，重要的是确定团队项目完成的必要工作。

此类活动的定义可以使用 MS Project 等相对简单的工具完成。使用这个工具可以更容易地完成项目时间管理中剩余的任务。这个任务也可以使用便利贴完成。可以为从团队收集的注意事项指定一个描述性的标题和简单地定义。具体的注意事项是有用的，因为你会在项目中回顾这些注意事项。在 MS Project 中，每一个任务都有一个"标注"来捕捉信息，或者用便利贴的背面捕捉信息。

因为重点不是放在创建依赖关系这一点上，所以没有必要要求团队成员随时待命。每个区域的领导者（在信息技术项目中，这些也许是需求领导者、研发领导者、测试领导者或架构领导者等）可以提供足够的输入开发这些活动。本质上，启动会议回答了这个问题：在范围说明书中定义交付产品时需要什么样的具体活动？

脑子里要时时谨记里程碑事件，包括针对客户的外部里程碑事件或者针对上级管理层的里程碑事件，以及团队内部的里程碑事件。

对范围中那些过大的任务要谨慎小心，要深挖细节；推动理解什么是必须做的，以及如何和其他活动联系到一起。如果知道有些事会发生，但是你或你的团队都不能解决问题，则创建占位符。将这些问题保留在占位符的待决定页中直到解决它们。随着不断修改计划（甚至在计划完成后），也许在项目早期就已经解决了那些"已忘记"或"未知的"活动。

案例 8.1 51 信用卡助贷业务的活动定义

案例背景

2019 年 10 月 23 日，网贷上市公司拍拍贷被曝出多次发假律师函恐吓借款人，甚至扬言要依法传唤借款人，涉嫌暴力催收。无独有偶，10 月 21 日，国内最大的线上信用卡管理平台 51 信用卡也迎来了一场突如其来的调查，这次调查让市场为之震动的同时，也将国内互金机构涉及的与催收相关的助贷转型业务再次摆到了台面上。

目前，助贷业务被认为是许多 P2P、网贷平台的主要转型方向，如图 8-1 所示，一般是指银行、信托、消费金融公司等持牌金融机构作为资金方，有互联网公司线上导流或线下门店等商业模式，涉及助贷转型的企业有 51 信用卡、拍拍贷、趣店等海外上市公司。

图 8-1　51 信用卡助贷业务

51 信用卡最初以信用卡记账工具起家，但该业务缺乏盈利模式，并不能"养活"公司，此后公司基于已有的用户市场尝试过在线速贷产品、信贷撮合、助贷等业务，才成功地把公司从负收入拉回到盈利状态。

参与助贷业务的互金机构往往无法触碰资金端，只提供数据、引流等中介性质的服务，但能带来巨大的营收和利润。据悉，51 信用卡 70%的收入来自助贷业务。许多金融科技公司通过入股、收购等方式，获得互联网小贷资质，再以"砍头息"、打包手续费等包装形式向次级用户提供高成本的信贷服务，为了弥补坏账风险，它们需要更多层面地采集数据、加强催收效率。

案例分析

51 信用卡的助贷业务涉及的项目活动包括为资金方提供数据、引流、获客、风控等。以资金来源来看，银行是最主要的资金方。因此像 51 信用卡这样的互金机构往往协助银行进行引流和催收。

就如同上面所示，定义活动的流程目标是完整而正确地识别那些能达到项目目标的活动，识别这些活动后，就可以进行活动的排序了。

8.3　排序活动

在根据需求理解了项目成功需要做什么之后，接下来就是要识别和记录活动间的依赖关系。这里有许多工具和模型可用，其中最流行的是网络图表（图表可以在进度计划编制工具，如 MS Project 中创建），可以可视化地查看在项目中各活动是如何一起工作的。项目图表有助于细化任务之间的工作，包括团队内部和团队之间的任务。当着重关注工作流时，寻找可以并行完成工作的领域。如果你没有项目进度计划编制工具或没有适当利用它，则可以将用来定义活动的便利贴贴在墙上或白板上，以促进团队讨论工作。这种使用便利贴手动排序的技术被广泛地称为"沿墙漫步"。

首先关注项目的特殊团队中的任务，如开发人员或者测试人员。这个流程可以通过频繁提问来有效地完成，例如："任务 X 之后会发生什么？""如果开始任务 Y 你需要什么帮助？"基于每个活动的需求推动一个健康良好的讨论来展开活动。在开始任务 Z 的时候需要任务 X 和任务 Y 吗？与外部团队甚至需要的外部项目之间有依赖关系吗？例如，测试人员要求能访问由公司另一部门创建的测试数据吗？平衡推动细节和记录太多细节之间的风险的有效方法是基于复杂内容的数量和项目的长度。

伴随着大量未知项的高复杂度工作常常要求收集更多的细节。在一个只有几个月周期的小项目中，如果是关键性的任务，甚至可以捕捉到只有半天时间这样短的任务，但是不建议收集进一步的细节。对于你自己或你的团队来讲，不要将计划做得过于繁重。

询问任务是否可以尽早开始，而不是"完成—开始"的关系，虽然这也许是一个复杂的领域。并行执行任务的结果就是资源的过度分配，并且如果问题在第一个任务中发生，会导致更多不必要的返工。对那些过度依赖的关系要当心——任务间有"开始—开始"或"完成—开始"的依赖关系。如果资源等待工作完成，在时间轴上就会成为工作完成的瓶颈；也会在团队成员之间造成沟通障碍。也许不能避免这些问题，因为它们在所有项目中都存在，但是要确保添加标注，标明这可能是一个风险，并且谨慎关注这些问题。

为了决定时间的顺序，从每一个子团队引入一些专家/领导者来讨论这些事件的依赖性，尤其要关注那些已完成的事件。因为这将成为你的计划，如果房间里其他人看上去都明白，但是你没有，不要羞于表达你的困惑。要一直提问，直到完全清楚事件的顺序。开始将讨论出来的事件聚集在一起。随着你在团队中执行这些事件，努力理解某个团队活动是否可以在另一个团队活动完成前开始。例如，有没有可能同时开发或整合测试？已经完成的模块是否可以移交集成测试环境以便开始集成测试？有些事件阻止了这种情况的发生吗？再次强调，询问子团队的领导"下一步将发生什么"和"开始任务你需要什么帮助"。

如果子团队领导间有不同的意见，记录这些不同意见。如果团队中大部分人同意并且记录了附加的风险，那就足够了。如果不存在这种情况，作为项目经理，就要做这个决定。进一步调研问题，但是不要让问题在计划中徘徊不前。再次强调，如果有必要，就在计划中为那些未知项创建占位符，并且持续推进解决。记住，计划会发生改变，所以要为 80% 的解决方案努力。

8.4 评估活动资源

在没有考虑"人员"这个最重要因素的时候不能创建项目计划。在这个过程中,团队成员要尝试评估材料的类型和质量、人力资源、设备,以及执行每项活动的物资。

对每个定义的活动,项目经理需要检查项目的每一个元素,从而理解每一个技能要求的类型和质量。例如,如果项目是录制一部电影,那需要多少种摄像机?因为同一种摄像机下午要用在另一部电影上,这些摄像机要在上午的时候全都使用吗?顺着同样的思路来想,你需要了解自己是否能满足项目团队中所有的必要活动。如果团队领导需要更多时间确定资源的可用性,为任务分配一个通用的、描述性的资源给"高级开发人员"或"初级测试人员"应该足够了,直到团队领导可以提供确切的名字。一定要强调这个活动,因为你需要回顾它来分配指定的资源。如果审查团队资源能力,想填补空缺却发现资源不可用,那就标记为红色,也许你需要多于现有团队的人手来处理这个问题。在组织中尽早提出这个问题并且尝试获得必要的技能,如果可行,借用公司外部的力量。

有时候,必须在没有充分了解活动背后细节的时候指定资源。不要让这成为不分配资源的理由。每个活动都要有人负责,并将问责的可能性降到最低;确保这些决定不是在真空状态下完成的,至少是在团队领导支持下分配资源的。

确保记录了所有将会影响工作的资源制约条件,例如,一个只分配了60%个人时间在项目中的共享资源,或者分配了100%个人时间在项目中但在周五不工作的成员。还要确保捕捉到了在项目期间的长假、短假及其他行政上的时间(这个可以在MS Project的"变更工作时间"对话框中完成)。个体资源的制约条件也可以在基础日历中从每天工作8小时修改为每天工作7小时。(如果没有使用进度计划编制工具,也可以在电子表格中操作。)

只要三条信息就可以创建一个进度计划:实际的活动、资源的评估(了解谁将会工作在这些活动中)及活动持续的时间。评估活动资源的时候千万不要掉以轻心,因为没有深度挖掘和理解制约条件及可用的资源,对时间轴会有很严重的影响,知道的时候可能已经来不及了。

案例 8.2　同盾科技"赫兹"智能语音平台的项目排序

案例背景

在物联网、互联网高速发展的今天,语音将在人工智能的赋能下,开启智能风控的大门。同盾科技顺势推出了智能语音服务平台"赫兹"。"赫兹"基于自然语音处理、语音识别、语义理解、语音合成、声纹识别等核心技术,面向银行、互金、保险、证券、互联网等客户群体,提供智能语音服务,提升客户企业智能化、信息化和数字化等综合服务能力。

　　这个平台涉及的项目活动有三个体系、三大场景应用，以及两个催收系列产品。

　　三个体系包括人工智能基础能力、人工智能基础平台和人工智能系列产品。人工智能基础能力包括对语音识别、语音合成等底层技术的持续拓展和创新；人工智能基础平台包括提供人工智能核心能力统一接口平台，面向公司各产品系统提供接入和调度服务；人工智能系列产品是针对各应用场景打造智能催收、智能调查、智能信审、智能回访、智能质检等。

　　三大场景应用包括信贷、催收和保险。在信贷领域，通过智能语音机器人完成信贷业务尽职调查、关键经营信息获取、信贷智能审批、风险识别、服务回访等以往由传统人工完成的工作，帮助银行和金融机构的风控部门提高效率；在催收领域，提供智能逾期服务，不需要人力投入即可完成催收电话的工作；在保险领域，提供声纹核身及服务回访、理赔客服等服务。同盾科技产品介绍，如图8-2所示。

图8-2　同盾科技产品介绍

　　两个催收系列产品包括逾期管家和逾期精灵，基于语音识别、语音合成、语义理解及交互话术等技术共同形成高度智能化、精准化的催收策略。

> **案例分析**
>
> 　　同盾科技"赫兹"智能语音服务平台项目活动排序为：首先是建设三个体系；其次是强化三大场景应用；最后是打造两个催收系列产品。
>
> 　　通过这样的活动排序，使得"赫兹"项目有条不紊地顺利进行，并不断提升智能语音技术在人工智能领域的应用，与合作伙伴一起打造了智能数字生态圈。

8.5　评估活动工期

　　在这点上，所有的计划如何生成时间轴就变得显而易见。对每个来说，项目经理需要了解需要多少工作量。从"工作量"中仔细分离出"持续时间（工期）"。

例如，如果指定的资源只能分配80%的个人时间给项目，一个需要10天工作量的工作就需要花费12.5天的持续时间（工期）。换句话说，如果同样一个10天工作量的活动分配给两个全职人员，很有可能完成得更快，可能是5天的持续时间。这就是为什么评估活动资源的流程显得如此重要。

评估活动工期不是一次性完成的任务，而是在项目开始就执行，并随着每一次项目计划变更再次执行的。这个估算工作工期的过程需要通过已估算资源来完成单独的活动。在项目中的关键点，计划以迭代方式完成这个工作——"渐进明细"。这意味着当我们学习了更多正在建设"什么"（需求）和"如何"建设（设计）时，可以重新评估并且进一步定义更准确和更切实的时间轴。

早期，项目经理会被要求让高级管理层了解什么时候项目会交付成果。渐进明细使项目经理能提供什么时候实际移交项目的更具体的日期，而不是直到项目足够好时。很多项目都有这样的困境：到承诺的日期时，没有关于范围和资源的足够信息。即使很有可能被告知日期只是计划建议，团队不会遵循这个日期，但这是很少的情况。一个有帮助的方法是提供日期范围，并且随着信息进一步展现，提供更好的预估日期。

有相当多的工具和技术供评估活动使用，从参数估计和宽带德菲尔（Delphi）到三点估计（最可能估计、最乐观估计和最悲观估计）（关于这些方法更详细的信息，参见第11章）。

将上面提到的技术与公司通用技术相结合的自下而上估算法是被人最为推崇的方法，因为它关注项目团队的细节。项目时间管理中强调"当进度计划活动不能合理估计时，可以对进度计划中的活动进行分解"，向项目团队强调他们将完成这些任务并为任务的估计负责。在项目某些特殊阶段争取尽可能多的信息是有益的。如果已经完成了设计审查，开发领导又不能给一系列的活动提供评估，就需要重新设计。

MS Project允许在甘特图（Gantt）中创建可以分配"持续时间"和"人力投入"的列。如果使用电子表格，同样也可以更新。

确保保留了在流程中的所有文档，因为通过项目的程序和已完善的估计，文档会帮助你提醒团队当初为什么做了某个决定。这也有助于完善对新增长知识的评估，同时还有助于建立公司的历史数据库。

8.6 开发进度

你已经定义了所有的活动，也记录了所有的前置活动和后继活动，手中有资源日历，也为每个活动分配了适当的工期。现在准备开发这个进度。在这一步中，分析了相关方的需求；分析了工作的排序；考虑了工期、资源需求及进度制约条件，最后选择一个规划模板形成文档；跟踪控制项目时间。

记住，进度是随着项目的变化不断更新和完善的。从第一个迭代作为基准。除非项目有什么大的变动导致你重新定义范围，改变基准，否则这个基准经过跟踪的过程为"方差和水平"。

当创建进度的时候，从内部或外部的里程碑时间开始。所有的活动都应该支持这些里程碑事件。

在进度顶端对里程碑事件分组也是个好主意。当你预览进度时可以提供简单的接入。

从活动排序步骤进入记录时间制约因素这一步。"开始不早于"或"尽可能早开始"将有助于创建一个动态计划，这个动态计划随着任务或早于或晚于计划完成而发生变化。这使电子表格管理失去了它的魅力，项目管理软件成为必需。记住在活动排序期间发现的超前时间和滞后时间。

有很多进度安排技术是可用的。关键路径法或许是使用最广泛的方法，且是 MS Project 之后的基本技术。

不要忘了在资源安排中加上长假、短假和换班等非工作时间。关键资源很有可能过度分配，例如，在同一天分配给开发人员 4 个 8 小时的活动，结果就是一天要工作 32 小时。资源平衡调整这些活动，以防止资源过度分配而提供"最适合"的工作或者关键资源只在执行某些活动时出现。要注意资源平衡，即使必要的资源，也可能导致进度安排时间增加。

重新规划呢？你经常被要求加快进度，但又要保证范围不变。赶工（在成本和进度之间权衡，决定如何以最小的成本增量获取最大的压缩数量）和快速跟进（并行完成排序的任务）是高风险技术，会造成交付更快，增加成本，增加返工的概率，增加错过较早日期的威胁。当这些需求出现时，尽可能少打扰项目团队，努力解决这些问题。似乎这些需求常常在最坏的时间出现，当将团队成员从当前工作中释放出来查看进度中潜在的需重新规划的事项时，就会错过当前工作的最后期限。相反的情况就是尽可能少找几个团队领导检查完善进度。如果认为自己有合理的且有足够的项目知识，可以自己执行这个环节。有一个经验丰富的项目经理审查这些结果来捕捉已完善计划的错误，尝试让项目团队尽可能不受打扰，保持他们的工作都在进度基准上，直到最终确定完善计划是必要的。

当有了项目进度表后，和团队一起多审查几次，使他们都认可进度基准，因为这是项目跟踪和监管的基准。一旦看到实际进度的安排，为什么通过这种方法形成的进度有时被称为"瀑布"就显而易见了，因为每一个活动流都会进入下一个排好的序列中。

8.7 控制进度

即使手中有了进度基准，离项目完成也还很远。这个过程包括监督项目活动状态以更新项目进展的步骤，以及管理进度基准的变更来完成计划和项目的目标。换句话说，你不得不维持当前的状态以便跟踪进度，促进必要的变更请求，协助提供项目状态。成熟的组织都有适当的组织架构。挣值是有价值的资产。即使组织不使用挣值，也要花些时间理解它的概念，试着应用它们，即使以零散的方式。

进度控制最难的方面有可能是从团队收集项目实际的进度信息。收集进度信息不是问题；相反，完成工期一半之后主观感觉"我们完成了 90%"会让人感到非常沮丧。不仅仅是管理者每周都听到"我们仍然停留在 90%"，而且开发人员也挣扎着完成这个任务。注意这个陷阱。这标志着有必要进一步分解任务，更好地识别哪些工作已经完成，哪些仍然需要完成。

从管理层获取进度报告模板或创建一个让管理层满意的获得批准的模板，来保证团队对需要报告给管理层的活动保持关注。至少，主要可交付物和关键路径事项应该体现在状态报告中；确保包括了开始和完成日期，以及任务超前或延迟完成。

如果使用 MS Project，推荐跟踪甘特图。它展示了相对于当前任务开始/完成日期的基准，也提供了活动和任务概要完成水平的百分比。这个图可以很快显示项目中某个领域是否落后，以及落后的程度。要不断提出问题，以便更好地感知活动完成的程度及有多少工作没完成。除了不断询问活动完成的百分比，还要询问活动是否能在基准截止日期前完成。

控制进度在项目中是最重要的工作之一。在控制中，要时刻警醒计划中要求重新定义完善的领域。查看时间表并立即采取纠正措施。对照基准跟踪并随时做好应对变更请求的准备。

案例 8.3 "腾讯信用"的进度历程

案例背景

腾讯信用（见图 8-3）是腾讯征信推出的个人征信管理平台。在腾讯信用，不仅能查询到用户的信用评分、管理用户的信用，而且能享受到信用带来的包括微粒贷借钱、银行办卡、消费分期、超会专属福利、免押金租房、免押金租车、手机延保等服务。

2015 年 1 月，人民银行官方网站刊发了《关于做好个人征信业务准备工作的通知》，要求腾讯征信有限公司等八家机构做好个人征信业务的准备工作。

2018 年 1 月 11 日，腾讯信用宣布开放广州、深圳、江苏区域。2018 年 1 月 30 日，腾讯信用全国公测开启。1 月 31 日，腾讯信用已经无法在"腾讯信用"公众号看到公测内容，只能看到一条含有《关于"代开腾讯信用"的风险提示》的消息。

图 8-3　腾讯信用

2018 年年底，腾讯上线小程序，植入"微信支付分"。乘着小程序成熟发展的列车，腾讯信用业务正融汇于自身生态圈中。

> **案例分析**
>
> 腾讯信用的项目进度可以分为三个阶段：一是 2015 年年初，腾讯开始启动征信项目工作；二是 2018 年年初，腾讯信用开始向市场推广试点；三是 2018 年年底，腾讯推出小程序，腾讯信用结合小程序，实现了业务的快速发展。

8.8　敏捷冲刺

在进度计划中需要用到敏捷方法，因为敏捷加强了灵活性，使我们可以快速拥抱客户需求的变化。敏捷技术有助于改善沟通和项目可视性，促进团队工作，明确工作瓶颈，保证客户了解当前项目的状态。

在一个冲刺（Sprint）中，使用看板或任务板来促进 Scrum 的站立会议（见表 10-1）。这个任务板是一个可视化工具，可以直接展示未完项中有什么内容，团队工作正在处理哪些内容，更重要的是，给观看的人工作流的展示。这个面板包含了当前的冲刺。随着工作按照概念/用户工作展开使业务部门接受可工作的产品，每一列给任务标记一个关键的 hand-off（切换区间）或里程碑事件。对敏捷项目中的每件事进行修改以适应团队和调整都是必然的。

用户故事使用行和说明卡片来呈现完成每个用户故事需要的任务数。所有的说明卡片都始于未完项列表。团队成员负责将每一个和说明卡片相关的工作移到相应的行和列中，作为工作进展。虽然大部分敏捷软件工具带有看板功能，但没有任何一个能像物理看板一样，有可触及和移动任务的能力，以及允许团队成员简要描述他们正在进行的工作，促进信息在团队内部共享。看到团队成员把任务卡片移动到右边是件让人兴奋的事情，列中的内容说明他们已经有效完成了一些工作。这样就灌输给团队一种进步和对任务支配所有权的印象。把它想象成团队的生活游戏板。

注意这是属于团队的看板，不是你的，也不是你来管理的。

看板示例，如图 8-4 所示。

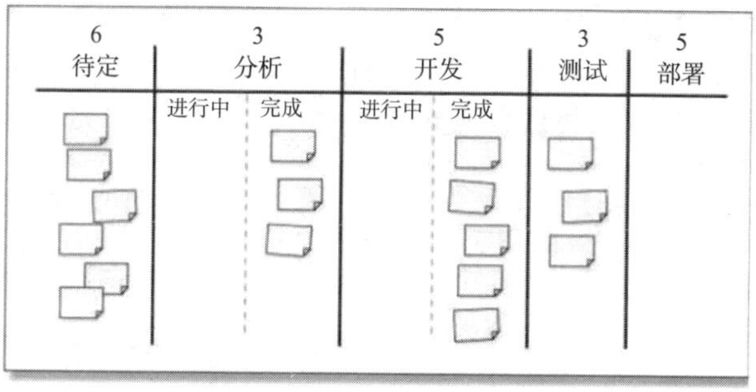

图 8-4　看板示例

将看板引入 Scrum 的每日站立会议，基于看板的可视化属性，团队能快速识别在接下来需要进行的工作。这样能够立即反馈潜在的问题。例如，如果两个开发者处理同一段代码，他们可以在没有互相同步更新的情况下讨论如何一起工作。同时，工作流下一步中的团队成员也会很感谢这种能将代码以他们适应的方式移交的方式。这样就允许他们优先安排手中的工作，便于准备接收可交付物。团队成员调整和平衡他们的工作，以描述需要移交的工作。在每日站立会议中促进沟通，保证团队知晓项目进度。团队可以很快地看到看板的有用之处，但是 Scrum 教练/项目经理需要强调重要的工作移交。

当某个团队成员负责的事项开始排队并成为瓶颈时，看板上就会将其展示给团队所有成员。这时，那些被充分利用起来的团队成员就有机会进一步查看，提供帮助，使他们有机会学习新的技能。这些个体能够从他们建立的新技能和成为超出其本来角色的贡献者身份中获得满足。这样团队就不仅仅是自我管理型团队，而是可以超越他们之前的想象，进一步扩展技能的自我调整型团队。

当团队成员开始完成一系列任务时会出现一个很严重的问题，就是不移动任何任务到下一列中。团队成员已经完成了很多工作——80%的工作已完成，但是因为不是100%完成，成员就没有交付任何价值。因为在链条中的下一步工作无法开展，已经推迟了工作流中的工作。同一时间同一团队成员不要超过两个工作任务。这样能保证团队中的工作是有序进行的且最小化过程中工作的数量。

8.9　敏捷看板

Mike Cohn《在敏捷估计和计划》一书中提到"敏捷估计和计划的一个关键原则是估计规模而不是获得持续时间"。会有一些争议，但是应避免从分配小时数到分配任务。团队已经花时间理解一个用户故事要求交付的内容，而且已经讨论了用户

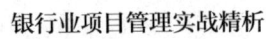

故事的规模,每个人都解释了他们的立场,在这样的估计下只分配故事点即可。接下来就是执行任务,而不是把团队的时间花费在给每项任务分配工时上。每个人都能尽早看到工作是否完成。团队会有一个相对稳定的速度,并重点关注已建立的完成故事点数趋势上。估计工时燃尽图对管理者来说是一个不错的图,但是没有聚焦在交付价值上,应该是用来衡量进度的真实数据。

案例 8.4　酷特智能的敏捷冲刺

案例背景

酷特智能原名青岛红领集团,2017 年更名为酷特智能。这家有着 24 年历史的企业自主研发了在线定制直销平台——客户需求驱动工厂有效供给(Customer to Manufactory,C2M),其流水线完全由数据及智能决策,而项目进度也更多地采用拥抱客户需求变化的敏捷冲刺方式进行管理。近年来酷特智能与银联、蚂蚁金服和微信支付合作,实现了在线支付,大大提升了业务发展。

在企业内部,酷特智能数据平台监测工人在诸个工序的生产效率,由此分配给工人相应能胜任的工序;设备损坏之后自动报修,根据修理时间及次数等数据判断设备兼容情况;从订单到成衣、物料等数据,互为共享、联动,反过来物料基本做到零库存。

在客户与企业互动方面,酷特智能将自己和客户平行放置在酷特 App 定制平台上,客户提出个性化需求,驱动酷特智能按需生产。具体来说,客户打电话或在酷特 App 上发出预约,基于 200 多万个定制客户数据,酷特智能的项目小组数分钟内就能测量人体 19 个部位、采集 22 个数据;通过酷特 App,客户定制服装面料、版式、款型、颜色,甚至提出刺绣 Logo 等个性化需求。酷特智能将客户需求数据输入数据库,实现智能打版。

其间项目小组运用敏捷冲刺方式,一小时分为 6 个冲刺,快速与客户进行版式、款型等定制化需求的确认,确保能真实反映客户需求。酷特智能以数据驱动运营,涵盖 20 多个子系统,每一项数据的变化都会同时驱动 9666 个数据的同步变化。

案例分析

酷特智能是敏捷冲刺进度管理的典型案例。采用大数据和人工智能的方式进行按需生产、定制化开发,其中最重要的就是针对客户需求进行实时调整和变化。这样,利用传统的瀑布式进度管理已经不能满足需求,就需要用小步快跑的方式,快节奏、高频率地与客户进行沟通确认,才能真正发挥酷特智能数据驱动运营的优势。

8.10 敏捷回顾

既然经验教训的学习非常宝贵，为什么只在项目结尾时才学习呢？在瀑布式/传统型团队中，试着不要在团队中用最近才从 Scrum 教练课程中学到的新术语覆盖团队原有的术语。在项目中学习经验教训是非常好的引导性实验。经验教训的学习允许团队成员思考他们该如何操作，以及当前流程是否需要变更。在瀑布式项目中，每隔几周执行一次经验教训总结。大多数团队更偏向在敏捷回顾会议上使用"开始，停止，继续"的方法。

从"开始"象限开始，团队成员可以对那些他们想在下一个冲刺中开始做的事情进行详细说明。然后，作为一个团队，识别如何使这些事情发生。然后再看"停止"象限，为那些想要在下一个冲刺中停止的事情重复上一流程。把想在"继续"象限中继续做的事情在当前的冲刺中标记为重要领域。在"继续"象限中，任意团队成员都可以评判或称赞其他团队成员。这样就能在积极的环境中结束回顾。

8.11 发布技术

使业务部门（产品负责人和相关方）参与项目最好的办法就是不断地梳理和更新发布计划。如果处在一个两周的冲刺中，在冲刺结束的几天前对团队进度/速度有了想法，而且在冲刺计划会议期间做出的承诺也会实现。这时，同产品负责人和开发领导者协调，就可以更新发布计划。审查发布未完项，决定是否存在可移除的用户故事，或者是否有新的用户故事加入。然后，重新对未完项排列优先级。

逐渐了解了团队的速度，对原始发布计划做了调整，打算放慢开发速度，不完成预计数量的用户故事吗？冲刺中存在没有标记"完成"的用户故事吗？如果是这样，相应地修改原始发布计划，并用新的优先级更新后继冲刺。基于新的速度调整每一个冲刺的性能。

让产品负责人持续参与项目，他就会了解项目团队的速度，即使他不是真的了解什么是用户故事点，也会明白，在四个冲刺之后，为什么当前的发布计划和原始的发布计划不一样。同时，因为已经让产品负责人意识到最终发布计划如何演变而来，也不会给他们带来太大的惊喜。

接下来，就新的发布计划要向相关方做一个简短的介绍。这样所有相关方都会意识到发生了变更,他们会习惯看到随着产品的演进而变化的发布计划。再次强调，我们的目标是在发布结束时不给客户带来惊喜，每个人都能理解我们如何以及为什么用一个和原始发布中不同的产品结束发布。老实说，原始计划有多久没有更新过了？

《Scrum 敏捷项目管理》很好地阐述了使用 Scrum 角色和规则的实例。要记住

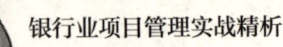

更多的是敏捷方法而不是 Scrum 方法。不是每个规则都要应用在项目中，也不应该一直使用团队认为不增加价值的规则。

继续调研和尝试这里描述的各种技术和工具。不要只限于其中一个，而是注意最适合项目的技术和工具。最后，记住必须努力"计划工作"，因为它会成为衡量成功的标准，然后积极地"执行计划"来保证项目的成功。不管是敏捷团队还是瀑布式团队，目标都是创造能给公司带来收益的有质量的产品。如果团队在那些不支持此目标的活动上花费时间，那不仅是在浪费时间和钱，团队的士气也会受到影响。

项目工具套件中应该有很多工具；选择那些能推动团队沟通，培养团队可视性，破除团队隔阂的工具。团队更加和谐，也会更加高效。

总结

进度管理包括进度管理规划、定义活动、排序活动、评估活动资源、评估活动工期、开发进度、控制进度、敏捷冲刺、敏捷看板、敏捷回顾和发布技术 11 个方面的内容。进度管理规划中的工作量都应根据项目预期的动态来调整，接下来是完整而正确地识别那些能达到项目目标的活动，并识别和记录活动间的依赖关系，进而能够评估活动资源和工期，形成进度基准，以便于后期的有效控制。

敏捷加强了灵活性，使我们可以快速拥抱客户需求的变化。本章讲述了敏捷冲刺、敏捷看板、敏捷回顾和发布技术等多种行之有效的方法。

第9章 项目成本管理

本章内容

- 成本管理规划
- 成本监控
- 成本估算

本章案例

- 案例9.1 三点估算成就百度安全车载支付
- 案例9.2 华为史上最贵手机的成本预算
- 案例9.3 银行业"联盟链"应用

项目成本管理既简单又复杂。它影响着项目工作的许多方面,同时也受项目内部和外部因素影响。如何克服这个难题?重要的第一步是建立有效的成本管理系统。没有哪个成本管理系统适用于所有场景,但我们总归能找到适合的成本管理系统。该系统的基础就是必须得到公司领导层的指导和推动,同时还必须加上成本管理所有项目关键相关方的需求。

在定义该系统的必要元素时,可能需要与项目领域之外因素的相互作用,所以通常最好的方法就是使用普遍接受或认可的标准。本章围绕 4 个成本管理过程——成本管理规划、成本估算、确定预算、控制成本展开。无论是正式的还是非正式的项目,都必须运用这 4 个过程,独立运用还是组合使用则取决于项目需要。

9.1 成本管理规划

建立成本系统的第一步是建立成本管理规划的流程。规划流程由项目经理(通常与项目团队一起)采取的行动组成,目的是定义项目中的成本管理系统。为了确定这一点,团队需要考虑将要实现系统的严密程度或正式程度。这意味着识别恰当的程序、过程、报告机制、治理、文件和其他方法,共同确保所有的项目成本管理元素(规划、管理、花费和控制)都必须包含和参与其中。这就要求团队通过审查组织中已有信息来准备，如当前计划、现有的标准和规范、项目章程及目前的运营环境。

本质上，团队是发现什么已经以固有流程形式存在，而什么仍需要持续进行且不断规划的，这个过程不仅限于成本领域。例如，公司购买昂贵的项目管理软件系统就会出现尴尬场面，因为项目组合系统的目标是提供自动化，使领导团队管理关键投资。然而，当该组织没有一致的项目和项目管理的实践时，收集支持组合系统的数据就很难，因为没有现成的一致过程能产生数据。出于这个原因，一些企业在最初的项目组合管理努力中以失败告终。

因此，在定义成本管理系统的过程中，项目负责人应审查适当的输入，使用正确的工具，利用专家判断，分析所有相关的数据，同时，作为一个良好启动会议，建立一个有效的适合项目规模的计划成本管理。有了这个指南，团队就准备好进行下一步——成本估算了。

9.2 成本估算

成本估算的目标是估算"完成项目活动所需的近似成本"。作为项目经理，估算最常用的方法可能是"拍脑袋"。但是"拍脑袋"很少是基于现实的，因此这种方法是有问题的。没有清晰的目标，结果在不断变动。目标不断变动，如何有效管理项目呢？我们需要更为有效的方法。第一步行动就是，审查已有的项目和成本计划，尤其是依赖项目规模的范围和进度基准，其他计划和文件也应审查（如人力资源计划、风险登记册等）。此外，团队还要考虑所有可能影响项目的外部因素，如市场信息和经济趋势等。通过参照相关文档，团队就可以进行估算。目标是达成项目成本的"基准"。基准是经过批准的工作输出（例如，项目计划），这个输出只能通过正式的变更控制程序才可以变更，并作为进一步比较的基础。通过基准，项目经理就可以评估计划的变化和偏差。没有基准，就无法显示变更。创建基准，团队必须首先进行成本估算。虽然估算工具和技术有许多，但通用的活动分为两大类：估算开发方法和估算核实方法。

9.2.1 估算开发方法

建立和维持成本估算的方法包括以下几种。

- **专家判断估算**。关于这种方法，寻求一位或多位"专家"，针对项目的部分或整体进行特征分析，目的是根据专家的知识或经验提供成本估算。这种技术通常用于没有过往数据的情况。
- **类比估算**。该方法利用先前项目的实际成本或数据来制定当前项目的估算。通常，需要根据项目的复杂度和其他因素进行补偿性调整，如时间和货币的时间价值。无论正确与否，这种技术通常用于快速制定成本估算。如果先前的项目不完全相同，同时关键的复杂性被忽视，那么会很危险。
- **参数估算**。该方法建立在历史数据和其他变量之间的统计关系基础上，计算既定活动的估算。例如，一家建筑公司知道每英里道路的建造成本是 100 000 欧元，而后乘以待建里程数并加上其他调整因素得到总成本。通常，参数估算最好与其他方法结合使用，如专家判断或自下而上估算。
- **自下而上估算**。该方法也被称为"准确的方法"，这种方法需要对项目进行更加详细的观察。通常，全部或部分组件工作包或活动已经确定，每个因素都进行了估算（成本、时间和资源等）。这些个体估算被上移或汇总到一个更高的层级。自下而上估算被认为是最准确的估算。因为细节的层级，自下而上估算被认为是可以给团队提供紧密跟踪和控制项目的能力的。这种估算的好处是它能说明项目真实成本是多少，坏处是同样告诉你项目真实成本是多少。
- **三点估算**。在某些情况下，待执行的任务有不确定性或在某些方面意见不统一（如成本、持续时间和风险等）。三点估算方法考虑了这些不确定性并进行估算。该方法对三点估计值做三角计算，以补偿风险或不确定性。

最可能（Most Likely, ML）：通常由资源所有者或执行者提供，这是对需要完成的工作的真实工作量的评估。

最乐观（Optimistic, O）：假定执行这项任务会有完美或近乎完美的结果。这个估算的隐性含义是存在理想情况（如完美的需求、正确可用的工具、最好的员工和优秀的设计等）。

最悲观（Pessimistic, P）：假设任务绩效都是"最坏情况场景"，如需求不明确、设备不可用、员工不熟练等。

三点估算通常包括两种常用方法：三角分布和 β 分布。

三角分布主要用于事件的普遍预期分布，而 β 分布主要用于不确定性程度高的事件（也被称为计划评审技术）。三角或计划评审技术估算的应用在制定项目进度的时候有时是一项必要的活动，当成本和工作时长存在不确定性的时候，计划评审技术尤其有用。在最普及的项目进度工具中，计划评审技术功能是一项共同的特性。

案例 9.1　三点估算成就百度安全车载支付

💲 案例背景

2018 年 5 月 31 日，百度云发布智能边缘（Baidu IntelliEdge, BIE），使其成为国内首个智能边缘产品，无疑走到"端云一体化"趋势的最前沿。当没有网络或者网络不稳定的时候，可以缓存数据，着手"边缘计算"。百度车载系统，如图 9-1 所示。

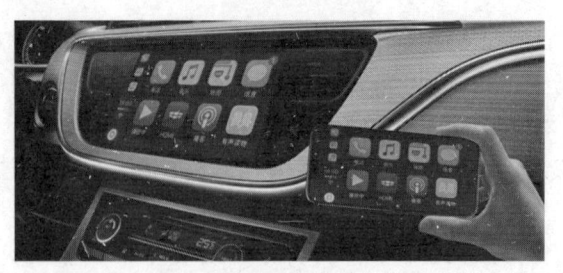

图 9-1　百度车载系统

在出行安全方面，百度云与北汽新能源、博泰集团、恩智浦、中国银联五方在智能网联汽车信息安全领域展开深度合作，为用户提供从车端到云端与服务的信息安全解决方案，并将推动相关行业标准的制定，全新定义安全车载支付。

> **案例分析**
>
> 百度安全车载支付产品没有先例可循，是处于领先位置的探索者。首先，百度与恩智浦花了三年时间做了车上第一块支付芯片，车上未来要有大额支付，安全芯片带有识别的能力。于是百度与恩智浦、银联一起研发了银行支付的标准。
>
> 因此这种探索项目的成本估算，不可能用专家判断、类比估算、参数估算，更不能用自下而上估算，只能用三点估算。采用最可能（ML）、最乐观（O）、最悲观（P）三点进行成本估算，从而达到有效的成本管理的目的。

9.2.2　估算核实方法

下面是验证完整性或评估成本估算精度的方法。

- 储备分析：针对项目风险和不确定性的制定好的估算应加入应急储备或补贴，这些通常称为"未知的未知"。它通常是基于组织指南或项目团队最佳估算的一个数额（如10%或20%）。
- 质量成本：4 种传统的"质量成本"包括预防成本、鉴定成本、内部失效成本和外部失效成本。随着时间的推移，组织的测量数据可以收集，历史数据可以用来验证，并在必要时调整估算。过去的项目质量成本绩效对制定成本估算策略及管理当前项目非常有帮助。
- 供应商投标分析：项目小组可以将供应商投标的评价与制定的估算进行比较。必要时，该结果可用于验证和调整成本。一旦成本被双方一致认可，成本估算结果就会成为跟踪和控制供应商的基准。

成本估算完成后，项目团队需要使用合适的工具让管理层理解估算是如何被推导出来（估算基础），并跟踪和控制项目（活动成本估算）的。

9.2.3 确定预算

理想情况下的预算是指"总计单个活动或工作包的估算成本,从而建立经批准的成本基准"。换句话说,预算就是完成项目所需要分配的资金。在准备确立预算时,项目团队应该审查和确认所有相关的信息(如成本管理计划,估算基础,关键项目计划的要素,包括范围文件、进度、资源日历、风险登记册和活动成本估算等),以及所有协议、合同和组织过程资产。

一旦这些完成,团队应该开始确定预算。如果做得好,预算编制在开始时将导出的已估算数据进行汇编或汇总成结构化的格式。团队在将估算提交给项目相关方批准前,应确保其不仅包括工作事项,而且包括其他关键要素,如风险、利润和管理费等。在许多案例中,应急成本已经添加到工作包中,以期应对已知风险,这称为对已知的未知的规划。然而,正如前面所讨论的,这一阶段的预算编制项目团队通常添加了应急预算,以应对未知的未知。团队应该考虑的另一个重要活动是征求专家的意见,以确保预算"充分和完整地"完成项目目标。该团队还需要考虑比较最初预算类似项目或历史信息,以确定是否有领域有大的变化。如果有大的偏差,还应对其进行分析,确保偏差是适合的。每个项目都有其独特性,有些大的偏差是合适的。利用以前的项目经验能够有效确保考虑了所有关键因素,并且在估算中没有忽略关键细节或避免估算过于乐观。一旦完成上述步骤,最后一步则是确保预算与分配给它的数量一致。这种一致性可以保证项目得到适量的资金。

确定预算活动的目标就是达成现实的、切实可行的并经得起组织监督的预算。项目预算如果不受监督是毫无价值的。预算制定者要考虑两个重要因素:市场可行性和博弈。预算是成本跟踪和控制的基准。遗憾的是,许多预算基于错误的历史信息,甚至没有历史信息。许多组织的历史信息是基于过程绩效的,这是无效的。这样的数据用处有限,会导致预算可能估计过高而没有竞争力,或者估计过低而不切实际。因为这种浮夸的预算而失去工作项目是遗憾的,但更糟糕的是赢得无法在分配的预算内交付的工作项目。它不仅伤害了与客户的关系,还对工作人员的积极性造成负面影响。同时,项目经理应警惕这种预算的博弈。这种博弈基于错误假设、担心或权力在添加成本要素时的附加物。这些都可能使预算变得浮夸并降低可销售性。

9.2.4 成本控制

"项目控制的重要性及其对业务绩效的影响早已被确认。有效的控制有助于项目按计划运行,尽管计划不如变化快,意外情况和与工作相关的突发事件时有发生。"任何组织在管理项目时,在存在不确定的业务绩效的情况下,必须实施作为关键控制机制一环的有效成本控制。成本控制"是监督项目状态以更新项目成本和管理成本基准变更的过程"。

没有制定估算和建立预算就如同不知道将往何处去一样。没有控制成本的机制，就如同数据没有上下文而失去其意义一样。基准就是项目的上下文依据，而项目基准的关键因素之一是成本。没有它，花钱就失去了控制！控制项目成本需要有成本基准。

一个更令人困惑的做法是创建初始成本基准后，即使变更已批准或项目绩效对其有需求也不再更新。记住，基准是经过批准的工作输出，只有通过正式的变更控制程序才能更新并作为比较的基础。控制成本在项目生命周期中被视为多次重复的迭代过程。它包括收集、整理、分析并决策项目信息，从而使项目成果以有效项目管理的方式实现。模型中前三步——收集、组织和分析适用于监督活动；最后的部分决策起到了控制功能，将在本章的后面讨论。具体步骤如下：

- 收集：该活动与收集实际的项目绩效信息有关。在进行数据采集的过程中，应建立成本控制体系，指导如何在项目中采集数据。在建立成本控制系统的过程中，需要评审所有相关的项目文件，包括现有的项目管理计划、项目注资信息、工作绩效数据及组织过程资产。作为评审的一部分，应特别考虑运用关键工具（包括项目管理软件、财务和会计程序等）和模板去流水线化数据收集过程。该系统一旦建立，收集数据就依据建立起来的系统执行。

- 组织：在这一步中，团队根据组织指导方针和组织项目绩效数据的个人偏好，以可以有效分析的方式进行数据的汇编和准备。关键因素是谁将评审和分析数据，以及使用什么格式对数据进行有效分析。组织经常使用最流行的软件程序都有的"仪表盘"功能来帮助组织数据。仪表盘就像在驾驶舱看到的显示屏那样，可以显示与成本相关的关键信息（时间资源），这些信息构成于易于阅读的图形格式中。

- 分析：一旦数据被组织好，就需要对其进行有效分析，并了解现状和对未来的启示。一个好的建议是，看待数据要回一看三（回顾上一个周期的数据，并对未来三个周期的数据进行展望）。如同你不能通过观看后视镜使车前行一样，不应太迷恋以前的数据，数据分析可以由项目团队、项目管理办公室或领导监督团队去执行。在所有情况下，数据应与项目进行对比分析：鉴于基准评估项目有多少偏差，这个偏差对未来意味着什么，如有必要的话，还需分析问题偏差产生的原因。

- 决策：数据分析揭示可能需要采取行动的信息。在这点上，与组织指南和有效项目实践相符的目标是采取适当的行动以保持项目正常进行。项目团队的两大失败是在不应该采取行动的时候行动了，以及在应该采取行动的时候却没有行动。这通常发生在基本面不到位的情况下。结果是团队成员不知道项目的真实情况，因此，也没有采取适当的行动。

案例 9.2 华为史上最贵手机的成本预算

💲 案例背景

2018 年 10 月 17 日面世的华为 Mate 20 成为历史上最贵的国产手机,最高售价 15 000 元。为什么这款手机的售价如此高?这款手机里面装了麒麟 980 芯片,在指甲盖大小面积的 7 纳米芯片上塞进了 69 亿颗晶体管。

它突破性地搭载的双嵌入式神经网络处理器(Neural-network Processing Unit,NPU)图像识别能达到每分钟 4 500 张。当然,它支持人脸识别、物体识别、物体检测等人工智能场景。人工智能扩展到客户端或端点设备,得益于人工智能芯片或 NPU 在智能手机上的整合,并顺利实现了人工智能场景的落地。

不仅如此,华为与中国银联合作,推出了 Huawei Pay。Huawei Pay 是华为终端通过不断的积累和强化升级,率先在国内推出的首个基于 NFC 芯片的便捷移动支付工具。Huawei Pay 集成于华为钱包 App 中,通过生物识别+芯片+NFC 的全栈技术解决方案,为华为终端用户提供安全的支付新体验。

Huawei Pay(见图 9-2)目前已支持如下功能:在手机中绑定银行卡,线下可通过手机闪付、付款码完成支付,线上支持在 200+个应用内进行消费。在手机中开通交通卡,刷手机乘车,并享有实体交通卡同等乘车优惠。在手机中开通零钱卡,支持线上、线下消费。使用时,无须联网、无须解锁屏幕、无须打开 App,将手机靠近刷卡区域,即可完成刷卡。

图 9-2 Huawei Pay

💲 案例分析

华为 Mate 20 手机的成本结构包括硬件成本、软件成本、研发成本、维护成本和营销成本等。我们可以从麒麟 980 芯片的结构中看到其研发成本的投入和硬件成本的构成。就像上面所说,成本预算是指"总计单个活动或工作包的估算成本,从而建立经批准的成本基准"。了解了华为 Mate 20 手机的各个成本项,也就明确了其成本预算。

9.3 监控成本的常用方法

9.3.1 可交付成果和里程碑跟踪

采用这种方法，成本被确定和分配到每个里程碑和可交付成果上。作为已发生的成本，它们与可交付成果联系在一起达到管理和控制的目的。许多组织喜欢这种方法，因为它简单，官僚主义更少，容易定义并符合大多数工作分解结构。如果产生可交付成果的时间间隔过长，会使系统的问题变得不易发现，因此让每一方就完整和正确的可交付成果或里程碑成果的属性达成一致经常是一个挑战，它会导致不一致、延期及成本增加。

9.3.2 工作完成百分比测量

许多组织使用这种方法。它们通过报告的工作完成百分比将成本与工作结合。例如，如果团队已经完成了为期 5 天工作的其中一天，组织就可以确定完成了 20% 的任务。这也是简单的财务报告，因为完成 1000 欧元任务中的 20% 是容易计算的。它也很受欢迎，因为大多数相关方理解（或相信他们可以理解）完成 40% 意味着什么，并使项目报告更简单。然而，这种方法有几个问题。第一而且可能最重要的挑战是，精确确定完成 40% 意味着什么。百分比数据很容易被误解、混淆或不是如实的陈述。此外，一些项目和任务能很快并达到 80%，因此被认为，处于很好的状态，但最具挑战性的部分可能是最后的 20%。在某些情况下，这最后的 20% 永远不会结束！

9.3.3 客户满意度测量

有时组织会选择顾客满意度作为控制项目的关键指标，因为它经常与组织领导人密切关注的领域形成直接对话，并成为客户和提供服务组织的共同基础。然而，利用顾客满意度作为主要测量指标通常会导致更多的问题。例如，客户收到成本最低或免费的变更时才满意。然而，这可能导致提供服务组织的盈利率下降。同时，客户指标作为独立的成本管理工具太主观。这些指标可以结合其他项目数据并有效运用，比单独使用更有效。

9.3.4 挣值管理

组织使用这种方法是因为它结合了上面讨论的最好的测量方法并将其扩展到更高的精度。挣值管理的优势在于数据表示方法。它结合了预算、成本、计划工作绩效和当前状态的完成工作绩效等概念。这意味着挣值管理可应用于所有行业的所有项目，在任何层级的项目领域都可以达成。它还提供基于当前绩效预测结果的能力。有时组织反对使用它，是因为需要学习一种新的方法。此外，它不能应用的原因是它依赖最新的项目信息。收集这些数据会增加项目的工作量，领导者也不容易理解这些呈现的数据。然而，挣值管理的运用正在增加，并且在某些情况下，由于它的使用所带来的洞见性，它是被强制使用的。

案例 9.3　银行业"联盟链"应用

案例背景

国内首个在生产环境中运行的银行业"联盟链"应用场景是金融机构之间的对账。2016 年 8 月，微众银行与上海华瑞银行联合推出微粒贷机构之间"对账平台"，与传统"批量文件对账模式"的计算成本高、时间长相比，区块链技术在微粒贷业务中实现了机构之间信息共享，优化了对账流程，最终达成准实时对账、提高运营效率、降低运营成本的目标。

招商银行投产的"跨境直联支付"区块链应用项目获得成功，截至 2018 年 7 月改项目的跨境支付平台已完成超过 51 000 笔的支付笔数，清算金额超过 85 亿港元，区块链已成为招商银行转型"金融科技银行"的重点方向，招商银行也因此找到了撬动应用的支点，如图 9-3 所示。

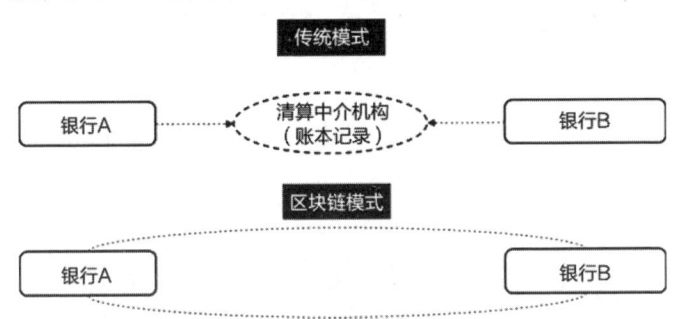

图 9-3　招商银行"跨境直联支付"区块链应用项目示意图

案例分析

在上面的案例中，微粒贷"对账平台"与招商银行"跨境直联支付"都使用了客户满意度测量和挣值管理这两种成本监控的方法。

因为这两个平台都是对外项目，需要考虑客户问题解决，例如，微粒贷"对账平台"所希望达到的准实时对账、优化对账流程；而挣值管理是考虑其项目挣得价值与实际成本之间的关系。微粒贷"对账平台"的挣得价值在于"提高运营效率、降低运营成本"，通过区块链模式减少计算成本，缩短对账时间。而招商银行"跨境直联支付"完成支付笔数超过 51000 笔，清算金额超过 85 亿港元，成为招商银行转型"金融科技银行"的重点方向。这些既得的商业价值对于全面的成本监控起到了很好的测量效果，提高了测量精度。

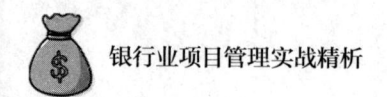

总结

项目成本管理有许多有效的技术，其中大多数得到世界范围内的众多组织广泛运用。选择控制项目成本的技术应仔细考虑项目的因素，如规模、复杂性、企业程序和原则，以及客户或客户需求。任何系统的目标都应该能够有效管理而不是创建不必要的负担。

一旦选定控制成本的工具，项目负责人将负责确定绩效评价以何种频率进行。评审内容取决于评审者的目标。例如，高层领导团队可能与合同、项目章程或项目计划比较，审查项目成本业绩。除关键成本和状态外，项目经理可能关心其他因素。例如，他们也可能比较文档，如比较实际支出计划和原计划支出率、人员成本等。其他单位可能回顾项目的其他财务方面。关键是，不管谁审查项目，如果文件是有序的，该项目将更容易管理，成本更容易控制。

第10章

项目质量管理

本章内容

- 质量管理规划
- 质量管理工具

本章案例

- 案例10.1　中石化智慧加油站
- 案例10.2　江西裕民银行牌照获批之路
- 案例10.3　江苏省农商行农村支付环境建设

在项目中,"质量管理"意味着什么?通常,当不清楚所涉及的问题是关于过程质量还是成品质量时,关于质量的讨论令人相当迷惑。实际上,项目质量管理过程包括确定质量标准、目标和责任的所有责任,从而使项目能够满足质量要求并产生符合质量标准的产品。

产品质量管理方法与其他质量管理方法是兼容的。质量流程应用于所有种类的项目。建造一栋房子的质量管理方法与银行业项目的不同。无论如何,质量管理的失败对客户和产品设计者都会产生消极的影响。例如,在没有正确的建筑结构图纸并进行建筑检查的情况下建造房子,当客户拥有该住宅后,有可能需要返工,甚至开发者需要承担赔偿责任。如果持卡人因为资金安全受到威胁,发卡机构也会收到相应的投诉。

由于行业、组织及应用领域不同,质量演化出很多不同的定义。国际标准组织对质量的定义是"一个实体满足所有明确及隐含要求的所有特性的总和"。

银行业属于服务业,因此以下与质量相关的概念可以帮助你更好地理解银行业项目质量管理的要点:

- 相对质量——相对于其他产品或服务的质量。
- 适用性——产品或服务是可用的。
- 合适性或目的性——产品或服务能达到意图目的。
- 满足需求——产品或服务满足客户要求。

- 质量是与生俱来的——质量不能被测试,过程必须支持在满足质量的条件下设计,而不是在过程结束之后对其进行测试。
- 一个高效的质量团队可以通过以下步骤实现过程的改进:
- 所有的过程改善由单独的团队来完成。
- 低廉的改进成本。
- 停止召回成本。
- 承认质量改进目标的影响。
- 为将来的改善建立经验知识库。
- 运用质量过程将质量贯穿产品的整个开发过程。这比在测试阶段再检验质量问题花费的成本少很多,也会大大降低出现质量问题而召回的成本。长期的成本包含目前甚至潜在客户的流失。
- 了解客户的期望。什么能令他们满意,他们想要或需要的是什么。
- 必须谨记有时客户提供的信息就是最恰当的方案,关于质量的有效的努力是他们真正需要的。

案例 10.1 中石化智慧加油站

案例背景

2019 年 9 月 7 日,"2019 世界物联网博览会"在无锡开幕。"中国石化智慧加油站"亮相展区。智慧加油机、自助发卡购物一体机、无感支付……智慧加油站正在朝我们的生活走来。

据介绍,中国石化将顺应物联网、大数据等新一代信息技术运用大势,以客户为中心,探索"互联网+加油站+便利店+综合服务"新模式,推进智慧、智能加油站建设,加快综合服务体系建设,打造新竞争优势。

智慧加油机与加油站大多数加油机不一样,除加油的车位上方增加了高清摄像头外,加油机机体上还有二代身份证感应区及数字键盘。同时,"无感支付"使刷脸就可以加油。

智慧加油机(见图 10-1)有三个识别支付的功能——车牌识别、手机号识别及人脸识别。目前,中石化已经在江苏南京布置了智慧加油机。只要在"智慧加油系统"注册过的车牌,加油员可在油机上选择"车牌识别"方式直接对该车提枪加油,开车人手机上的微信免密支付自动扣款,完成结算。比车牌号识别加油更炫酷的是"刷脸"加油。采用人脸识别技术,开车人站在"智慧加油机"屏幕前,身份证放在感应区,将脸部放到提示框内,3 秒即可识别确认,然后加油,待结算时会跳转到微信免密支付。

图 10-1 中石化智慧加油机

"自助发卡购物一体机"不仅可以结账，还可以自助办卡、充值、圈存、挂失及修改密码等。如果需要办加油卡，只需把身份证放在机子的身份证感应区域，根据提示操作，一分钟就可以办好，就像高铁站自助售票机一样便捷。

> **案例分析**
>
> 中石化智慧加油机之所以受到用户的欢迎和关注，关键在于其遵循以下质量流程：
>
> 首先，了解客户的期望。什么能令他们满意，他们想要或需要的是什么。智慧加油机解决了客户的三个痛点：车牌识别和记录流程烦琐、耗时；现金支付找零等对客户交易成本高；加油卡充值排长队，充值麻烦。因此当这款产品上市后，得到客户的青睐。
>
> 其次，质量与生俱来——质量不能被测试，过程必须支持在满足质量的条件下设计，而不是在过程结束之后对其进行测试。中石化在设计产品的时候，做了大量市场研究，不仅项目团队对产品进行质量监测，而且邀请用户参与产品设计和质量检查，从而确保产品质量与设计相结合，而不是孤立存在。

10.1 项目质量规划

经过长时间的演进，提供质量服务或产品的焦点已经从"如果有则更好"变为"客户所要求的对质量产品的严苛质量要求"。客户慢慢意识到自己的权利，对产品提出了更高的要求。全球化竞争也使质量意识越来越强。当一个公司改善质量满足客户要求的同时，它在全球市场中的地位也会提升。当质量因素应用得当时，成果的价值大于付出，公司就会得到投资的利润，因此降低了召回成本。质量的努力通过确保质量成本低于交付低等级标准产品的成本，来提升整体盈利率。

当执行项目管理计划时，对于项目流程管理团队来说，项目可以定义为一连串的过程，持续不断地改进过程尤为重要。为了保证项目的成功，一个熟练的项目经理应当把持续的改进作为项目任务的一部分。项目经理负责制订项目管理计划、问题的预估及应对的方案来达到预期的目标。这些保证书通常记录于项目计划中，为了满足客户的质量要求而执行下去。当规划项目计划和项目品质要求时，项目经理必须考虑以下各个方面：

- 所有项目过程的交互形成了质量的焦点。项目经理必须保证前期的分析足以找出项目过程中的瓶颈问题。
- 影响程度由项目要求之间的冲突导致，例如，项目所需的资源是否能负荷或是否可用。
- 交流应当保持项目中适当的质量焦点。项目经理应当定义会用到的沟通媒介及跟进质量问题，以便解决所需的沟通频率。
- 项目初期过程中所采取的捷径会对项目和产品质量产生消极的影响，也会使制造商业成本增加，例如，项目初期的一些行为可能被放弃，延迟指定项目经理，或是项目经理没有被赋予正确的职权来做工作。
- 质量成本的概念在做质量工作量规划时经常被忽视。质量成本这一术语反映了产品或服务中达成质量要求所花费总工作量的所有价格。计算成本时也需要考虑不良产品的交付及产品翻新所带来的影响。项目的关键决策影响了质量成本，该成本要么是为了争取"零缺陷"而提出很高的质量要求，要么是为了减少召回及保修的成本而提出的"足够好"的要求。项目是临时的，但产品可能有20年或是更长的生命周期，这就意味着缺陷预防方面的投资应当与产品的生命周期进行比对，从而确定质量投资适当回报的可能性。假如客户因为受到伤害或资金损失而不满意，将来的商业风险很大，质量成本也会因为销售预期无法实现及负面的市场增长而超过公司的承受能力。

质量计划要求项目经理能够预估这些情形并能制订解决问题的方案。项目管理计划中包含质量计划行为是很关键的，因为没有规划的项目活动往往也不会执行。因此，预测为达到定义好的质量指标的质量活动，并把它们在过程早期纳入计划中是很有必要的。

质量管理计划是整个项目管理计划的子集，它使质量保证和质量控制成为项目中持续流程改进工作的组成部分。同时质量管理计划也包括通过流程分析识别出非增值活动，移除或修改它来产生价值，从而协调提升整个过程的活动。

质量保证是持续过程改进的一系列保护活动。项目质量保证活动是质量构建的重要方面，而不是在开发生命周期结束时努力进行质量测试。质量保证不断改进过程，减少浪费，同时允许过程以提升层级的效率来运行。

项目活动的质量审计保证项目遵守质量政策、过程和程序。改正标注的不足可降低质量成本，也会增加客户接受产品的可能性。质量审计也可以确认实现的变更请求、纠偏措施、缺陷修补及预防措施都是正确的。过程评估与质量审计非常相似，但它可以识别过程中的低效能。根本原因分析是审计和评估的后续活动，它能分析识别的问题，确认一个或多个潜在的原因，最后解决组织层面的问题。

案例 10.2　江西裕民银行牌照获批之路

案例背景

2019 年 5 月，江西裕民银行获得银保监会筹建批复，成为江西省首家、全国第 18 家民营银行，注册资本 20 亿元，由正邦集团和江西博能实业集团联合省内多家民营企业共同发起设立。

早在民国十七年（1928 年），江西裕民银行就曾发行纸币。初设分行 2 处，代理江西省金库。此后，江西裕民银行逐步走上正轨，发展迅速，成为民国时期江西最具规模和经营时间最长的省级银行。

民国时期创设的江西裕民银行取"裕国利民"之意，目的是为当时的北伐军解决融资问题。而今天的江西裕民银行以"裕民兴赣"为宗旨，其第一大股东正邦集团是农业产业化国家重点龙头企业，居江西省民营企业 100 强第 1 位。正邦集团分设畜牧、植食、食品、金控四大产业。第二大股东博能实业旗下业务涵盖新能源汽车产业、地产、金融科技三个板块。

从 2014 年 9 月开始，裕民银行就开始向银监会进行资料申报，争取入围全国第二批民营银行。然而，裕民银行的获批之路并非一帆风顺。自 2014 年首批获批筹建的 17 家民营银行开业以来，在接下来的两年半时间内，民营银行新参与方的筹建工作几乎处于停摆状态。

银保监会城市银行部表示，重点抓好相关落实工作，继续按照"成熟一家，设立一家"的原则，有序推进民营银行常态化发展，同时推动其明确市场定位，积极响应民营企业融资需求，加快建设与民营中小微企业需求相匹配的金融服务体系。

民营银行市场规模发展较慢，同时在吸储、业务方面，较传统银行存在一定的劣势。不过这种劣势随着时间的推移在慢慢减弱，依托母公司平台的引流优势，民营银行不断提升吸储能力、丰富业务种类。裕民银行也旨在落实差异化市场定位。牢固树立"裕民兴赣"的办行宗旨，坚持立足江西区域，面向民营企业、民营经济、民生大众，以产融银行、绿色银行、智能银行为特色，以"三农"和中小微客户为重点打造精品银行。这个差异化定位的背后集合了正邦和博能两大集团的产业优势。

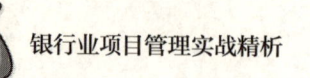

案例分析

这个案例体现了项目质量审计的重要性。江西裕民银行的民营银行获批之路整整历时 5 年，没有获批的原因诚然有很多，但最关键的是没有符合银保监会的项目质量审计要求。

正如以上所说，项目质量审计保证项目遵守质量政策、过程和程序。改正标注的不足可降低质量成本，也会增加客户接受产品的可能性。

案例中也很明确地提出，银保监会的项目质量审计要求是：重点抓好相关落实工作，继续按照"成熟一家，设立一家"的原则，有序推进民营银行常态化发展，同时推动其明确市场定位，积极响应民营企业融资需求，加快建设与民营中小微企业需求相匹配的金融服务体系。

裕民银行落实银保监会的项目质量审计要求，集合正邦和博能两大集团的产业优势，坚持差异化市场定位，面向民营企业、民营经济、民生大众，以产融银行、绿色银行、智能银行为特色，以"三农"和中小微客户为重点打造精品银行，终于修成正果，成为江西省首家、全国第 18 家民营银行。

10.2 质量管理工具

项目质量控制除有效的项目质量规划外，项目经理必须有一定的质量控制技术和工具的知识，例如：

- 因果图（Cause-and-Effect）是用来展示各种因素联系的工具，以识别问题或负面作用。图 10-2 所示就是一个因果图。

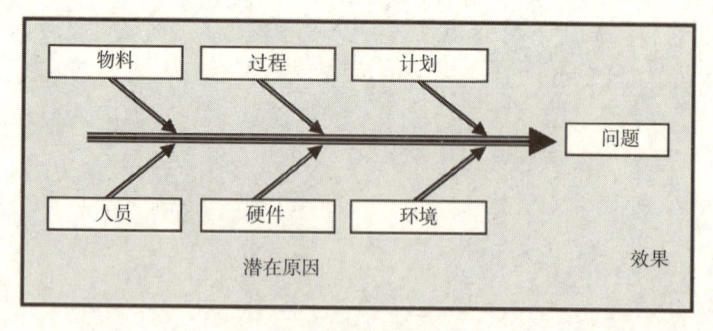

图 10-2 因果图

- 控制图（Control Chart）用来展示过程是否稳定或者绩效是否与预期相同。有效地运用控制图可以阐明过程与时间的关系。通过监督，该图显示了随着时间流逝，过程是否处于可接受的范围内。控制图可以用来监督与项目不一致的地方或其他输出，从而判断项目管理过程是否仍在掌控之中。任何超出定义好的限制的过程都应当作为调整对象。图10-3所示为过程绩效的控制图。

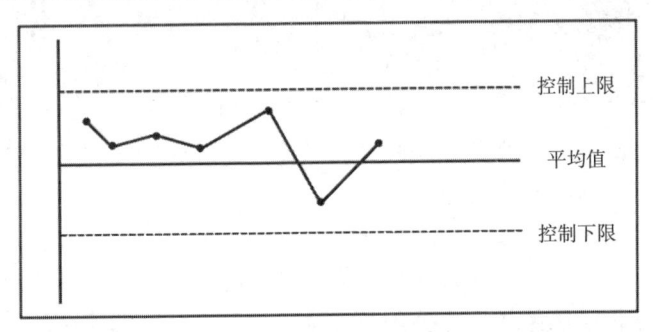

图10-3　过程绩效的控制图

- 帕累托图（Pareto Chart）是一种通过发生频率来描绘分布状态的柱状图。帕累托图基于帕累托定律，也称为80/20原则，意思是少数的原因或问题（大约20%）导致了大多数的问题。
- 统计抽样（Statistical Sampling）需要选择总体中有限（如80%）的部分进行测试。适当地应用程序统计抽样可以减少顾客收到缺陷产品或是有偏差产品的机会。
- 对产品的抽查可以检查出产品与标准的符合程度及补救措施。检验的结果包含测量，而且可能发生在过程中的任何层级。抽查常常用于保证过程遵循文件的要求。

质量改善建议和审计发现被用于演进项目过程、项目管理计划和其他项目可交付成果。质量测量结果反馈回项目管理过程，用于重新评估和分析项目过程。质量计划活动确保了项目和产品高成功率的程度，同时保证了产品开发组织投入成本的投资回报。

案例 10.3　江苏省农商行农村支付环境建设

案例背景

农村支付环境体系是农村地区经济金融运行的基础，是农村金融体系的重要组成部分。完善的农村支付环境不仅可以满足农村地区日益增长的支付结算要求，而且可以有效地提高农村地区的资金清算效率，推动农村经济稳健发展，支持乡村振兴。

近年来，江苏省农村商业银行（简称江苏省农商行）在中国人民银行牵头、政府部门配合、金融机构共同参与下，加强农村支付环境主体建设、强化农村支付服务渠道建设。在建设过程中，江苏省农商行经过项目的因果分析，找出了项目存在的四个问题，并研究出对应的四项对策。

项目存在的四个问题：

- **传统支付渠道服务覆盖面有限**。目前，农村地区不少网点的综合服务能力有待提升，在业务种类、人员配备、技术设备等方面，都与城市中的营业网点存在较大差距。
- **金融便民服务点作用减弱**。随着移动支付的发展，服务点比较优势下降；另外，服务点当时设立的计划性太强，没考虑各农村地区的经济发达程度、人口密度等方面的差异，导致布局不合理。
- **电子银行业务覆盖面有限**。电子银行产品的需求和供给存在不足，导致电子银行业务在农村地区的发展仍存在一定差距。
- **支付服务风险防控能力有待加强**。这主要是因为农村地区的风险防范意识不足，以及合规建设有待加强。

对应的四项对策：

- **坚持合作导向，加强农村支付环境主体建设**。良好的农村支付环境需要高素质的农村服务主体。江苏省农商行以政府部门为依托，加强分类管理，积极促进农村支付服务主体多样化发展，与金融机构一起共同建设农村支付环境。
- **坚持市场导向，强化农村支付服务渠道建设**。江苏省农商行加强合作配合，逐步建立起渠道多样、布局合理、功能完善、运转高效的农村支付服务渠道体系。
- **坚持需求导向，构建丰富的农村支付产品体系**。通过加强系统性调研，开展有针对性的课题研究，积极应用金融科技新技术，研发出适合农村支付需求的、有竞争力的农村支付产品体系。
- **坚持安全导向，加强农村地区支付风险防控**。一方面牢固树立合规经营理念，另一方面严抓业务合规检查。

案例分析

江苏省农商行经过项目的因果分析，找出了项目存在的四个问题，并研究出对应的对策。正如我们所说，因果图是用来展示各种因素联系的工具，可以识别问题或相应的根本原因，从而对症下药，找到解决问题的方案。

总结

项目质量管理过程使项目能够满足质量要求，并产生符合质量标准的产品。质量管理计划是整个项目管理计划的子集，它使质量保证和质量控制成为项目中持续流程改进工作的组成部分。常用的质量工具有因果图、控制图、帕累托图、统计抽样等。

第 3 篇

项目成功保障
——风险、资源、沟通、采购

第11章 项目风险管理

> **本章内容**
>
> - 项目风险定义
> - 风险识别技术
> - 风险应对策略
> - 项目风险流程
> - 风险分析技术

> **本章案例**
>
> - 案例 11.1　ETC"高热"背后的风险
> - 案例 11.2　新加坡零售支付体系的风险规划
> - 案例 11.3　乐刷科技屡次遭罚的风险分析
> - 案例 11.4　宁波银行助推"乡村振兴"中的风险应对
> - 案例 11.5　"代官山"卷款跑路——透析商业预付卡金融风险

要保证项目的成功,需要用结构化和前瞻性的风险管理方法。风险合理旨在识别那些可能阻碍项目进程的不确定性;实施评估,以便更好地理解风险;制定并采取措施,以阻止它们的发生,或者降低其对目标达成的影响。

"风险"一词是一个广泛使用的日常词汇,常与个体(如健康、养老金、保险和投资)、社会(如经济表现和食品安全)及业务(如企业的治理、战略和业务连续性)有关。项目领域的风险管理有突出的意义,也许是因为项目自身的风险性。所有的项目,在不同程度上都具有以下几个特点:

- 唯一性。
- 复杂性。
- 变化的。
- 假设的。
- 有制约的。
- 有依赖性的。
- 人为的。

每个因素对每一个项目来说都会带来重大的风险，要保证项目的成功，需要用结构化和前瞻性的风险管理方法。

许多人已经意识到风险管理是项目和业务成功的关键因素，这主要是由于风险和目标之间有清晰的联系，具体体现在这个词的定义里："项目风险是一种不确定的事件或情况，如果它一旦发生，将会对一个或多个项目的目标产生积极或者消极的影响。"其他国际标准和指导方针也使用类似的定义，常常把风险和目标连接起来，特别是国际标准化组织的 ISO 31000:2009，风险的定义是"不确定性对目标的影响"。

这就是为什么风险管理非常重要，而不仅仅是另一种项目管理技术。风险管理的目标还包括识别和评估那些对实现目标有利的不确定性。因为风险管理重点关注问题的不确定性，包括消极的或积极的，所以风险管理是项目或业务成功的关键因素。如果风险管理无效，一个项目要想成功只能靠运气。即使面对坏运气，有效的风险管理也可以提升成功的概率。

11.1 风险的定义

在描述风险管理过程之前，重要的是要理解正在努力管理什么。风险的定义有好几个，其中一个就包括不同类型的不确定性，如果发生将会对项目目标有负面影响。风险也可能创造积极的结果。换句话说，风险包括威胁和机会。起初，人们可能对这一新概念有些犹豫，可能说："当然每个人都知道风险是不好的！但是风险与威胁是一样的，机会难道就是不一样的吗？"

国际项目管理协会以包容的心态接纳风险，这完全符合当前国际风险管理最佳实践的趋势。其他许多全球范围内的项目管理组织的领先的标准和指导方针也一样，包括 ISO 31000:2009，曾评论："偏离目标可以是积极的和/或消极的。"

采取这一定位对风险管理的各个方面有着重要的影响，包括思维方式、语言和过程。这就是为什么随着知识记载内容的不断演变，风险一词也被赋予了更加广泛的定义。威胁和机会应该被平等对待，风险管理的目标被定义为"增加积极事件的可能性和影响，减少项目中负面事件的可能性和影响"。目的是使用相同的风险过程处理共生的威胁和机会，从单一投资中获得双重好处。

在定义项目风险的过程中，还有另一个重要的发展过程：认识到每一个项目都有两个非常明显的风险。问题"这个项目有多危险？"就是最好的佐证。风险记录可以帮助罗列出所有确定的风险、优先关注的事宜和行动，以及对每个风险的反响和责任人。但是风险列表不能回答"有多危险"这个问题。这就需要一个不同的概念来描述一个项目的所有可能的总体风险，这不同于每个需要管理的单一风险。

项目管理协会在项目风险管理的实践标准中曾经指出，风险具有两个截然不同的定义。第一是单一的风险，就是"一个不确定的事件或情况，如果它一旦发生，会对项目的目标有积极的或者消极的影响"。第二是总体项目风险，就是"总体来说，不确定性对整个项目的影响"。英国项目管理协会（APM）也曾在其"知识体系"中指出风险有两个相似的定义。

当考虑如何在项目中管理风险时，这种双重风险的概念就显得重要而有用。在某种层次上，项目经理要负责识别、评估和管理登记在册的单一风险。在另一个更高的层次上，项目经理还需要考虑到该项目的赞助商、项目所有者和其他相关方对项目的总体风险。这两个层次被区别为项目中的风险和项目的风险。

风险管理需要从这两个层次采取措施。但典型的项目风险管理过程也只是针对登记在册的低层次的个体风险的。考虑到项目的总体风险，或者用结构化的方法在更高的层次上管理风险目前还不常见。

那么如何进行整体项目的识别、评估和管理呢？第一个要指出的是识别整体项目风险要在项目前期或概念阶段，澄清项目的范围和目标并达成一致意见时。在这里，项目发起人或负责人会阐述项目预期达成后的福利，连同整体项目的各种风险。每一个风险回报平衡的决策会涉及评估整体项目风险，表示项目的内在风险都和每个特定的项目及其要达成的福利有关。在这个程度上，整体的项目风险要通过决策的范围、结构、内容和项目的背景隐式管理。

一旦制定了这些决策，项目启动了，后续的传统项目风险管理可用于处理这些项目中已经识别的个体风险。在项目的关键点，回到正在进行的个体风险管理任务之前，还需要重新审视整个项目风险的评估，以确保不会达到这些被识别的风险的临界值。

所以两个层次的风险管理都是重要的：
- 隐性的风险管理，通过范围、结构、项目的背景和内容方面的决策，侧重于解决整体项目风险。
- 显性的风险管理，通过标准的风险管理过程识别、分析、应对和控制风险以处理个体的项目风险。

要回答"这个项目有多危险？"这个问题，这两种类型的风险都需要理解和管理。

案例 11.1　ETC "高热"背后的风险

案例背景

2019 年下半年，电子不停车收费系统（Electronic toll collection，ETC）突然"火"起来了。网上各种段子和刷屏式营销层出不穷，我们不禁会问：为什么前几年就已出现的 ETC 突然火起来了呢？

早在 2019 年《政府工作报告》中李克强总理就指出，两年内基本取消全国高速公路省界收费站，实现不停车快捷收费、减少拥堵、便利群众；接着，6 月初国家发改委、交通部印发《加快推进高速公路电子不停车快捷收费应用服务实施方案》，为 ETC 推进工作制定了明确的时间表，同时还有交通部印发的《关于大力推动高速公路 ETC 发展应用工作的通知》，共同勾勒出了推动 ETC "高热"刷屏的"二七政策"框架。

"二七政策"规定：2019 年 7 月 1 日起，严格落实对 ETC 用户不少于 5%的车辆通行费基本优惠政策，并实现对通行本区域的 ETC 车辆无差别基本优惠；2020 年 7 月 1 日起，新申请批准的车型应在选装配置中增加 ETC 车载装置，也就是说，以后出厂的新车都自带 ETC 装置。"二七政策"等政策利好信号自带节奏，不仅为行业发展趋势指明了方向，更是为"交通+支付"领域带来了规模性的增量市场。

ETC 示意图，如图 11-1 所示。

图 11-1　ETC 示意图

ETC "高热"的档口，却蕴藏着一定的风险。由于不少银行通过微信小程序的方式直接获客，"灰产"从业者通过帮助申请者更改定位、篡改核心信息等"技巧性"申请，使得征信黑户、呆账、老赖等身份的申请人全部通过，而他们由此赚取每张卡额度 15%~20%的手续费。

案例分析

案例中所说的征信黑户、呆账、老赖等身份的申请人都能通过，对商业银行是一个不小的风险。因为对银行而言，推动 ETC 除响应政策外，更大的动力是黏住老客户，发展新用户，尤其是发掘优质客户。面对 2.8 亿个有车用户，无论对哪家机构来说都是一个绝好的切入优质客户的机会。而"灰产"的做法无疑让商业银行的意图落空。

因此不少商业银行从申请流程开始，除要提供身份证信息外，还必须提供本人的驾驶证、行驶证等信息后方可申请或领卡。而这也是针对优质客户流失风险的应对方案。

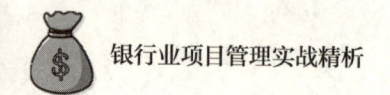

11.2　流程概述

风险管理不是火箭科学，风险过程也可以被简单地认为是结构化常识。过程中，通过询问并试图回答下列问题，可遵循对不确定未来的自然思考方式：

- 我们希望达到的目标是什么？（规划）
- 哪些不确定因素可能影响我们，好的还是坏的？（识别）
- 指出哪些是最重要的不确定性？（分析）
- 能做什么来解决这些不确定性？我们又将会做些什么呢？（规划反应）
- 在做的过程中，变化会带来怎样的结果呢？（监督与控制）

这些问题体现在风险管理过程中，在各类风险标准和指南中都有反映。风险管理的过程包括以下 6 个，清晰地映射了上面的问题：

- 规划风险管理——制定如何开展风险管理活动。
- 识别风险——决定哪些风险会影响项目。
- 开展定性的风险分析——制定后续的分析和行动的优先级。
- 开展定量的风险分析——用数字分析来说明这些确定的风险对整体项目目标的影响。
- 规划风险应对——采取行动来增强机遇对项目的影响，降低威胁对项目目标的冲击。
- 控制风险——追踪已经识别的风险，监督剩余的风险，识别新的风险，执行风险应对计划并进行有效性评估。

每一个步骤都可以使用各种工具和技术来协助，可以借助它们使不同的项目在不同阶段得以实现。然而，成功的风险管理只需要结构化思维和行动，以及面对不确定性的常识。

11.2.1　风险管理规划

风险管理过程的第一步不是风险识别，因为风险要根据项目目标进行定义，所以有必要首先定义这些目标的风险，即风险的过程范围。这个被描述成"决定如何进行项目风险管理活动的过程"。这句话表明风险管理不是一成不变的。需要规范风险过程，以满足每个特定的风险挑战项目。项目的风险越大，或者项目的战略重要性越高，就越需要一种更强健的风险管理方法，而不是简单的或例行的方法。可扩展的方面包括方法论、工具和技术、组织和人员、报告要求、更新和回顾周期。

在开始风险管理过程之前，还要考虑许多其他因素：

- 设定可以接受的风险阈值，通过识别关键相关方的风险承受力，解决分歧，沟通项目团队的结论。
- 定义一些已实现定量分析的可能性，以及对项目与特定的项目目标的影响，如高、中、低等，可以提供统一的框架对确定的风险进行评估。
- 识别潜在的风险来源。这可以是风险分解结构，也可以是产业标准或组织模板。风险分解结构案例，如图11-2所示。

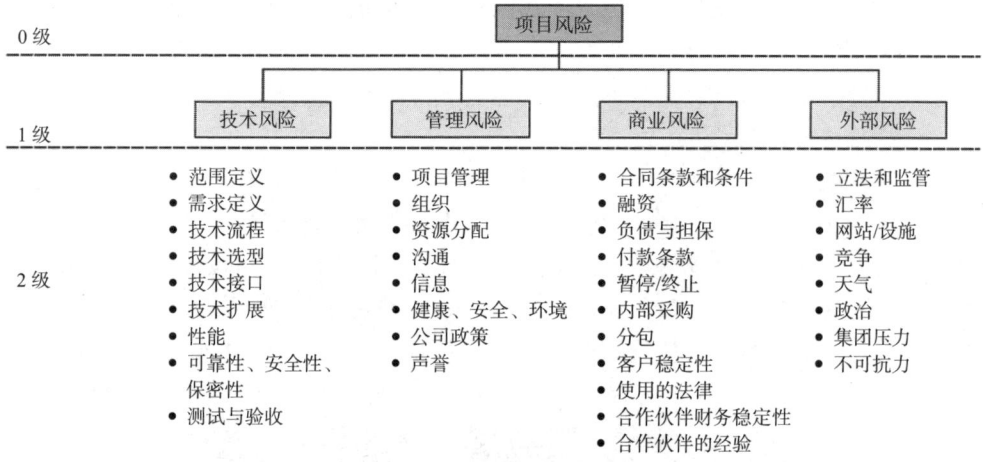

```
0级                        项目风险
                ┌─────────┬─────────┬─────────┐
1级         技术风险    管理风险   商业风险   外部风险
```

2级
- 技术风险：范围定义、需求定义、技术流程、技术选型、技术接口、技术扩展、性能、可靠性、安全性、保密性、测试与验收
- 管理风险：项目管理、组织、资源分配、沟通、信息、健康、安全、环境、公司政策、声誉
- 商业风险：合同条款和条件、融资、负债与担保、付款条款、暂停/终止、内部采购、分包、客户稳定性、使用的法律、合作伙伴财务稳定性、合作伙伴的经验
- 外部风险：立法和监管、汇率、网站/设施、竞争、天气、政治、集团压力、不可抗力

图11-2　风险分解结构案例

在这一步骤中所做的决定可以视为风险管理计划，它是项目管理规划中不可或缺的一部分。项目风险的过程一旦修改，风险管理规划也应该重新审视和更新。

案例11.2　新加坡零售支付体系的风险规划

案例背景

根据2018年全球金融中心指数（GFCI）排名，新加坡是位列纽约、伦敦、香港之后的第四大国际金融中心。支付是金融活动的核心枢纽，新加坡拥有完善的支付基础设施，以及较为全面的支付体系监管框架，但移动支付等新兴零售支付方式的普及率并不理想。

因此，新加坡在既有的金融风险管控基础上，为推动零售电子支付领域的发展，新加坡开展了一系列鼓励创新、促进竞争的改革措施，包括将电子支付列为"智慧国家"计划中的五大战略方向之一，对支付体系监管框架进行优化调整，协调产业资源推广通用二维码等，使得风控与创新实现平衡发展。

目前，新加坡根据2006年颁布的《支付体系监督法》[PS（O）A]和1979年颁布的《货币兑换和汇款业务法》（MCRBA）监管各类支付服务。前者主要针对辖区内指定支付系统（DPS）、储值类支付工具（SVF）做出统一规定，后者则对开展汇款类业务的企业设立了牌照等监管要求。

随着支付创新的演进发展，以前颁布的监督法和业务法已不能满足市场需求。从2016年开始，新加坡金管局（Monetary Authority of Singapore，MAS）开始着手

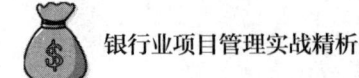

对现有监管框架进行调整：

一是制定支付体系监管框架与设立国家支付委员会，促进新加坡支付行业层面的创新、竞争及合作。

二是制定《支付服务法案》（Payment Service Bill，PSB）。PSB的核心是两大平行的监管框架，一是针对直接面向消费者和商户的零售支付业务牌照制度；二是对于跨行支付系统、卡组织等虽不直接面向零售用户，但可能对金融稳定造成影响的支付系统的指定（Designation）制度。

为发展像电子支付业务，在新加坡金管局和新加坡信息通信媒体发展局的主导下，由包括国际卡组织、发卡和收单机构、银行及相关政府部门等主体共同推动了通用二维码（SG QR）项目。新加坡支付委员会（Payment Council）进一步发布新加坡二维码电子支付规范，为SG QR的推广应用奠定了基础，该项目整合了现有的二维码支付解决方案，包括PayNow（见图11-3）、NETS、GrabPay、Liquid Pay、Singtel DASH、微信支付、支付宝、银联等27种。

图11-3　PayNow

2014年，新加坡总理李显龙首次提出智慧国家计划，通过建设覆盖新加坡全岛的数据收集、连接和分析基础设施及操作系统，提供更好的公共服务。推动电子支付发展正是这一计划中的五大战略方向之一。在智慧国家计划的大背景下，新加坡金管局与其他政府部门积极协调产业资源，推动市场主体合作，共同开发安全高效、互联互通的新兴支付解决方案，通用二维码正是其中的典型范例。

案例分析

新加坡有健全的金融风控体系，一是体现在《支付体系监督法》和《货币兑换和汇款业务法》监管各类支付服务；二是制定了支付体系监管框架；三是设立国家支付委员会；四是制定《支付服务法案》，健全了零售支付业务牌照制度和跨行支付系统。

但风控与创新有时候是矛盾的，因此新加坡又开展了一系列鼓励创新、促进竞争的改革措施，包括将电子支付列为智慧国家计划中的五大战略方向之一，

> 对支付体系监管框架进行优化调整，协调产业资源，推广通用二维码等，使得风控与创新实现平衡发展。

从上面的案例来看，风险管理不是一成不变的，既有威胁也有机会，需要将威胁所带来的危害和创新机会综合考虑，平衡发展。

11.2.2 风险识别

因为不可能在风险还没有被识别出来时就进行风险管理，所以许多人认为这一步是风险过程中最重要的。有许多好的技术可用于风险识别，最常见的包括：
- 工作组的头脑风暴，也许结构化的SWOT分析可以帮助识别组织的优势和劣势，以及项目的机会和威胁。
- 清单或提示列表可以参考以前的风险评估。
- 对项目假设和限制进行详细的分析可以揭示哪些是最危险的。
- 采访关键项目相关方，可以了解他们在面对项目可能发生的风险时的态度。
- 回顾已经完成的类似项目，以发现常见的风险，进行有效的应对。

对于上述每种技术，在项目中重要的是要有正确的人，从必要的角度用经验来识别风险。此外，要综合使用以上风险识别技术，而不是依赖某一种方法。例如，使用有创意的团体技术（如头脑风暴），同时结合以往类似的项目清单。项目经理在面对风险挑战时应该基于风险选择适当的技术，正如在风险管理规划中所定义的。

众多潜在的资源带来的风险也值得重视，风险分解结构也提供了一个有用的框架，以确保没有关键领域被忽视。

另一个好主意是考虑风险识别阶段的直接反应。有时随着风险的识别，相应的响应变得清晰。在这种情况下，立即处理风险可能是明智的应对，只要这个应对是有效的和可行的。

无论使用哪种方法，重要的是要记住，风险识别的目的是识别风险。虽然这听起来像自证明，事实上风险管理过程中的这一步经常暴露一些不是风险的事情，包括问题、争议或制约。最常见的错误是识别风险的起因或风险的影响，并将它们与风险混淆。
- 由于存在于项目及其环境下的明确的事件或情况，产生不确定性。例如，要求在发展中国家实现项目，需要使用一个未经证实的新技术，缺乏专业人员，组织又从来没有做过类似的项目。原因本身不是不确定的，它们是事实或需求，所以它们不是风险管理过程的重点。然而，解决原因可以避免或减轻威胁或者帮助利用机会。
- 风险是不确定的，如果发生，将会影响项目目标，可能是消极的（威胁），也可能是积极的（机会）。例如，计划生产率目标可能无法实现，利息或汇率可能大幅波动，客户预期可能被误解，以及承包商可能比原计划提前交付。这些不确定性应该通过风险管理过程进行事先管理。
- 效果是来自项目目标的无计划变化，无论是积极的还是消极的，都将是风险产生的结果。例如，在早期的一个里程碑，超过预算授权或未按约定达成业绩目标。效果是偶发事件，意外的潜在变化不会发生，除非风险发生。因为结果还没有发生，事实上它们可能永远不会发生，所以它们不能直接通过风险管理过程进行管理。

无论是原因还是列表中识别的风险的效果，都可能掩盖真正的风险，可能不会得到相应程度的重视。清晰地区分风险及其原因和影响的方式是使用风险元语言（包括必需元素的正式描述），它认为风险是由三部分组成的结构性风险理论，描述如下："由于确定的原因，不确定的事件可能发生，将导致影响目标的结果。"例如：

- "由于使用新颖的硬件（明确的需求），可能发生意想不到的系统集成错误（不确定的风险），将导致项目超支（影响预算目标）。"
- "因为我们公司从来没有做过类似的项目（事实=原因），可能误解了客户的需求（不确定性=风险），我们的解决方案不能达到业绩标准（偶然的可能性=目标的效果）。"
- "我们必须进行生产外包（原因），我们可以向选择的合作伙伴学习新的实践（风险），从而提高生产率和盈利能力（影响）。"

使用风险元语言应该确保风险识别真识别了风险，而不是原因或效果。没有这个规则，风险识别可能产生一个包含风险和非风险的混合列表，导致随后的风险过程出现混乱和干扰。

最后，风险流程的风险识别步骤是风险登记册启动之处，目的是记录识别的风险及其特征。很多软件工具可用来支持风险管理过程，这些通常提供风险登记册的模板，尽管有些组织会开发自己的模板。登记的风险随着风险过程的后续发展持续更新，以捕获和沟通风险信息，允许适当的分析，采取措施。

11.2.3　实施定性风险分析

风险识别通常产生一长串的风险，也许可以用不同的方式进行分类。然而，由于时间和资源的局限性，所有的风险不可能一视同仁。所有的风险保证不可能得到同样的关注。因此，风险应进行优先级处理，以进一步识别出最严重的威胁和最好的机会，这是定性风险分析阶段的目的。

"风险"一词，就像定义所说的，包括两个维度：不确定性及其对目标的潜在影响。"概率"这个词通常用来描述不确定性的维度（尽管也使用可能性或频率），而"影响"（或结果或效果）用来描述对目标的影响。这两个维度可用估值高、中、低来进行评估，就如风险管理规划中的定义所述。评估每个风险发生的概率，以及其一旦发生所带来的潜在的影响。针对每个项目目标评价影响，通常包括时间和成本，可能还有其他因素，如性能、质量和合规产生。威胁影响是负面的（如失去的时间和额外的成本），但是机会将带来积极的影响（节省时间和降低成本等）。

使用二维评估将每个风险绘制成有着高、中、低优先级区的矩阵图。双镜矩阵的使用也很普遍，分别使威胁和机会处于优先地位，创建一个中央重点区（见图11-4）。这个区域包含了最坏的威胁（高概率，除非管理得很好，否则它们很可能发生，影响很大，所以会对项目很不利）和最好的机会（高概率，容易捕获和高影响，意味着它很有效）。

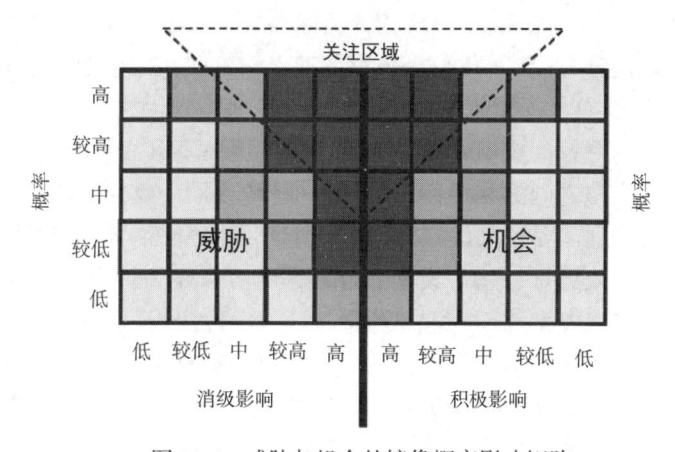

图 11-4　威胁与机会的镜像概率影响矩阵

定性分析的另一个重要的输出是项目的风险模式，重要的是要了解是否有风险的常见原因或热点。这可以映射到 RBS 风险评估，以确定是否有什么具体原因导致大量的风险发生，并通过将风险映射到工作分解结构来识别项目的哪些领域可能受到风险的影响。

11.2.4　实施定量风险分析

在大多数项目中，风险不会只发生一次，也不是彼此独立的。相反，它们是互相影响的，一些风险会引发其他更多的风险发生，有些则会阻止其他风险发生。定性风险分析单独考虑风险并允许对开发的每个风险有更好的理解。然而，有时有必要分析风险对项目综合效应的影响，特别是在它可能影响整体的时间和成本时。这需要一个定量模型，以及各种可能的技术，包括敏感度分析、决策树和蒙特卡洛（Monte Carlo）模拟。

蒙特卡洛是最受欢迎的定量风险分析技术，因为它使用简单的统计，以项目计划为起点，有许多优秀的软件工具的支持。然而，决策树也可以用于分析关键战略决策或主要选项点。

一个往往被定量风险分析模型忽视的关键方面是，需要包括威胁和机会。如果只考虑威胁，那么分析是建立在潜在的下降趋势上的，结果是悲观的。因为风险过程旨在解决威胁和机会，所以影响项目风险的任何分析都必须包括这两个方面。事实上，有些至关重要的风险模型的元素（如三点估算）如果只考虑上升趋势（消耗最低/乐观/最好的估计）或下降趋势（消耗最大/悲观/最坏的估计），则不能正确地估算。

在开发蒙特卡洛风险模型时，通常是太容易使用软件工具来创建简单模型，不能反映项目面临的复杂风险。特别是在项目持续期间或者项目费用估计时只采取单一值的情况下，代之以三点估算以量化风险模型也是不充分的。其他建模技术应该用来反映以下现实：

- 不同输入数据分布，而不仅仅是典型的三点估算法（如改良的三角形、统一、道钉/独立部件或者各种曲线）。
- 使用随机分支对替代逻辑建模（这些也可以用来模拟关键风险）。
- 模型中各种元素之间的相关性（也称为依赖关系），减少统计变异性。

重要的是要认识到需要额外的投入来实现定量风险分析，包括软件工具、相关的培训，需要生成输入数据、运行模型并解释输出所需要的时间和努力。因此，在许多情况下，使用定量技术并不合理。通常，通过定性分析可以获得信息，以有效地管理风险。定量分析技术被看作可选的。当项目特别复杂或风险很多时，或者当必须使用定量决策时，如涉及投标价格、意外开支、里程碑和交付日期时，定量分析是最有用的。

考虑定量风险分析技术时3个潜在的不足也要考虑。首先，数据的质量应该保证，以避免GIGO的情况垃圾（垃圾进-垃圾出），确保将高质量的数据输入模型中。其次，风险模型输出总是需要理解消化，因为定量分析结果不会告诉项目经理该做什么决定。最后，做好准备使用风险建模，在分析的基础上制定决策。应该谨防"分析瘫痪"，因为定量风险分析只是分析出一个有意义的结果，必须促成行动。

案例11.3 乐刷科技屡次遭罚的风险分析

案例背景

乐刷科技是移卡科技旗下非银行支付机构。作为移卡科技的全资子公司及腾讯旗下第三方支付财付通线下商户一级代理商，乐刷科技于2011年6月注册成立，2012年获腾讯等投资者的960万美元A轮投资，2014年获得人民银行颁发的"支付业务许可证"，可在全国范围内开展银行卡收单、移动电话支付业务，业务覆盖商超零售、服装百货、餐饮、休闲娱乐等行业。2015年4月，公司完成B轮融资，估值接近20亿元。

乐刷科技不断为服装、零售、商超等各行业商户提供支付、商户运营及金融科技服务的整体解决方案，市场规模稳步增长。乐刷科技在聚合支付，为商户提供营销管理服务方面不断优化产品和技术，得到市场的高度肯定。

然而，乐刷科技近两年备受关注的除了其快速发展，也有其屡次遭罚的事件（见表 11-1），从 2017 年到 2019 年，乐刷科技共被处罚 94.25 万元。究竟是什么原因导致违规处罚的风险频频发生？

表 11-1 乐刷科技 2017—2019 年违规被处罚表

时间	处罚对象	处罚原因	处罚金额（万元）
2017 年 11 月 9 日	乐刷科技长沙分公司	违反银行卡收单业务相关规定	3
2017 年 11 月 14 日	乐刷科技济南分公司	违反支付结算业务规定	35.25
2017 年 12 月 7 日	乐刷科技青岛分公司	违反《银行卡收单业务管理办法》	6
2018 年 3 月 23 日	乐刷科技成都分公司	违反银行卡收单业务相关规定	2
2018 年 6 月 22 日	乐刷科技河南分公司	违反《银行卡收单业务管理办法》《非金融机构支付服务管理办法》等相关规定	3
2018 年 8 月 15 日	乐刷科技重庆分公司	违反《银行卡收单业务管理办法》《非金融机构支付服务管理办法》等相关规定	3
2018 年 12 月 21 日	乐刷科技石家庄分公司	违反银行卡收单业务相关规定	7
2019 年 7 月 17 日	乐刷科技太原分公司	违反《银行卡收单业务管理办法》	26
2019 年 7 月 29 日	乐刷科技辽宁分公司	违反《银行卡收单业务管理办法》《非金融机构支付服务管理办法》等相关规定	9

案例分析

乐刷科技的违规处罚大都集中在收单业务上。通常，国内收单机构被处罚的原因大多是未落实账户实名制、为无证机构提供交易接口、外包服务管理不规范、挪用客户备付金、伪造交易材料、套码等方面。

乐刷科技服务的客户是中小商户，因此收单业务的违规风险自然就有，其中未落实账户实名制、为无证机构提供交易接口、外包服务管理不规范等方面的风险尤其明显，因此乐刷科技在 SaaS 运营管理、商户智能管理方面加强投入，提升风险防范水平。

随着 96 费改（2016 年 9 月 6 日发改委和央行发布了《关于完善银行卡刷卡手续费定价机制的通知》，对银行卡收单业务的收费模式和定价水平进行了重要调整，于 2016 年 9 月 6 日正式实施，因此被业内称为 96 费改）的实施，国

> 内收单市场的大环境趋于合理,套码等乱象得到了有效遏制,这也有利于降低包括乐刷科技在内的收单服务机构的违规风险,有利于业务的长期和健康发展。

11.2.5 规划风险应对

识别和分析风险之后,至关重要的是如何应对。因此,许多人认为,风险过程中风险应对是风险过程中最重要的,因为这就是一个项目团队有机会做出与众不同的效果的阶段。

当引入工具和技术以制定风险规划时,有些风险应对策略是可以使用的。重要的是要采取策略发展方法集中关注风险。通常,项目团队采取漫无目的的做法,针对一个给定的风险尝试各种不同的措施,其中有些可能适得其反。最好的是为特定的风险先选择一个合适的策略,然后设计行动来实现这一策略,进行更集中的"步枪射击",这样可以实现更有效的风险管理。

风险的双面性特征意味着发现机会的策略和威胁集中的策略是至关重要的。机会的策略匹配威胁的策略,创造出了3组主动响应策略和最后的撒手锏策略。

- 规避/开拓:对于威胁,规避的目的是消除不确定性,使威胁变得不可能或无关。利用机会意味着让它真的发生,确保项目获得额外的收益。
- 转移/分享:这些策略需要吸收他人或其他派别一同管理风险。对于威胁,其所带来的麻烦连同管理潜在缺陷的责任一起转移。通过类似的方式,从上升风险中获得的潜在收益可以共享,以换取另一方承担责任来管理机会。
- 减轻/增强:减轻威胁旨在减少其发生概率,降低影响。增强是指增加机会发生的概率。
- 接受:对于那些主动措施不可行或不符合成本效益的残留威胁和机会,接受是最后的策略,因为风险是没有特别的行动,或是偶发的。

一旦选定了策略,项目团队应该制定具体行动将策略付诸实践。大多数风险管理过程的失败都在这一点上。无论选择何种应对策略,都要从选择走向实施,否则没有什么改变。然而,许多项目团队在识别和分析风险、制订应对计划、完成风险报告之后就直接"存档和忘记了"。如果没有行动,风险还是会保持不变。

确保实施风险应对的关键是不要把风险应对视为项目完成后的"额外工作"。换句话说,风险应对才是真正的项目任务,是项目成功的重要工作。因此,应该被当作其他的项目任务。对于每个风险应对,应该完全定义,包括持续时间、预算、资源需求、责任人及完成标准。每个认可的风险应对都是一个新的任务,应该被添加到项目计划中,应该像所有其他项目任务一样完成、评估和记录。

案例 11.4　宁波银行助推"乡村振兴"中的风险应对

💲 案例背景

"乡村振兴"战略是党的十九大做出的重大决策部署，是新时代做好"三农"工作的总抓手。作为农村金融基础设施建设的重要组成部分，农村支付体系目前存在较大的发展空间。研究表明，电子支付在消费总支付的比例每增加 10%，就能带动 GDP 增长 0.5%。因此，银行既是支付行业的参与者，也是移动支付基础服务的提供者，对于推动"乡村振兴"战略有很大的作用。

普惠金融宣传与智能机具的结合，能真正发挥金融下乡的作用。宁波银行自上而下都特别重视普惠金融的推进工作。2018 年，宁波银行总行在宁波地区推出了"360 村，村村覆盖"的工作要求，宁波银行南京分行也一直通过"感恩南京社区行""金融服务月"等活动服务于南京当地农村的居民。

宁波银行金融下乡活动，如图 11-5 所示。

图 11-5　宁波银行金融下乡活动

在将金融服务送至农村地区的过程中，宁波银行遇到了四种风险，而通过有效规划，实施了行之有效的风险应对：

（1）网点有限，无法覆盖广大的农村地区。由于像宁波银行这样的城商行不像国有四大行那样网点多，因此宁波银行一直以来非常注重提升电子设备使用率。以宁波银行南京分行为例，电子转账率高达 96.7%，实现了电子设备的普及。

（2）支付安全性不高，存在"利用呼叫软件持续呼叫迫使关机""假基站接收用户短信"等各种方式盗取短信认证码，盗转客户资金的现象。经过 2 年的系统开发和 1 年的内部用户测试，宁波银行在手机银行推出了"手机云证书"新型安全认证方式，并结合先前的指纹登录方式，实现了"指纹登录+人脸识别+取款密码"的安全认证方式，生物技术的运用规避了原来短信认证的安全漏洞，切实提高了支付安全性。

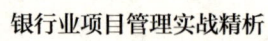

（3）费率高，用卡普及率低。针对这个风险，宁波银行在费率收取上做到了个人开卡费、小额账户管理费、年费、短信通知费、网银转账手续费、异地及跨行取现手续费全免。0费率的政策使得宁波银行南京分行的基础用户达到了198.8万个，提高了借记卡的覆盖率。

（4）缺乏有效抵押物，贷款难。农村居民主要以种植、养殖为主，企业形态也以个体工商户居多，缺乏有效抵押物，宁波银行采用信用及保证的方式推出了针对农村居民的"路路通"贷款。自2017年以来，已经向数万名农村居民提供了授信服务，真正发挥了助推乡村振兴的作用。

案例分析

宁波银行针对助推"乡村振兴"中遇到的四种风险，所采取的风险应对方法实际上对应三种风险策略：

（1）利用提升电子设备使用率来应对"网点有限，无法覆盖广大的农村地区"的风险，属于"减轻"策略。减轻网点少对项目成功带来的影响，找寻替代方案。

（2）运用生物技术规避原来短信认证的安全漏洞，属于"规避"策略。规避的目的是消除不确定性，使威胁变得不可能或无关。也就是用生物技术替代短信认证，让短信认证安全漏洞变得不可能发生。

（3）零费率提升用卡普及率，以及采用信用、保证贷款的对策，属于"接受"策略，而且是采取主动措施接受风险，并将事情朝向好的方向转化。

11.2.6 风险控制

风险过程最后阶段的目的是确保有计划的应对得以实现，以及必要时开发新的应对措施。同样重要的是，要确定项目是否出现新的风险并评估整个风险管理过程的有效性。这些目标最好通过风险回顾会议实现，尽管对于一些小的项目来说，风险回顾已经成为常规项目进展会议的一部分。

这一步还包括给不同相关方的不同层次的风险报告。对风险过程的结果进行沟通也是很重要的，目的是积极管理风险，这可能需要直接项目团队成员以外的相关方的行动。风险报告应该协助构成行动的基础，包括明确的结论（发现了什么）和建议（应该做什么）。

风险管理是一个循环迭代的过程，绝不可能在一个项目中只做一次。由于外部事件，或者项目团队或其他组织的活动（及沉默），风险每天都在改变。为优化机会以实现项目的目标，项目组在面对风险时必须对风险有清晰的认识，包括威胁和机会。对于风险管理来说，停滞不前就是落后。

11.3 其他问题

风险过程可形成一个良好的基础,构建项目风险的有效管理。然而,要使风险管理完全有效还要考虑以下问题。

第一,风险管理是由人来完成的。这就在整个过程中引入了人的因素,需要积极管理风险过程的其他方面。个人和团体对风险的态度及风险的过程管理也有着非常重要的影响,这一点必须进行识别和管理。由于人们的潜意识知觉的作用因素、偏见和启发式的影响,无论是个人层面的还是组织层面的,使情况变得很复杂。

第二,组织文化对风险管理过程的有效性有着重大的影响。如果高级管理层没有意识到存在的风险,或者认为识别风险是弱者的标志,或者认为分配资源是偶然性的或浪费风险应对,风险管理将成为艰苦的斗争。相反,懂得明智地应对风险的组织将从减少威胁和捕捉机会中受益。

第三,风险过程需要内部的支持。组织内部的风险拥护者有助于各个层级的支持,鼓励项目团队和高级管理层主动识别风险和管理风险,分享最佳实践和发展企业的经验。这是一个风险管理成功的可接受因素,不应被忽视。

第四,风险管理过程需要有效的基础设施来获得足够的支持。软件工具、培训、模板和特殊资源都对风险管理的有效性有着不可或缺的作用。组织必须准备在风险的基础设施上进行投入,并确保它们能够和项目管理及其他业务模块进行很好的结合。

通过考虑上述因素,除了风险过程,团队和组织都可以加速风险管理的成熟。这代表了所有必要的因素——支持性的文化、高效的流程、有经验的人和一致的应用,应该各就各位,以更加主动、有效地管理风险。当这些因素与上述描述的工具和技术共同存在时,不需要担心任何项目风险。相反,它应该被视为揭示所有项目内在不确定性的机会,以及优化实现项目目标和交付成功项目的机会。

风险管理至关重要,而且并不难。简单地识别、分析和应对风险过程,可以应用到任何项目中,无论是简单的还是复杂的,是创新的还是传统的。采用结构化的方法来管理风险的好处显而易见:更成功的项目,更少的意外,更少的浪费,提高团队的动力,增强专业度和声誉,提高效率和有效性,等等。由于采用这样一个简单的过程就可以得到这些收益,因此风险管理应该被视为项目管理中最重要的因素。

案例 11.5 "代官山"卷款跑路——透析商业预付卡金融风险

案例背景

2015 年 6 月,上海一家名为"代官山"的餐饮公司门店突然关门停业。"代官山"餐饮店属于上海展圆餐饮管理有限公司,为台资企业,在上海共有 5 家门店。

当时，"代官山"公司负责人已完全失联，使持有该企业的商业预付卡的消费者蒙受了损失，消费者权益受到侵害。"代官山"是"共保体"成立以后的第一个案子，受到各方重视。最终，上海市单用途预付卡协会出面处理，办理补偿事宜，向该企业的商业预付卡的消费者赔付了相关损失。

"代官山"案件不是个例，近年来广东、上海、江苏、浙江、安徽、湖北等地都出现了企业卷款跑路、预付卡消费者蒙受损失的现象。商业预付卡金融和法律风险已成为全社会关注的问题。

预付卡是一种有价证券、证权证券。预付卡具有同货币、银行卡类似的金融属性，但又明显区分于货币、银行卡等金融工具，因此我们不能忽视其相应的金融和法律风险。总结下来有以下四点：

（1）违约风险巨大。我国有数万家网络平台，像"代官山"这样的线下实体店更是不可胜数，其中在线充值、会员储值、礼品套餐卡等预付费的比例很大。商家账户沉淀了大量资金，一旦发生风险，风险就直接转移给了持卡人。风险应对措施是完善预付卡法律制度，以达到预付卡监管需要。

（2）洗钱风险巨大。预付卡持卡人的身份难以确定、资料真实性难以判断、信息不完善都会导致人民银行难以持续监管资金流向，存在很大的洗钱风险。风险应对措施是统一人民银行的监管主体，减少多头执法存在的监管漏洞，杜绝预付卡洗钱、套现风险。

（3）法律体系不完善。关于预付卡的法规不属于规范性法律文件，缺乏强制力，难以达到监管的法律效果。风险应对措施是建立担保制度和风险准备金制度，预付卡只有担保机构担保，并在人民银行备案，才能具备发卡资质。一旦违约，担保机构也要赔偿。同时，规定商业银行作为发卡机构按其发卡金额一定比例提取风险准备金，作为违约的赔偿。

（4）规范内容存在缺陷。现行规定的实名登记制度、非现金购卡制度、限额发行制度都可以通过简单的操作来规避，对整治预付卡腐败和行贿受贿行为作用不大。风险应对措施是建立预付卡行业协会标准，加强行业自治，促进支付机构长远健康发展。

案例分析

上述"代官山"预付卡金融风险的案例，形象地说明了良好的风险管理需要四个方面的协同，即个人和团体对风险的态度及风险的过程管理有着非常重要的影响，组织文化对风险管理过程的有效性有着重大的影响，风险管理过程需要支持，风险管理过程需要有效的基础设施来获得足够的支持。

具体来说，预付卡的金融和法律风险防范不仅仅是发卡机构的事情，更需要地方政府、行业协会、商业银行的共同参与；对预付卡金融和法律风险的认知和文化是规范运作的基础；预付卡规范需要国家的支持，法律部门和人民银行的协同；最后，像风险准备金这样的基础架构是进行风险有效应对的保障。

总结

风险的核心要素是概率和影响。风险管理过程有六个——规划风险管理、识别风险、风险定性分析、风险定量分析、规划风险应对、控制风险，并且本章介绍了像风险分解结构、概率影响矩阵、敏感度分析、决策树和蒙特卡洛模拟等工具。风险应对策略有规避/开拓、转移/分享、减轻/增强、接受。

第12章 项目资源管理

本章内容

- 资源有效性
- 战略制约
- 优先级管理

本章案例

- 案例 12.1　摩根大通 IIN 区块链项目
- 案例 12.2　从资源有效性看 P2P 营销乱象
- 案例 12.3　茅台集团用区块链防伪溯源,优化产业制约瓶颈
- 案例 12.4　工行发布量化股债轮动策略指数,突破理财刚兑制约
- 案例 12.5　银行信用卡积分"羊毛客"的罪罚管道

每个组织都存在一些制约,限制其所能达成的事情。在组织系统中的人力资源和其他资源的时间和精力均有限的情况下,要确保对以下问题提供合适的答案:"今天我/我们应该做什么?""我/我们面对大量的工作,应如何组织和开展?"这些都是项目管理的关键问题,也是项目管理需要回答的问题。

有关项目管理的文献直到最近才开始关注有关单个项目交付的项目管理。虽然一个组织能做到确保很好地按承诺交付单个项目,但不足以保证组织有能力来解决多个项目交付需求。

12.1　组织是多项目系统

让我们假设一个组织的目标是通过提供产品或服务维持盈利的,无论是今天还是未来都是如此。如果是这种情况,那是因为在市场环境下,不可能合理地预期客户的需求和竞争对手的反馈均保持不变,企业必须高效率地实现对现有业务的交付,并有效地应对未来环境的变化。

12.1.1 项目即业务

基于生产型的组织和基于项目型的组织之间的区别在于，前者通常依赖提供很多同质化（或至少是非常相似的）产品单元或服务，以产生最小化的或易于管理的不确定性和流程变化。在生产环境中，与最终输出（制成品）的总生产时间相比，单个输出部件（中间产品）的"加工时间"通常较短，各个部件产品都趋于将大部分时间消耗在排队等待下一道工序，或者等待安装机器来用某种方式将其加工转换成制成品。

另外，项目环境具有未来预期的不确定性和相应的多变绩效的特征。各项目包括大量的、不同的活动及"加工时间"，这些时间构成了项目总时间的一部分。如果业务（或产品）是基于对组织的共享资源池所开发完成的各个项目成果的直接"销售"（不需要加工），此时这些项目自身就等同于"业务（或产品）"，如软件定制和信息技术系统、咨询、施工、维护和维修，以及自定义工程建造行业。在这些领域，使多个已完成项目的产出最大化的能力直接关系到现在和未来的成功。

12.1.2 项目对业务的支持

能够有效地实施变革显然是项目和项目管理能获得大多数人认可的地方。这些项目型工作通常都是临时的，在从开始到完成之间有限的时间跨度内进行。在这种情况下，项目的变革不但与战略、局部的流程改进或高度透明的战略计划相关，而且能重新定义产品，以满足未来的需求研究和新产品/服务的开发和部署。无论组织业务是基于生产还是基于项目，其未来的成功都需要有效的项目变革成果来支持。

案例 12.1　摩根大通 IIN 区块链项目

案例背景

华尔街巨头、摩根大通首席执行官 Jamie Dimon 曾称比特币是一个骗局，但实际上摩根大通早已开始涉足数字货币产业。

2017 年 10 月，摩根大通推出了一款银行间支付平台，名叫银行间信息网络（Interbank Information Network，IIN）。IIN 平台运用以太坊技术，建立在该银行的私人 Quorom 区块链之上，允许摩根大通与其他银行交换信息以解决某些跨境支付的合规问题。目前，已经有德意志银行、加拿大皇家银行、新加坡华侨银行、日本、韩国、澳大利亚和新西兰银行集团等 400 多家机构参与了这个 IIN 项目，IIN 平台已成为银行区块链的霸主。

联盟链跨境支付系统平台概念模型，如图 12-1 所示。

在跨境支付几大环节中，成本最高、耗时最长的步骤就是代理银行必须研究和回应彼此的合规性查询。而比特币等加密货币及其底层区块链技术能够大大缩减这一过程，解决跨境支付的延迟问题。

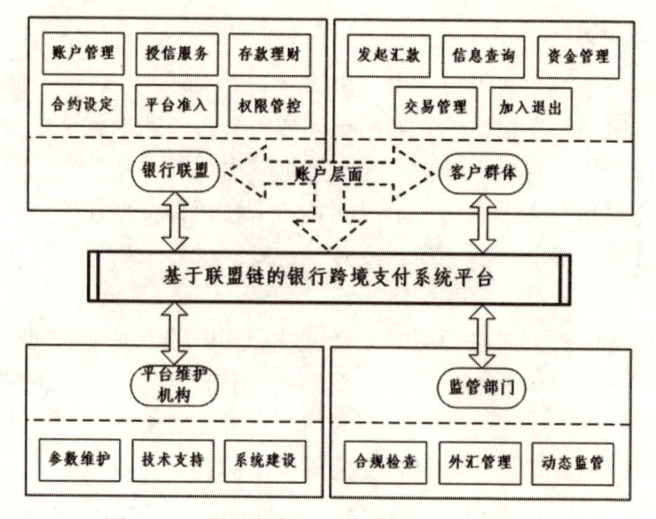

图 12-1　联盟链跨境支付系统平台概念模型

案例分析

摩根大通从一开始对加密货币的不看好到怀疑再到肯定，在这些循序渐进的变化中，我们看到了一家大公司对新鲜事物的接受态度，也看到了项目对业务的支持。一个 IIN 的项目成功开创了摩根大通的新兴业务：区块链跨境支付。

如今摩根大通基于区块链的支付网络 IIN 已经得到多个国家多家银行的认可，再次证明了摩根大通 IIN 项目的成功。区块链技术的本质特性使它成为一个打击网络诈骗、洗钱的强大解决方案。随着区块链技术的出现，实现了一种去中心化的公共信任机制。而项目制是探索新的业务模式的最佳方式，也就是我们上面所说的项目即业务。

12.2　组织有效性即资源有效性

过去习惯上将效率定义为"正确地做事"，将有效性定义为 "做正确的事"，以上定义明确地用于多项目系统中。理解依任务级别完成正确的事及采取相应行为的重要性，对于效率具有重要意义，同时也是多项目资源（组织的）有效性的基础。遗憾的是，太多的组织忽略了这一点，反而强调控制成本而忽视提升资源效率和对资源的正确使用，从而对试图达到的目标造成损害。

12.2.1　最大化生产力或成本控制

当需求冲突时，许多管理者会面对最大化生产力和成本控制的双重压力，因为保持低开支的成本控制有可能削弱高质量且快速交付更多项目的能力。

这种双重压力的冲突来源于对组织效能、效率甚至资源效用的混淆与困惑。确保每个人都充分利用所有的时间，看上去似乎是充分利用个体资源也是充分利用组织资源的合理战略。从表面上看，这似乎是有意义的。然而，如果一个系统想要生产力最大化，若采取保持资源满载的一刀切的极端措施，实际上难以达到目标，原因如下。

不追求满负荷资源利用率的首要原因是，若每个人都满负荷工作，则没有余力处理像墨菲定律所揭示的：总有一些意想不到的事情会不可避免地发生。鉴于项目独特性所伴有的不确定性，任何预期计划的负偏差都需要项目具备恢复的能力。如果没有这种恢复或防护能力，项目中的问题会导致级联问题并威胁到对其他项目的承诺，或者导致浪费资源，或者两者兼而有之。无论哪种情况，未来的生产力都将受到威胁。

同样，如果没有预留恢复或防护能力，则没有能力抓住和利用新出现的机会，也会导致潜在生产力下降。

12.2.2 多任务延长项目完成时间

最后，充分利用人们在各种环境中的宝贵时间，通常要填写考勤表，或者有正式或非正式的测量和奖励系统驱使人们保持忙碌。此外，在这种情况下，项目通常着眼于确保没有人无事可做。因此，通常每个人对其所要做的事情有很多选择。随着许多活跃项目的预期进展，压力在于同一时间做几件事情，时间和精力被分散。除非一个有效的多项目资源管理系统提供了明确的对资源优先级的关注，否则人们会努力保持忙碌的工作状态，而且同时做几件事情，使"测量"的工作结果看起来很好。这就是多任务，即同时在项目中进行几个重要的工作任务，在其中任一任务完成并移交给下一个项目任务之前，可在不同任务之间切换。

在这种情况下，通常试图确保每个人总是被充分利用（一种看似收效很大的控制成本的方法），其结果是从一个任务的输入转换到输出（用于下一个任务）的时间被人为延长，这是因为当另外的项目任务需要资源时，它却在当前任务中处于闲置状态。此外，当返回到放置一边的任务时，任务切换也需要耗费时间，这种情形包含着对"我在哪里？"这个问题的回答，任务切换增加了实际的工作时长并进一步降低了项目的效率。由于项目完工时间延长（超出本应完工的时间点），导致这些项目的生产力下降。

12.2.3 资源效率并非组织有效性

通过对本地资源的高利用来努力成就"高效率"，通过避免对整个组织的空闲资源的"浪费"来追求成本控制，这些只能实现对真正目标（成效）的次优化，资源的高效率并不能实现对组织有效性目标的最优化。其结果是，随着项目的完成，已完成项目的财务收益、流程改进的效果或新产品即将带来的现金流也将受到威胁，

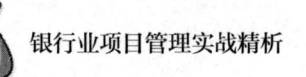

造成损失或者延误。

案例 12.2　从资源有效性看 P2P 营销乱象

案例背景

2018 年，e 租宝、钱宝网、联璧金融等 P2P 平台爆雷，让不少投资者一度将 P2P 视为"骗子平台"，而 2019 年钜派投资等多个项目踩雷，更是让不少受其违规营销、夸大收益的投资者对第三方财富管理平台退避三尺。

但就在 2015 年，投资者对 P2P 项目却是另一番看法，当时的 P2P 行业对外也呈现出一片"欣欣向荣"的繁华景象。

首先以 e 租宝为例。e 租宝是"钰诚系"下属的金易融（北京）网络科技有限公司旗下的 A2P（Asset to Peer）理财平台。A2P 即众投，是一种以资产交易为核心，盘活优质资产，拓宽投资渠道的投资形式。自上线以来，e 租宝的累计成交额在网贷行业排名靠前，甚至超过了一些老牌 P2P 平台。据零壹研究院数据中心统计，截至 2015 年 11 月底，e 租宝累计成交数据为 703 亿元，排在行业第四位。

e 租宝之所以能够如此轻而易举地爬上网贷行业的第一梯队，除借助于网贷行业的发展之势以外，还要归因于其背后强大的推广手段。e 租宝自成立起便非常注重广告推广的工作，不管是电视广告、写字楼广告、地铁广告，还是最新的手机视频推广，e 租宝都一网打尽。这些广告也在潜移默化中影响着普通的个人投资者，使得他们放松了警惕，误以为能同时亮相多个大平台广告的公司肯定不会差。

和 e 租宝类似，钱宝网也十分注重广告的投放量和投放平台。钱宝网的宣传片甚至登陆过央视的《晚间新闻》《新闻 30 分》等节目前的黄金广告位及各大知名网站。对此，钱宝网的官方微信公众号上更是大胆地表示，这是为了"保证大家能在午间 12 点之前、晚间 7 点之前、22 点之前都能看到钱宝品牌的露出，钱宝微商的口号也将响彻大江南北"。

另外，为了扩大宣传效应，钱宝网对于"定时分享观看钱宝微商宣传片的照片至朋友圈"的用户提供一定的平台奖励。虽然央视并不会为钱宝网的广告内容做背书，但这一做法在无形中模糊了投资者的判断力，增加了对平台的认可度，至少是对平台"财大气粗"的认可。

2015 年钱宝网 CEO 张小雷走进央视《对话中国品牌》节目，由此，我们可以得出，大力度的营销宣传会在潜移默化中误导投资者形成一种"有能力在大型媒体、互联网平台上做广告的平台一定很正规、很有钱"的错误概念，而这种概念与平台、产品本身的质量并不挂钩，公众会自发地形成从众效应，因此，若不是平台爆雷、老板跑路，投资者本身很难意识到问题。

从 2017 年开始，国内金融市场逐步趋于严监管态势，由此多领域在监管收紧的影响下，频发爆雷事件，首当其冲的便是 P2P。2019 年 8 月 26 日，人民银行、银保监会、证监会、国家外管局联合发布《关于进一步规范金融营销宣传行为的通知（公开征求意见稿）》（以下简称《征求意见稿》），旨在进一步规范市场主体金融营销宣传行为，保障金融消费者合法权益，促进金融行业健康平稳发展。

由此可见，P2P 平台将几乎所有资源都投在营销领域，而不注重产品的研发是短视的做法。随着时间的推移，市场证明了一切。

案例分析

就像上面所说，项目不能追求满负荷资源利用率，项目资源不能只投入营销领域。墨菲定律揭示：总有一些事情你预料不到地发生。项目独特性所伴有的不确定性，要求计划的负偏差都需要项目具备恢复的能力。如果没有这种恢复或防护能力，项目中的问题会导致连锁反应，项目生产力和发展前景都将受到威胁。

这一点来说明 e 租宝和钱宝网这样的 P2P 营销乱象最贴切不过，一个项目不能将所有或大部分资源投入单一领域，而不留资源余量，因为项目是多目标的组合，而绝非单目标的唯一。因此需要实现资源配置多维度的平衡最优化，同时进一步预留风险储备金及管理储备金，以应对可以预见的突发情况和不可预料的问题。

12.3 理解项目和资源管理中的制约因素

为使多项目系统在组织中有效地运作，必须确保项目的管道容量不会超载。当面对项目任务之间需争夺同一个资源的抉择时，系统需要提供明确、清晰的优先级，从而契合项目总集利益最大化的要求，这样导致资源的请求将被挂起，做"正确"的任务而非做多个任务。首先需要做到的是，能透过（资源）制约来理解和管理组织。

制约=能力=生产力

除非是由于人为的强制推行或管理不善引起的超载，否则任何（多项目）系统都有一个目的，而且通常只有一个或极少的制约能限制其达到此目的。类似"链条上的薄弱环节"这样的说法，一个潜在的瓶颈资源通常也能被定义为影响项目生产力的限制因素。

制约性瓶颈的承载力决定了系统的承载力。试图推动超出制约限制的更多项目进入启动模式并无好处。如果只是让一些项目仅仅维持着等待分配资源的排队状态，那么会给所有工作在上游的制约性资源造成混乱与不必要的过载。与其试图严格平衡加载所有资源（和在过程中对生产力进行破坏），不如采取合理的方法来对系统进行管理，如确定（或设计）系统中清晰、可理解的制约，并对系统中各片段或部分进行严密的管理。

12.3.1 防护能力

多项目系统中当前制约性的资源可能出现在任何位置。按照定义，其他资源是非制约性的，而且相比制约性资源只能严格地、紧缺地用来支持系统可能的生产力，非制约性资源有更多的能力。但随意切割和削减非制约性资源多余的能力是一个错误。在某种意义上，这只不过将制约从当前位置转移到另一个位置，这个位置可能是系统中不可预知的一部分，与此同时，使系统形成的能力水平更低，更糟糕的是可能引起制约之间相互作用而造成管理困难。

相反，为提升生产力而进行制约管理的方法开始于对系统的加固与提前防护，使上游的制约资源具备富余能力来确保下游的工作有充足的制约资源。由于制约的输出直接决定了系统的输出，因此制约是唯一应该保持较高（注意"较高"不是"最高"）资源利用率的资源。项目启动时需要同时具备对项目制约的处理能力，若上游提供了足够的防护能力，那对下游的制约进行流畅而紧密的管理可能是管理瓶颈。同样，一旦通过全部确定的制约，就意味着没有任何下游的制约资源可以担心了，也不用担心最后的制约输出转换过程的延误，从而按时实现项目应计收益。再说，此时在最下游的环节也必然具有一定的防护能力。

一旦稳定和消除过载及多任务的影响，系统真正的能力和它的组件就更容易识别。此时，组织可以采取合理的措施，通过系统化的制约管理，增加系统的容量和生产能力。

12.3.2 对项目组合管理的影响

一旦理解系统的制约，制约产生的影响将不仅仅是项目交付绩效。它还将对项目组合过程提供有用的输入。如果组织仅限于以跨越瓶颈的速度承担项目，在其他条件相同的情况下，项目的瓶颈所需时间越长，其相对具有越低的价值（其相对的收益价值和瓶颈所需时间的比值也就越低）。

一个项目可能看上去表面价值不大，但如果不涉及制约，它能够在几乎不取代和不改变其他一些项目及其效益的情况下交付价值。利用非制约资源富余的优势，产生的几乎是一个"免费"项目。另外，如果一个项目在完成时看起来非常有价值，但需要太多的时间制约并导致许多其他项目被拒绝或推迟，这成为项目向前推进的一个重要的战略决策。如果由于瓶颈或制约的本质特性，开展一个项目迫使我们放弃或者延迟另一个项目，那么度量每个制约的使用效益成为项目启动决定中的一个重要因素。

案例 12.3　茅台集团用区块链防伪溯源，优化产业制约瓶颈

案例背景

近年来，由于国民生活水平的提高，食品安全越来越受到公众的高度关注。茅台作为著名国酒品牌，其产品防伪问题一直受到广泛关注。2017年年底，茅台集团和蚂蚁金服展开合作，推出国酒茅台正品防伪溯源的区块链服务系统。

区块链技术可以解决食品溯源的问题。利用区块链去中心化、信息不可篡改、开放性等底层技术特点，嫁接到食品安全领域，可以追溯产品源头，以此保障食品从生产到出厂、运输到销售等一系列流程都有据可查。

针对茅台酒关于瓶盖内 RFD 的防伪，包括新型设计的二维码（包括明码、暗码、溯源码、纸张设计等因素），使商品溯源码具有不可转移性，将区块链技术和物理商品绑定在一起，实现了区块链物理商品可信的溯源服务。

茅台集团与蚂蚁金服的区块链合作项目给我们在商品溯源流通领域上带来了一个全新的思路，让我们扫除信息盲点，带来更多的交易信息细节价值。现在越来越多的生产企业对溯源的关注度非常高，致力于建设一个全新的生态系统，确保用户每个人都能吃得健康、用得安全。

案例分析

正如刚才我们所说，制约性瓶颈的承载力决定了系统的承载力。而茅台集团的核心制约因素是产品的假冒防伪问题，这个问题不解决，产品失去公信力和市场影响力，那么国酒茅台的品牌声誉和长期发展就会受到严重的影响。

"打蛇打七寸"，解决问题就要抓住其核心制约因素。茅台集团与蚂蚁金服合作，利用区块链技术进行防伪溯源，正好抓住了问题的核心制约因素。就像防护能力中所讲的，与其试图严格平衡加载所有资源，不如采取合理的方法来对系统进行管理。蚂蚁金服强大的区块链技术和茅台集团传统的 RFD 防伪技术相结合，无疑是商品溯源流通领域有效解决问题的典型案例。

12.4　多项目和资源管理：管理的现在和未来

一旦一个组织理解了与项目交付能力相关的制约，不论是为实现客户驱动的可交付成果，还是为了内部流程的改进，以此为依据，组织不仅要避免当前容量或者能力过载，而且要具备平稳的增长能力，从而在未来能承担更多工作。

12.4.1　"下个月我们应该开展多少项目？"——设定项目启动门槛

项目组合管理和项目管理之间的边界在于管道管理。过早地把项目推进一个

不能对其真正进行处理的系统，只会让项目交付系统更加停滞不前。

一旦项目组合管理或销售验收程序确定了项目的相对排序，将项目启动与制约能力进行同步的过程就是一件简单的事情，很容易使不同项目可以交错利用制约资源。一旦知道制约何时可用于承担一个新项目，这就变成一个很简单的问题，只需要将其放置在日历中，或者通过一点缓冲来避开交叉项目对制约的影响，或者通过对已完成进度的检查来决定在哪里启动上游活动。

如果以这种方式错开启动项目，那么制约性资源不会超载。如果制约性资源没有超载，根据定义，其他非制约资源也不会超载，因此，当特定场合需要选择某个任务进行工作时，在资源未超载时，可以大大减少多任务的压力并简化优先级问题。

12.4.2 "今天我应该做什么？"——明确任务的优先级

如果项目没有使系统过载，执行哪些工作任务的问题就可以简化为仅仅只是减少或调整执行中的活动的任务，无须考虑优先级问题，输入负荷也较少。然而，由于项目计划的多变和任务绩效的变化，偶尔可能发生的是，资源需要在解决一个正在等待的任务前选择、启动并完成另一个任务。这里有几个选项可供参考。

假设正在积极通过关键路径和关键链流程来管理的某个项目，一个考虑因素是在所考虑的项目的关键路径或关键链上是否有正在等待的任务。如果是这样，那些任务很可能是将其变为竞争的"非关键"任务的首选。

如果必须在来自不同项目的两个或更多"关键"任务中选择，所考虑的不同项目的相对状况和其他状况可以很容易地基于工作经历来评估，反之亦然。不再承诺在理想的、最佳情况下的项目结果状态的最佳组合（或者使两个项目的利益最大化），也许是更好的选择。在基于关键链的计划及其缓冲区管理的环境中，项目缓冲不仅能够吸收项目决策中存在的众多不确定性因素或风险，而且使评估过程更简单明确（只需对缓冲区进行评估）。基于关键路径的项目，通常依赖较小的计划储备（如果有），可能需要添加一些额外的恢复活动。（注意，这个基于制约的项目集管理方法和关键链计划及缓冲区管理的理论来源相同；通常将制约理论和这两个过程一起运用到项目中。）

如果所有排队的任务都是"非关键"的，这不算一个问题，基于对项目所承诺的各种状况的考虑，通常是先到先得的过程就足够了，或者在关键链项目的情况下，通过缓冲区消耗，也可以提供有用的指导。

12.4.3 "明年我们能干多少？" ——当前的和战略性的制约

前面的小节围绕着组织当前制约阐述了系统的稳定性和防护能力。过去行为经历和人员配备情况是产生制约的原因；制约通常也不是能导致最大战略利益的理想的杠杆作用点。一旦该系统是稳定的，通过设计一个基于所谓"战略性制约"的合适系统，组织可以进行具有前瞻性的自我管理。

适当的制约资源将在一系列预期的项目中广泛使用，但制约资源也很难增加。如果通过增加人员或改进流程即可不费力地增加更多制约资源，或许也是值得去做的，这么做也可以迅速提升组织能力（并假设防护能力也迅速提升）。因此，制约资源是否难以增加的问题，就变成了减轻资源负荷或改进流程的问题。很难得到更为广泛和严格需要的制约是管理组织的长期制约的自然候选者。

此外，这些难以增长的资源往往对组织的竞争力至关重要。例如，知道公司软件产品的来龙去脉的系统架构师是很难被取代的，并且本质上更重要的是其能力的不可替代性。相对而言，那些"普通"开发人员的技能可以由承包商来替代或增强。如果有某些能迅速提升制约资源的方法，那就是制订发展计划来提升组织的能力，并提升人员目前所不具备的、只有专家才能通过及取得的那些技能，从而使组织获益。理解了这种关系，也从另一方面突出和证明了需要提升专家技能。提升方式也许是工作共享，也许是确定及衡量专家在完成日常工作中真正需要哪些专业知识。

有效制约管理的一个有趣的方面是，如果认为制约资源的限制性因素（资源的有限性）是一个弱点，被定义为系统核心能力的资源和技能或许就是弱点。毕竟，不希望组织系统的任何方面对系统收益最大化造成限制。

案例 12.4　工行发布量化股债轮动策略指数，突破理财刚兑制约

案例背景

银行理财在我国资管体系中的地位至关重要，有体量大、零售强的特点，居民、企业和金融机构的大量资金通过银行流向实体经济。2017 年，我国理财规模已经接近 30 万亿元，俨然成为我国资管行业的"巨兽"，监管部门不得不重新审视理财的合规性与潜在的风险，开始全面规范。

2017 年 11 月 17 日，中国人民银行发布《中国人民银行、银监会、证监会、保监会、外汇局关于规范金融机构资产管理业务的指导意见（征求意见稿）》，这是为了更好地打破刚性兑付，要求金融机构对资管产品实行净值化管理。

2018 年"资管新规"和"理财新规"发布后，银行理财的生态发生了较大的变化，对金融市场的影响也已经有所体现。以上面所说的"刚性兑付"为例，要从根本上打破刚性兑付，就需要让投资者在明晰风险、尽享收益的基础上自担风险，而明晰风险的一个重要基础就是产品的净值化管理。

在实践中，部分资管产品采取预期收益率模式，基础资产的风险不能及时反映到产品的价值变化中，投资者不清楚自身承担的风险大小；而金融机构将投资收益超过预期收益率的部分转化为管理费或者直接纳入中间业务收入，而非给予投资者，自然也难以要求投资者自担风险。为此，要推动预期收益型产品向净值型产品转型，真正实现"卖者尽责，买者自负"，回归资管业务的本源。

工行量化股债轮动策略指数示意图，如图 12-2 所示。

图 12-2　工行量化股债轮动策略指数示意图

为了打破"刚兑"制约，在不设预期收益率的政策意向下，中国工商银行和中信证券合作，发布了国内首个量化股债轮动策略指数。该指数以长期投资为理念，将债券到期收益率和股票股息率作为比较，利用股债之间的天然负相关性进行资产配置，旨在帮助投资者把握股票和债券的相对价值，获得长期回报。

> **案例分析**
>
> 　　回顾刚才我们所说的，制约通常不是能导致最大战略利益的理想杠杆作用点。一旦该系统是稳定的，通过设计一个基于所谓"战略性制约"的合适系统，组织可以进行具有前瞻性的自我管理。
>
> 　　自 2017 年资管行业统一规范以来，银行理财尤其是银行理财子公司推出的产品拥有门槛低、渠道广等优势，成为零售端最具竞争力的资管业态。但如何打破"刚兑"制约，符合不设预期收益率的政策意向，帮助投资者获得长期回报，这是一个摆在各大商业银行面前的问题。
>
> 　　工商银行的做法无疑是创造性的，将债券到期收益率和股票股息率作为比较，利用股债之间的天然负相关性进行资产配置，帮助投资者把握股票和债券的相对价值。这样可以让投资者清楚承担的风险大小，真正实现"卖者尽责，买者自负"，回归资管业务的本源。

12.5　不是开始了多少，而是完成了多少

　　太多组织通过实践表明，如果将大量任务塞进项目管道并保持每个人都有大量工作，那么满载的任务队列和繁忙的资源将导致项目不能快速而可靠地完成。如果与此相反，项目将向另外的方向发展，增加了在单个项目承诺中不可预料的延迟，同时资源也在未完成的任务之间消耗殆尽，并导致后续切换的任务及项目完成延迟。

　　你可以调查一些项目参与者，询问他们目前已经开展多少不同的任务；他们每周参加多少不同项目的审查；他们对于当前的任务集合，期望多长时间完成。然后问他们，如果把大多数任务先放在一旁，只挑选出一个任务，将其当作唯一必须做

的事情完成，然后再挑出另一个任务并重复这个过程，那么这些单个任务和全部任务分别在何时完成？如果采取逐一完成单个任务的方式，那么完成全部任务能减少多少时间？

相反，制约管理认为，项目的启动速度只能以组织系统或可代表组织系统能力的制约性资源的处理能力为前提。这个制约很容易被确定为在项目组合中为绝大多数项目所共有的大量使用的资源、技巧或设备。以这个方式，一旦项目管道快速稳固下来，那么它将有条不紊地开展制约资源管理，以满足组织容量和能力增长的战略需要。

想想你的组织。即使处于混乱的状态，其中每项资源都处于超载状态，问：如果你能且仅能使一种资源、技能或实施的容量或者能力加倍，从哪里着手将最有利于本组织帮助更多项目更快完成？在大多数组织中，通常很快就将范围缩小并集中到一两个具有代表性的资源。这些首先需要考虑的资源称为项目管道制约。

每个组织需要考虑如何管理项目的集合，组织通过这个项目的集合来维持自身运转。无论业务是基于对项目工作的交付还是流程改进，都需要对一个有限的资源池予以关注，并致力于提升资源利用效率。如果业务取决于源源不断的新产品开发，那么已完成项目的产量最大化对于组织效益才是至关重要的。

案例 12.5　银行信用卡积分"羊毛客"的罪罚管道

💲 案例背景

出于获客营销目的，银行等金融机构往往会开展一系列优惠活动，有一批消费者专门收集、传播并使用这种优惠，他们的这种行为被称作"薅羊毛"。优惠活动是由机构和商家提供的，但凡在活动规则之内"薅羊毛"就是商家和消费者之间的你情我愿，消费者得了实惠，商家扩大了生意。

"薅羊毛"本身并不违法，但有利益的地方就有暗流涌动，"薅羊毛"背后也隐藏着巨大的套利空间，有一些"消费者"就动起了歪脑筋，成为以薅羊毛为职业的"羊毛客"（见图 12-3），并由此衍生出了灰色乃至黑色的产业链。

图 12-3　银行信用卡积分"羊毛客"

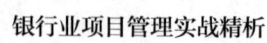

2014年，江苏省常熟市陈某、王某委托他人办理拉卡拉、乐富等多家公司的POS机共计11台，均关联了虚假商户，且部分商户为"三农"补贴优惠率商户。接着在2014—2015年，利用他人身份办理中国银行信用卡，并使用本人及他人名下共计12张中国银行信用卡，采用自有资金存入信用卡后在上述POS机上虚假消费，刷卡资金进入银行账户后，再将资金存入信用卡再次消费的方式循环刷卡，骗取信用卡积分7 000余万分，价值人民币25万多元。

2016年3月至2018年1月，上海市冉某虚构商户身份，利用深圳银盛电子支付服务有限公司等四家收单平台，使用名下的多张招商银行信用卡频繁虚假交易共计人民币1 600余万元，套取招商银行信用卡消费积分300余万分，价值人民币12万多元。

面对虚增积分、套取积分现象，银行态度一直都比较和缓，仅仅采取禁止参加活动、禁止积分兑换特定礼品，或者禁止积分兑换的规束方式，对于严重情形则停卡、封卡乃至扣回或折现已兑换的礼品，这些手段都是基于信用卡本身的管理，在法律手段上也仅限于民事手段，试图在经济方面实现对"羊毛客"的精准打击。

案例分析

过去各银行信用卡中心对于"薅羊毛"行为大都"睁一只眼闭一只眼"，但是在大数据应用越发纯熟、营销经费控制越发精准的今天，银行信用卡中心可以有更多手段来揭发诈骗和非法手段，这样才能让这种违法案例的项目管道不再阻塞。一个良好健康的信用卡积分使用环境，对于产业和持卡人都是有长期利益的。

总结

组织是多项目系统，项目的变革不但与战略、局部的流程改进或高度透明的战略计划相关，而且能重新定义产品，以满足未来的需求研究和新产品/服务的开发和部署。通过对本地资源的高利用，避免对整个组织的空闲资源的"浪费"来追求成本控制，这些只能实现对真正目标（成效）的次优化，资源的高效率并不能实现对组织有效性目标的最优化。为使多项目系统在组织中有效地运作，必须确保项目的管道容量不会超载，并且确保项目工作不是滞留在未完成状态，而力求更高的周转率。

第13章 项目沟通管理

本章内容
- 项目沟通计划
- 书面与口头沟通
- 沟通模型

本章案例
- 案例 13.1 网易彩票为何被中消协点名？
- 案例 13.2 Entrust Datacard 按需发卡，实现精准沟通
- 案例 13.3 《咖啡情侣》所带来的"因您而变"

花在计划如何处理沟通方面的时间，会有助于项目经理更好地管控整个项目环境。沟通已被视为决定项目成败最重要的理由之一。

13.1 沟通计划要素

有位项目经理曾经成功管理了一个非常庞大的银行业系统项目，该项目耗时5年，花费了数百万美元、极其复杂的技术及成百上千的资源和活动。最近他说，管理这个项目时"远在一切之上"的最大难点是努力去管理沟通。他说："我觉得自己像个居于所有相关方中央的'交通警'，试图'指挥'全部信息流。"

这位项目经理的经历可以说代表了大部分项目经理在项目中管理沟通时的体验。人们往往倾向于缩减前期的计划过程，而直接进入项目阶段。实际上，花在计划如何处理沟通方面的时间，会有助于项目经理更好地管控整个项目环境。沟通已被视为决定项目成败最重要的理由之一。要确保成功的沟通，项目经理应该做以下事情：

- 建立（并维护）对相关方、团队成员及可交付成果的使用者的支持。
- 告知决策制定者项目的"是什么"和"为什么"。
- 通知最终受益人和其他受项目影响的人，并为他们做好准备。

除对项目的那些最靠近者的影响之外，其他影响包括下列各项：

- 项目执行（如测试）的任何阶段可能包括一些变更，甚至对部分或所有用户的常规服务的中断。这些影响需要预先沟通。
- 实现也可能包括本地化程序的变更、对用户重新培训和其他效果。所有可能的影响需要及时地沟通。

重要的是像项目管理的其他部分一样，理解有效的沟通是一个过程。像任何过程一样，抽取那些方便的部分同时忘记不便的部分是不可能的。项目管理协会定义了沟通管理的3个过程：

- 基于相关方分析的结果规划沟通管理。关键相关方应给予特别关注，因为他们是应该密切管理和频繁交互的对象。
- 通过执行沟通计划的所有元素来管理沟通。
- 通过监督沟通计划及其满足相关方需求的有效性来控制沟通。

为了有效地规划沟通，有一些可用的要素是必需的。应用的主要工具是相关方登记册，这个工具至少识别出项目中的每个相关方及其角色，他们的期望，他们对项目的潜在影响，以及他们在项目中的利益相关度。涵盖管理相关方的策略同样是有帮助的。

所有这些帮助项目经理更好地决定什么是与个体相关方沟通的最好方法。此类信息是沟通需求矩阵或沟通计划的一部分（见表13-1）。

表13-1 沟通计划模板示例

项目沟通计划模板					
每项沟通的附件应包含：		■ 接收者列表 ■ 消息文本		■ 媒介需求 ■ 交付进度及谁来交付	
听众	消息（是什么）	意图（为什么）	媒介（如何）	时机	责任

重要的是，至少包含下列要素作为沟通计划的一部分。

- 听众：每次沟通的听众是谁？检查项目章程、范围说明、工作分解结构和其他项目文件以决定听众。
- 消息：什么消息应该传达给听众？要素包括下列各项：项目需要对它的听众传达什么？谁是消息的始作者或发起人？它将会如何发生并且以怎样的步骤发生？它的听众需要做什么，截止时间是什么？
- 意图：为什么这次沟通会发生？意图的效果是什么？希望达成什么？收益是什么？

- 媒体：该如何沟通取决于项目的阶段、听众和其他因素。它通常采取面对面的沟通来达成赞同，获取支持，而且激发人们去行动。在其他的时间，可以使用硬拷贝打印和电子媒体或媒体组合。
- 时机：考虑范围说明，演进的项目计划，以及项目负责人和关键相关方的建议，以决定沟通方法和时机。
- 频率：沟通需要多久发生？
- 责任：对于沟通计划的每项消息，询问下列各项问题：谁将会准备消息，构建媒体，协调递送？谁将会是沟通的发起者或签收者？谁正在发送信息？

在虚拟团队流行的今天，沟通会特别具有挑战性。在制订沟通计划的时候会有以下一些考虑：

- 信息的紧急度（会导致失败吗？）：如果我们依赖技术，它有多可靠？时区在这里很重要；如果信息是紧急的，接收者接收信息会有延迟吗？
- 技术可用性（可访问？）：不同国家在技术兼容性方面、不同的媒体可用性和可访问性方面有所不同。如果一个方法失败，有备选方案吗？
- 预期的项目人员（需要培训吗？）：项目相关方（包括团队成员），在各种不同的软件程序中有不同的技能水平。如果需要培训，它会对项目成本有影响并有可能性延误进度。
- 项目时长(项目会持续多久？):持续一周与持续 7 年的项目沟通是不一样的。其他考虑的问题可能是项目环境本身——它是虚拟的还是面对面的？信息的保密性会对沟通媒体产生巨大的影响。

沟通的一个重要方面是确定使用的最好方法。项目管理协会定义这些方法如下：

- 交互式沟通是最有效率且是最优选的方法。它确定接收者正在提供反馈给发送者。常见的交互式沟通是一对一会议、电话和即时信息等。
- 推动式沟通是信息发送给接收者，并且没有获取反馈的压力。典型的推动式沟通是报告、电子邮件、语音邮件甚至博客。
- 拉动式沟通用于大量信息且不需要反馈的场合。当接收者需要信息时，通常从数据库或项目工作簿访问它们。通常认为拉动式沟通是数据站点，如 Sharepoint 或其他 Internet 或 Intranet 站点。

案例 13.1　网易彩票为何被中消协点名？

💲 案例背景

2018 年 11 月 28 日，中国消费者协会（以下简称"中消协"）发布了《100 款 App 个人信息收集与隐私政策测评报告》，并特别点名了几款金融理财 App，如网易彩票 App（见图 13-1）收集个人财产证明、个人上网记录、通信、位置（包括行程、住宿）等信息，涉嫌过度收集和使用的问题；捷信快带收集工作信息、通信录、个人征信、学历，涉嫌过度收集，各类信息对应的业务功能未明确说明的问题。

图 13-1 网易彩票 App

中消协此次测评和点名的意图也很明显，希望通过这种沟通方式来向市场传达 4 点建议：一是加强隐私保护立法，提高立法立规的前瞻性；二是督促 App 开发管理者根据 App 核心功能和扩展功能明示个人信息收集范围，保障消费者的知情权和选择权；三是各应用商店要认真履行平台审核责任，强化 App 保护隐私条款的明示义务；四是强化部门间的沟通合作，完善消费者个人信息安全问题的投诉举报制度。

案例分析

项目沟通有多种方式，案例中的沟通信息发送方是中消协，受众群体是 App 开发管理者和消费者，沟通意图是向市场传达关于个人信息收集与隐私政策的 4 点建议，沟通方式是通过测评和点名的方式来引起 App 开发管理方和市场的注意。

13.2 沟通模型

如果没有描述沟通模型，沟通规划的研讨是不完整的。人们能想到多少，就有多少可用的模型。最通常的和最简单的模型，如图 13-2 所示。

- 发送者是信息的发起人。
- 编码是启动沟通过程的行为。
- 接收者是接收信息的人。
- 解码是理解信息的过程。
- 噪声干扰信息的编码，而且它可能是文字噪声、娱乐、造成误解的文化因素，或者使接收者聆听困难的当前环境因素。
- 媒体可能是电子邮件、电话、书面文件甚至面对面的沟通。

图 13-2 最通常的和最简单的模型

反馈是至关重要的，因为它通过确保发送的信息被接收者正确地解释来结束沟通循环。一定不能忘记这一点。除非我们的信息已收到并已被理解，否则我们不能真正说已经完成沟通。

具有沟通模型知识的优势在于它描述了沟通如何在相关方之间发生。曲解、不明确和不一致都增加了不确定性和不满。了解可能发生在团队中的潜在曲解的循环性质可以有效地预防沟通不畅，当团队成员来自世界各地时尤为明显。语言差异可能导致影响使用媒体的噪声，这反过来会对谁应该是发送者产生影响。

要考虑重要的方面是否采用了电子邮件的沟通方式。有效的项目经理会在项目开始时就讨论好邮件规则，这一般作为团队章程的一部分。建议的讨论主题可包括以下内容：

- **包含一个说明重点的主题**：在开头一两句就阐明你的观点。确保在最初几句话里就指明是否需要行动。作为邮件主题来说，一般人都不怎么喜欢去猜测"你想说什么"。
- **注意语气**：书写时"语气"虽然难以形容，却往往很容易被理解为否定。重要的是，发送者应给人一种友好、平易近人的专业人士的印象。避免使用大写字母、惊叹号或其他可能导致负面理解的标点符号。同样要避免使用缩写和表情符号，无论"笑脸"有多诱人。
- **充分利用拼写检查**：语法和拼写错误会令人觉得你漫不经心。那些很少使用拼写检查（Spell Check）来查找错误的人，有可能因此而后悔。
- **不要提前发送邮件**：在填完"收件人"和"抄送人"之前不要过早发送。如果在电子邮件中重视语气或专业素养，尤为如此。有时候书写电子邮件的过程能让人更客观地思考所要表述的东西。
- **只有真正紧急的邮件才用"紧急"标志**：让团队来决定什么才是"紧急"事项。

案例 13.2　Entrust Datacard 按需发卡，实现精准沟通

案例背景

随着科技的进步，银行卡印刷技术不断提高，发卡银行传统的经营模式也有了突破，因此过去针对大众化的产品思维模式已经不太适应当今市场的变化。发卡银行如果不对一款信用卡产品的数量做好评估，可能就会造成预印卡供应不足影响用户体验，或者预印卡过剩浪费的现象。

如果有一种技术，可以帮助发卡银行实现降低或消除过去预先印制大量预印卡而可能造成的浪费，那么这种技术就会受到发卡银行的青睐。

Entrust Datacard 个性化发卡，如图 13-3 所示。

图 13-3　Entrust Datacard 个性化发卡

作为个人化工艺重要环节的美国供应商 Entrust Datacard 公司率先提出了"按需发卡"的发卡策略。发卡机构仅需储备一种或寥寥几种卡基，甚至是白卡，即可用于各类卡片的发行、打印和个人化处理。无论是远程集中式发卡的小任务生产，还是柜台或是网点 1∶1 即时发卡，都可以帮助银行有效提高卡片设计、卡片测试和投产效率，节省样卡打印和预印卡成本。据统计，有效的小任务管理可为生产者带来 8% 以上的产能增效，仅仓储成本一项即可降低至少 25% 的单卡成本，项目周转时间也由传统的以周为单位转为以天计。

不仅如此，依据具体项目或需求而进行按需打印还可以帮助发卡银行结合大数据分析后的消费者画像实施精准的附加权益和项目营销，在拉近与客户距离的同时实现效益最大化，获取新客户，留住老客户。

案例分析

Entrust Datacard 公司"按需发卡"的发卡策略，以及远程集中式发卡的小任务生产和网点 1∶1 即时发卡形式，改变了原来发卡银行的合作模式，同时也改变了与发卡银行的沟通方式。

原来的传统预印卡模式对应的沟通方式大都是发卡银行向供应商传达被动

> 需求的单一方式，这种方式缺乏有效的双向沟通与反馈，不能实时地依据市场和持卡人需求而动态调整；而现在 Entrust Datacard 公司"按需发卡"的发卡策略和 1∶1 即时发卡形式，使得发卡银行和供应商之间更多的是高频、基于小任务的快速双向沟通，有利于根据市场需求动态调整，从而大大降低仓储成本，极大地提升项目周转时间。

13.3　项目主要的沟通方式

上面的讨论包括两种主要的沟通方式：书面和口头。但是要注意，沟通的第三种方式也很重要。那就是肢体语言。肢体语言也叫人体动作学，是现代沟通和人际关系的重要方面。肢体语言在帮助人与人之间的理解和表达时占了非常重要的比例。多位人体动作学专家均同意，人类沟通中的 50%~80% 都是非口述的。因此当肢体语言统计学因环境而改变时，接受非口述沟通在了解彼此中非常重要，尤其在面对面沟通和一对一沟通中，当沟通包括情绪或态度的元素时最为明确。

当第一次遇到某人时，肢体语言是一个决定性的因素。只花数秒就能让一个人形成以第一次会面为基础的意见。这个初始的本能评估更多地建立在看到了什么及从其他人身上感知到了什么（而不是他说了什么）的基础上。许多场合下，在听到话语前，人们已形成关于一个陌生人的强烈观点。这在相反方面也是真实的其他人基于肢体语言形成他们对我们的意见。

虽然对肢体语言的解释不可能是沟通计划的一部分，但当与主要相关方（包括项目团队）沟通时，高效的项目经理应注意肢体语言。下面是一些解释肢体语言的通用规则：

- 当翻译肢体语言时，记住信号不是必然代表某个意义。经常说如果人们在讨论期间交叉双臂，这意味着他们正在拒绝你。然而，对某些人来说是相反的，当交叉双臂时，他们正在一心一意地听。双臂交叉结合与向下看并且坐在椅子里面的动作更多的是暗示这个人不再听你的话了。
- 文化差异影响肢体语言信号及其解释。指南的一般解释通常是基于西方人或北欧行为的。某一文化的基准在另外的文化中可能意味着完全不同的事物。例如，我数年前在日本教授课程。在课程的解释中，课程参与者中的两个向后坐在了椅子里面，交叉双臂，而且闭上了眼睛。我想可能课程有些枯燥，因此更努力地进行讲解。更多的学员向后坐在了椅子里面，交叉双臂，而且闭上了他们的眼睛。休息期间，我告诉主办方，学员觉得非常枯燥无聊。他笑出声来。"不，"他说，"在我们的文化中，当他们认真听讲的时候，他们会闭上眼睛！"

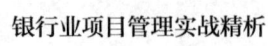

- 在多元文化的环境中，不要使用口语手势。手势在不同的文化中意味着不同的事物，因此为避免令人困窘的情形，请勿使用手势。注意：没精打采、把脚放在腿上，以及其他随意的姿势，也会被误解。

要记得，没有绝对完美的沟通，这一点很重要。但是花时间提前做计划对改进沟通是大有裨益的。沟通过程，如项目管理协会所定义，在项目环境里代表给予和接收信息的有效方式。选择正确的沟通，了解不同的沟通方式，成为有效的发送者，并且作为接收者提供有效的反馈将有助于实现更加有效的沟通。

案例 13.3　《咖啡情侣》所带来的"因您而变"

案例背景

作为首家搬到咖啡厅里的商业银行，招商银行早在 2015 年就打造了全新的咖啡银行模式，与年轻客户产生了更"接地气"的互动，赢得了目标客群的追捧。2018 年，招商银行更是凭借一支《咖啡情侣》的广告，被网友评价为"一家被银行耽误的广告公司"，广告凭借细腻走心的文案和温婉的故事情节，体现了招商银行广告语"因您而变"，也为咖啡文化做了一次高雅的宣传。

在咖啡类商户的优惠活动中，招商银行持卡人可在"掌上生活"App 中以 699 积分兑换太平洋咖啡标准杯手调咖啡 1 杯，也可以 9 积分兑换 COSTA 指定饮品 12 元立减优惠券，或者在全国指定星巴克门店用 799 积分兑换 1 杯任意口味的中杯手工调制饮品。同时与网红流量咖啡店合作，持卡人可以在周三以 20 元优惠价格购买熊本熊咖啡 40 元代金券 1 张。

招商银行《咖啡情侣》广告，如图 13-4 所示。

图 13-4　招商银行《咖啡情侣》广告

在不同的地域与不同的本地排名靠前的咖啡商户合作活动，如在浙江台州持卡人每周三至招商银行"掌上生活"App 专享 50 元购 100 元代金券优惠，成功地将消费向二、三线城市引流，获得咖啡类商户交易笔数第一名。

案例分析

招商银行用了一种巧妙的方式,向持卡人传递自身使命"因您而变"和咖啡文化,让目标客户群有强烈的共鸣。事实证明,这种沟通共鸣的产生给招商银行的商户交易也带来了正向的影响。

正如上面所说的,没有绝对完美的沟通。但花时间提前做计划对改进沟通是大有裨益的。沟通过程是在项目环境里代表给予和接收信息的有效方式。

总结

沟通过程是给予和接收信息的有效方式。选择正确的沟通,了解不同的沟通方式,成为有效的发送者,并且作为接收者提供有效的反馈将有助于实现更加有效的沟通。因此提前做沟通计划对改进沟通是大有裨益的,并且了解沟通模型包括发送者、接收者、编码、解码、噪声和媒介。沟通有三种主要方式:书面、口头、肢体语言。肢体语言在帮助人与人之间的理解和表达时占了非常重要的比例。

第 14 章
项目采购管理

本章内容

- 采购管理流程
- 采购合同
- 采购团队的选择
- 五个采购场景

本章案例

- 案例 14.1 兰考县采购蚂蚁金服金融服务，实现小微金融大发展
- 案例 14.2 深圳国税局与腾讯合作推广区块链电子发票
- 案例 14.3 翼支付加速混改落地，打造普惠金融生态圈
- 案例 14.4 宇宙行转型，工银科技布局雄安新区
- 案例 14.5 美团点评如何实现"羊毛"出在"狗"身上？

采购管理的重要性越来越被组织和团队所认可。在实际的项目过程中，不实施采购管理的理由有二：成本太高；时间周期太长。事实上，采购的标准操作流程是可进行适当裁剪的。导致很多采购管理失败的根本原因在于实施过程中忽视了一些关键问题，但很少评估不执行采购管理流程的风险。

另外，也有很多组织将其成功归功于项目采购管理的最佳实践。非营利组织同样会遇到采购管理过程中的难题，并且也能够从采购管理实践中受益。

14.1 采购流程和项目

采购本身也应该被视为一个项目来进行管理，即使对于小规模的采购工作来说也是如此。成功的采购需要遵守标准的采购流程并按照项目管理的方式来推动。有很多种流程标准和指南可供组织借鉴，包括电子与电气工程学会的 1062 标准［该标准来源于软件标准集，以及软件工程研究所（Software Engineering Institute, SEI）和其他地方］。相关的流程与《PMBOK®指南》中的高度相似。尽管前两个参考资料描述了软件采购标准，但这些流程本质上都是经过裁剪以适应所有采购的。每个流程

步骤都是用来解决采购相关的问题以达到预期业务目标的。开发的标准采购流程要完成以下目标：
- 杜绝或减少合同诈骗的侵权情况。
- 降低风险。
- 描述目标产品和服务。
- 监督成本和绩效。
- 确定选择和验收标准。

通常的采购流程包括以下4个：

（1）规划采购管理。

（2）实施采购。

（3）控制采购。

（4）结束采购。

现在，越来越多的采购流程被认为是能够适应技术进步，并且不受官僚作风影响的高效供应链的形态。通过建立伙伴关系获得经济利益的方式，包括在采购规划和执行采购过程中的"团队协议"。对于小规模的采购操作来说，任务可能只包含简单的协议、发票和申报表。

采购工作有明确的产出要求、不同的复杂程度及时间框架，这些特点满足了对"项目"的定义。采购工作可以嵌入更大的项目工作中。这项工作需要有项目经理这一角色来确保项目按照流程完成，团队工作围绕预期目标开展。这是不考虑以下范围变更的情况：简单任务完成工期短、移动环境、商品购买、长期性的重要外包及新产品开发。需要指派一个具体的管理者或代理人来完成多项复杂的监管工作。

图14-1所示的是一个中等规模采购工作的典型时间表，其中时间刻度代表根据战略规划启动这项工作后的各个阶段。确定自制或购买后，其他的战略里程碑回顾会确定这样工作是继续进行还是停止。这种决策是基于不同项目阶段或项目过程中所获取的信息做出的。

在安排项目采购工作时，项目开始于启动和规划阶段，该阶段的工作包含准备招标文件、寻找合适的卖方（如有必要）及进行选择。项目执行阶段需要对卖方的工作进行监督。采购也可能包括与其他人或买方合作的开发项目。

根据合同协议，交付验收成果可能有不同的节点。项目完成意味着整个采购工作及合同的结束。项目工作的成败有赖于有多种知识背景的人的合作努力，这一点在前面已有讨论。

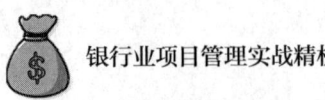

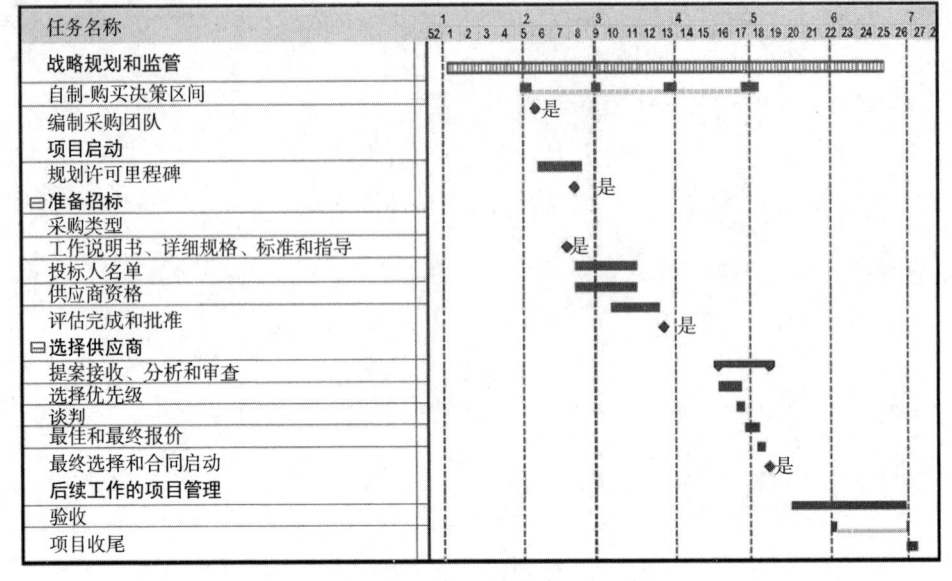

图 14-1　采购项目管理活动和周期

案例 14.1　兰考县采购蚂蚁金服金融服务，实现小微金融大发展

案例背景

说到河南兰考县，大家都会联想到人民好干部焦裕禄。2018 年，兰考县与蚂蚁金服合作，兰考县向蚂蚁金服提供的政府公共数据主要有新农合、土地流转确权和农业补贴三项。该县有 85 万人，其中有 65 万人为农民。对接数据时，初步筛掉了不符合贷款年龄的农户，蚂蚁金服服务的是 60 万个农户。截至 2018 年 10 月末，蚂蚁金服县域平台在兰考县累计放贷 1.8 亿元，余额为 1.15 亿元，不良贷款率 0.75%，服务农户 9400 人。而一个可比的数据是，当地一家农商行 60 人，通过一年的时间才放贷 1.8 亿元。

案例分析

正如上面所提到的，成功的采购需要遵守标准的采购流程并按照项目管理的方式来推动。河南兰考县向蚂蚁金服开放政府公共数据，通过建立伙伴关系来获得经济利益，通过采购蚂蚁金服的金融服务来实现小微金融的大发展，盘活了当地经济，达成了原来人民好干部焦裕禄所梦想的"脱贫致富奔小康"。因此，应当鼓励金融机构与地方政府合作，实现小微金融的综合性开发利用。

14.2 角色/职责

通常情况下，没有哪个人能够具备完成所有任务的所有技能，任务领域可能涵盖法律法规、技术能力、业务能力、采购及项目管理能力等。因此，组建一个由不同背景成员组成的团队会有助于在采购任务中的相互制衡。

另一个将采购流程当成项目的原因在于团队关系的多样化、相关方及独特的业务需求情况。采购管理过程中的合作协调需要由一位理解业务和技术需求的项目经理来完成。

表 14-1 中的责任分配矩阵（Responsibility Assignment Matrix，RAM）揭示了普通的中等规模的组织中活动和角色的复杂性。需要注意的是，在 RAM 中，有可能会出现以下情况：

- 一人承担多种角色。
- 部分角色可外包。
- 角色任务可授权。
- 在采购执行和监督阶段，若有多种情况和问题出现，其他相关方会参与进来。

表 14-1 责任分配矩阵

阶段 角色	启动	招标	选择卖方	管理/执行	监测	结束
	通常情况下每个阶段的职责					
项目经理	接收项目章程 整合项目规划方向 经验教训回顾	采购规划 准备工作说明书 批准规格 提交招标文件	共同决定技术方案选择任务	各相关方的项目接口	监督项目沟通状态	完成项目文档经验教训
买方*	回顾规划	评审	共同决定商业任务	商务和财务接口	监督卖方业绩和付款里程碑	完成采购记录和文件
法律部门	参与者	生成合同条款及条件 定义最终产品数据权限	评审 处理谈判业务	评审	问题回顾变更管理	结束合同
技术专家	评估规划	编制技术规范	技术问题和评审支持	验收评审和支持	项目技术状况	文档工作支持
业务部经理	战略规划	自制-购买决策	审查和批准	接收业绩状态	可能提出变更要求	业务部署
指导委员会	监督	监督	监督	监督	监督	监督

注：
- 买方的角色通常来自采购组织。
- 外包增加了采购以外的管理风险。
- 可能需要其他监督来确保各参与方的责任，以共同应对欺诈行为和管理不善问题。

当项目阶段转变而有变更发生时，项目 RAM 也要随之改变。在项目的某些阶段，会需要一些经验更加丰富的知识型工作者来整合和分配采购的任务。

当组织过程和程序能解决团队如何组成、角色的职能需求、实施的过程，以及顶层项目计划的批准等问题时，则角色和职责的争论会减少。计划应从组织标准实践中导出，涵盖以下方面：

- 得到招标规划的输入。
- 管理可接受的卖方。
- 使新的、潜在的卖方具备资格。
- 定义筛选流程。
- 基于采购类型制定采购标准。
- 控制范围变更。
- 报告以达到监督的目的，定义项目、批准和过程。

14.3 采购项目管理团队的选择

项目启动之初，必须考虑团队成员的组成和培训。在团队选择上需考虑以下几个因素：

- 与卖方接洽的人应该是能获得卖方信任并能与其建立良好工作关系的人。
- 业务带头人需要具备项目管理技能和谈判技巧。
- 要明确定义所接受的产品或服务的责任与方法，如卖方与买方组织的联合责任分配矩阵。
- 团队规模的大小取决于商业和技术因素、采购流程的复杂程度及需要承担的风险。
- 相关方的参与度需要在项目规划阶段识别。

另外，采购项目也要考虑相关方关注的其他问题。这可能包含项目管理公司、职能管理、对产出结果关注的管理人员、质量控制机构、业务单元、其他服务、生产制造及客户等。下一节将会介绍在不同的采购管理过程中的经验、教训及最佳实践案例。

案例 14.2　深圳国税局与腾讯合作推广区块链电子发票

案例背景

2018 年 5 月，由深圳市国税局与腾讯联合发布了基于腾讯区块链的数字发票解决方案，这是全国范围内首个"区块链+发票"生态体系应用研究成果。

基于该方案，企业方可以在区块链上实现发票申领和报税，用户可以实现链上报销和收款；而对于税务监管方、管理方的税局而言，可以通过区块链达到全流程监管的科技创新落地，实现无纸化智能税务管理。在区块链技术的赋能下，数字发票具有全流程完整追溯、信息不可篡改等特性，与发票逻辑吻合，能够有效规避假发票，完善发票监管流程，实现"交易即开票，开票即报销"。

全国首张区块链电子发票，如图 14-2 所示。

图 14-2　全国首张区块链电子发票

截至 2019 年，这种基于区块链技术的电子发票在深圳已覆盖餐饮、零售、交通等多个民生领域，开票金额超 13 亿元。

案例分析

深圳国税局与腾讯联合建立了"智税"创新实验室，区块链发票是创新实验室的一个应用。在深圳国税局采购腾讯区块链服务、合作创新的过程中，采用项目责任分配矩阵明确各自的职责：腾讯提供云计算、人工智能、区块链、大数据等创新技术，而深圳国税局提供税务管理、电子发票应用研究、风险诊断预警、税收服务优化、税收政策与制度的知识图谱建设等税务场景，双方合作进行挖掘与赋能，才有了全国首个区块链电子发票解决方案的创新应用。

14.4　关于采购的一些新理念

项目管理协会更新了采购管理实践的内容，将市场上常见的一些问题纳入其中。

例如，关于工具和技术的章节中强调了市场研究的重要性，包括调查特定供应商的能力情况。同时，采购经理又要注意不能仅依靠市场研究制定决策，而要与潜在竞标者合作，并致力于开发出能够互惠互利的工具或产品。这种做法符合当前的实践要求，即将供应商列为项目成功的相关方。

另外，关于采购的章节中还讨论了工作文档中的采购说明书，该说明书向供应商详细陈述了目标设定、要求及结果，从这些说明书中供应商可以给出量化的标准。采购工作说明书可能包含但不限于以下几个方面：

- 具体规格。
- 期望数量。
- 质量等级。
- 绩效数据。
- 绩效考核周期。
- 工作地点。

近年来，项目采购管理中还有一个新观点，即采购经理需要按照供应商通过其产品可提供价值的层面来谨慎定义每个需求，同时要通过旧的项目和合同来检查过去的绩效信息并识别风险点（例如，有一个供应商之前因未能赶上项目的最终期限或者没有满足规格要求而导致产品出了问题）。"为了确保满足需求，组织可以借用分析工具来识别供应商的准备状态，并提出期望的最终状态，确定期望的成本，以支持预算，并避免因变更导致的成本超支。"

同样，建议项目经理对工作绩效进行跟踪，以便更好地识别当前已经存在的和潜在的问题，并为后续的索赔或新的采购提供支持。"对供应商的工作绩效进行报告能够增进组织对采购工作相关知识的了解，这些知识有助于组织改进预测、管理风险和制定决策。绩效报告在与供应商产生纠纷的时候也能发挥作用。"这种跟踪也包含了传统领域关注的问题，如合同的合规性。另外，还建议使用采购协议，也称为谅解备忘录、分包合同或采购订单。该协议包含各种条款和条件，也可能包含买方对卖方的工作要求和最终交付情况。

14.5 合同及其他说明文档

新标准中的更新信息强调了创建和规档采购文档的重要性，所要整理的文档可能包含所有支持进度的采购合同、要求未经批准的合同变更及批准变更请求。采购文档也包含卖方制定的技术文档和其他工作业绩信息，如交付物、卖方业绩报告、担保条件、发票和支付记录等财务文档，以及与合同相关的检查结果等。除标准中列出的不同合同类型的讨论之外，《PMBOK®指南》还阐述了主要的工作组件，可能包含但不限于以下内容：

- 工作或交付成果描述。
- 进度基准。
- 绩效报告。
- 绩效阶段。
- 角色和责任。
- 卖方绩效定位。
- 定价。
- 支付条款。
- 交付地点。
- 检查和验收标准。
- 担保。
- 产品支持。
- 责任限制。
- 费用和定金。
- 惩罚条款。
- 奖金。
- 保险及履约保证金。
- 下级分包商审批。
- 变更请求处理。
- 终止条款和替代性纠纷调解（Alternative Dispute Resolution，ADR）机制（ADR机制可被当成采购奖励提前决定）。

案例 14.3　翼支付加速混改落地，打造普惠金融生态圈

案例背景

2018年3月，中国电信翼支付宣布"引战"，并于2019年年初公布A轮"引战"增资结果，正式获得中国人民银行审批通过。据悉，此次"引战"历时9个月，引入前海母基金、中信建投、东兴证券和中广核资本四家战略投资人，迈出了混合所有制改革的关键一步。

随着混改节奏的不断加快，翼支付必将开拓更多场景，发展更多产品。2018年12月6日，中国电信在第二届翼支付合作伙伴大会上宣布进军聚合支付领域，并推出一款聚合支付产品"钱到啦"App，主要覆盖超市、餐厅、批发、快消等多个行业，旨在通过聚合支付的形式加快拓展小微商户的规模。

翼支付生活超市宣传海报，如图14-3所示。

早在2016年，中国电信就提出战略转型将打造五大生态圈，而互联网金融是其中最重要的生态圈之一。也正因此，翼支付作为普惠金融生态圈的重要建设者之一，

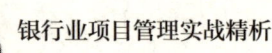

积极与金融机构、商户及其他领域机构开展合作，基于资源禀赋向其他领域延伸。

图 14-3　翼支付生活超市宣传海报

在 2019 年，翼支付从品牌、营销、风控、渠道、金融五大方面实现对合作伙伴的全面赋能。品牌能力方面，以品牌联动、资源互换实现双赢导流；营销能力方面，以对用户标示多维度定制化标签，实现精准触达及引流；风控能力方面，以超过 4 亿个关系数据、7 000 万个节点为支付及借贷场景提供风控支持，实现反"薅羊毛"、反欺诈；渠道能力方面，打造聚合支付平台、翼支付小程序和中国电信商户金卡线上、线下赋能商户，实现资源共享、生态共建；金融服务能力方面，以普惠保理及项目保理两大资金供应链支持合作伙伴做大做强。

> **案例分析**
>
> 正如上面所说，项目经理要与供应商合作，并致力于开发出能够互惠互利的工具或产品，也就是将供应商列为项目成功的相关方。翼支付从品牌、营销、风控、渠道、金融五大方面实现对合作伙伴的全面赋能是践行这种采购新理念的典型做法。
>
> 在多维度的全面赋能、国企混改的积极推动下，翼支付的市场发展迅速。截至 2018 年 12 月，翼支付业务覆盖至全国近 400 个主要城市，注册用户数 5 亿个，月活用户数超过 4 000 万个，累计发展 1 000 万个商户。其中，中国快消连锁与特许连锁前 100 强商户的覆盖率超过 60%，成为国内最大的民生缴费服务提供商之一。

14.6　采购经验教训及最佳实践

通过借鉴各种采购项目经验，包括国防和商业项目中长期采购、大宗采购及简单的商品购买等类型，在表 14-2 中汇总了相关知识领域及项目管理阶段采购的经验教训和最佳实践。这些建议是基于该领域的经验做的总结，它对《PMBOK®指南》中相关的建议和实践说明进行了扩展，而不是简单的重复。重点强调在实践中要遵循或顺应采购流程，而不要忽略看似短期获利的一些步骤。

表 14-2　项目采购管理的经验教训与最佳实践

项目管理领域或阶段	经验教训或最佳实践
流程	• 在过程中跳过某些步骤会增加风险。标准的流程能够规避风险，或者校正故障和问题 • 采购流程不完善可能造成后续成本和时间上的损失 • 对于训练有素的知识型工作者，遵循流程行事并不是多此一举 • 组织工具和标准模板有助于招标工作的准备，并能够进一步增强针对采购流程的培训
合同类型	• 有供应链管理的大型企业通常需要接口流程，该流程是基于采购类型、供货商类型、资质及信息自动化接入方式建立的 • 成本控制首先要考虑的是详细规范和卖方资质鉴定流程 • 必须明确指定最终交付物的所有权 • 商用现成品或技术通常简称为 COTS。如果处理不当或者没有做好规划，则 COTS 的购买被称为 COSTS 更合适
卖方选择	• 花费时间鉴定卖方资质通常会带来更好的工作关系和更低的风险 • 期待卖方和买方的系统完全一致是不切实际的。要在工作说明书中对通用流程和框架重要部分的能力要求进行说明 • 价格最低的投标者带来的风险可能是最高的 • 背景调查是了解候选供应商的一个好方法
规划	• 要对采购进行管理，以确保产品满足规格要求和工作说明书要求 • 规划中要对风险管理进行说明
风险管理	• 付款里程碑能够保证买方获得特定的交付物并降低风险。要在工作说明书中清晰地定义付款标准 • 不管卖方规模大小、经验深浅，都必须进行风险管理
培训	• 一般情况下很少认真执行采购流程，因此为保证采购实践与组织要求一致，必须进行流程方面的培训
项目管理	• 详细的规范和工作说明书减少了潜在的因范围变更导致的索赔量 • 外包应该作为有项目经理管理，并有计划支持的项目 • 周期性的采购仍然需要进行技术验收和变更管理 • 卖方接口应该有买方和项目经理监督，避免未授权的范围变更 • 采购项目的项目管理应该是理解卖方团队的人，这样才能更有效地管理这项工作 • 如果卖方变成对接终端用户的项目管理接洽人，是会出问题的

续表

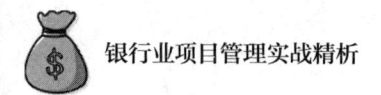

项目管理领域或阶段	经验教训或最佳实践
商务管理战略	• 采购目标可能与买方的核心能力无关。技术团队需要了解职责、关系及战略 • 将工作外包不一定能节省人力、时间和成本。公司的目标要支持战略性的业务需求 • 外包不应该是跟风行为，要考虑一些高端的战略 • 没有项目团队，采购工作是很难成功的
角色和职责	• 技术团队要对规划中列明的交付项进行验收和验证 • 卖方经常认定购买方应该对全部流程负责，所以开发方在前期规划中通常不明白其角色职责，这就导致流程中一些关键要素缺失
变更管理	• 如果规范需要修改，目的是移除不需要的特性或任务，或者确保项目的成功，那就一定要进行修改。开发错误的系统很有可能带来沉没成本或导致返工

表14-2里的部分条目来自某银行项目的辅助软件的采购流程。该软件项目采购实践和一般采购流程并没有太大区别。因为软件开发和其他服务类项目本质上皆为无形产品，所以这些工作通常要面对更多因缺乏计划、协作和监督而导致的风险。

14.7 提高成功的机会

各种采购都会存在风险。有一些技术已经被证明能够提高项目成功的概率。从"第一次就把事情做对"的态度开始，给出如下建议：

- 举行早期投标人会议来获取关于工作说明和产品规格的反馈。该会议可采用电话会议或移动通信设备的方式进行。要使所有潜在卖方获取相同的信息。要对卖方的评论意见进行管理，确保对竞争性的敏感信息保密。根据卖方反馈举行后续的会议，向其展示更新的文件。同时也能够帮助卖方确定应对策略。
- 通过社交媒体网络，或者检查竞标人的社交媒体平台获得竞标人名单，可以依据这些信息来制定关于竞标人能力和经验的面试问题。
- 在进行自制—购买决策时应该知道应付成本是什么，从而更明确地衡量卖方的答复。有大量投标者参加竞标的情况下，需要有合理的依据判断，怎样用低的成本并在不违规的情况下进行管理。
- 不要急于走完采购流程，到最后才发现丧失了大好机会或者产品规格未达标。
- 如果招标文件有变更，采购流程和程序需要及时更新，并且应该获取新的竞标。
- 竞标是一种降低风险的方式，它可以避免厂商锁定或徇私舞弊。如果采购流程运行良好，采购工作应该可以让买方获得最好的结果。
- 确定如何强制实施终端产品或服务的质量标准。最终结果可能并不比最弱的质量组件好。
- 将集成产品开发团队作为项目团队和相关方的一部分。
- 确保团队经过充分的采购流程培训。对于有紧急需求的人要给予进修培训。
- 根据经验和最佳实践更新组织的实践。
- 定义团队的职责和问责制。维持项目采购实践和结果的透明度。审计项目是否遵循实践与项目工作说明和规格。
- 使用双人（多人）规则降低风险，以确保监管到位及评估的公正性。
- 对于单源采购要有明确的理由，避免草率购买很快又后悔的情况。每一个采购步骤都要做好成本收益分析。
- 对买方和卖方都要执行严格的变更控制。
- 定义并理解验收的意义及关联的付款条款。

全面理解采购流程和实践项目管理原则有助于提升组织将产品和服务推向市场的效率。接下来，我们一起看下应用经验教训来处理不同规模或不同种类的采购工作时的注意事项。

案例 14.4　宇宙行转型，工银科技布局雄安新区

案例背景

2019 年，工商银行通过附属机构设立的工银科技有限公司在河北雄安新区挂牌开业，成为首家在雄安新区设立的银行系金融科技子公司。

此次工银科技落户雄安新区的同时，雄安新区管委会启动、运行"雄安征迁安置资金管理区块链平台"（以下简称"征迁平台"，见图 14-4）。该平台将应用工商银行的区块链技术，实现征迁原始档案和资金穿透式拨付的全流程链上管理。

图 14-4　雄安征迁安置资金管理区块链平台

除区块链技术固有的信息公开透明、数据互联互通的共性外，征迁平台还融合了工商银行的金融服务，提供支付结算、供应链融资、信用贷款等产品，同时构建"数字雄安"等开放生态，深入征拆迁、工程建设、住房租赁等领域，扩展和完善新区"1+2+N"应用场景，融合政府、企业、金融机构，优化政务民生服务，实现产业赋能。

目前，工商银行不断拓宽"区块链+"平台，其研发的工程资金管理系统已用于雄安集团及其子公司的大部分项目，包括截洪渠、唐河治污、春季和秋季造林项目，已覆盖新区300余家参建企业和5000多名参建人员。

另外，为了助力"数字雄安"等建设，工商银行将成立"工银雄安数字金融实验室"，并提供融合区块链、大数据、人工智能、生物识别、物联网等技术的金融科技整体解决方案，满足新区政府、企业及居民的多方位需求。

案例分析

从"第一次就把事情做对"的态度开始，全面理解采购流程和实践项目管理原则有助于提升组织将产品和服务推向市场的效率。工银科技落户雄安新区，与雄安新区管委会合作运行征迁平台体现了这一原则。

这包括征迁平台融合了工商银行的区块链技术、金融服务，并将研发的工程资金管理系统用于雄安集团及其子公司的大部分项目，成功的背后是工银科技采用类似定义团队的职责和问责制、维持项目采购实践和结果的透明度、审计项目是否遵循实践与项目工作说明和规格等多个采购流程，确保合作项目的成功。

14.8 五个基于规模或种类的采购场景

根据采购的规模、范围、尺寸和种类的不同，以下5个场景展示了采购流程，并总结了相关注意事项。"种类"定义公司会根据采购规模来定义采购的流程和步骤。采购指引是为了提高成功的概率、避免违约和减少沉没成本。

14.8.1 场景1：产品目录或现有商用产品中的已有条目

采购已有产品时，需要在选择供应商前定义需求规范和标准。经常会发现一个现象，因需求定义不清楚导致所购买物品闲置不用，且造成大量时间和资金的浪费。所谓的定义，不只是某人看到一个简单的描述或者竞争对手正在使用该产品。目标是满足业务需求。

所采购的项应根据需求进行评估。如果发现有缺陷，就要估算将该产品集成到最终产品中时所带来的总成本。通常，稍微贵一点的产品能够节省集成和修复故障的工作成本。所以，可以通过产品评估找出将采购项整合到最终产品中的最低成本影响。

在评估采购项目质量时，也需要依赖经验或者训练。大宗购买要求更高水平的规范来减少返工或召回。对已有物品的选择依赖组织机构愿意承担的风险水平。最后评估结果可能是选择一次性产品或花费不必要的成本。该方法的关键是将主要精力投入前期可行性评估或者原型设计。

14.8.2　场景 2：服务或技术支持的简单承包

简单的合同或服务可能难度不亚于大的合同。获取移动应用程序的工作可以归为这一类工作。在这种项目中，写下期望目标、决定完成方式及里程碑也是至关重要的。付款应该基于双方对里程碑计划的完成情况。服务计划应该尽量包含工作的目标及后续主要问题的解决方式。

14.8.3　场景 3：对现有产品进行最小化改良

在未进行改造的情况下，已有的产品可能无法完全满足业务需要。要确定有权限执行变更及对产品或服务进行升级。采购策略可能是雇用一个卖方对现有的产品进行更新以满足规范。招标文件中要清晰描述买方和卖方在集成解决方案和支持系统中的职责。如果双方都在进行产品相关工作，职责就比较难界定清楚，并且对产品的维护方式也比较难决定。因此，对双方的职责和工作范围进行划分是一个较好的管理方式。同样重要的是，要重点关注专业领域的知识。卖方可能在技术领域是专家，但在产品部署的商业应用上则不一定。在这一领域，买方可提供必要的接口。

对产品开发接口进行严格的管理有助于将困难和解决方案隔离。分解工作使我们可以更好地估算成本及整合工作。尽量清晰地定义接口能够帮助简化任务。要掌握复杂系统的所有知识是比较困难的事情。根据已经界定的明细和接口对工作进行分块之后，买方和卖方团队只需要知道相关的功能和接口需求就可以了。

14.8.4　场景 4：重要新开发

在这种情况下，因买方要采购的是全新的技术或特殊的解决方案，所以要考虑将整个组件分配给卖方进行开发。这种方式的工作量可能比较小，但是它对于一些自主或嵌入式系统的研发工作是至关重要的。买方组织需要解决的是穆尔（Moore）所言的"跨越鸿沟"的问题，需要买方完成从交付物可行性研究或研发一直到集成到稳定环境中的全部过程的规划和管理。从最初到最终版本的各个阶段都需要规范化操作。为了降低风险，每个阶段都要基于当前情况制定"推进/放弃"的决策。在某些节点上，买方甚至可以提出对下一阶段的建议。如果性能不佳或未达到预期目标，这个工作可以重新竞标。

在这个场景中，采购目标通常是将独特的特性和能力转变为稳定的产品。新科技或特殊实现会引发更多的风险。采购策略应包括阶段性方法，来展现不同的增量交付。在阶段性方法中，开发工作被划分成不同的阶段，包括从生产前的最小必需功能到多个提升的能力解决方案。采购项目的关键部分包括规划、风险管理、监控、集成变更管理、质量控制验收及沟通。

14.8.5 场景5：离岸外包/外包

很多公司倾向于将主要开发工作离岸外包，但不进行充分的风险分析或制订管理支持计划。

这样会使核心竞争力丧失而且很难弥补。不成功的采购项目俯拾皆是，而且其对生产效率造成的冲击也是不可估量的。所谓的成本优势很快就会因为缺少项目管理而不复存在。跟风不应该成为将开发工作外包的理由。更多成功的成果来自国内外包业务的数量。如果将所有的开发工作都外包，很容易导致品牌和通用性的丧失。外包对于卖方来说能够大大提升其应用性研究的优势，但对于买方的相关核心能力而言是一种损失。随着经济、环境和组织的不断变化，成本优势可能稍纵即逝。

以下几个要素需要在规划过程中予以考虑：
- 管理方式。
- 沟通和差旅。
- 标准的建立。
- 产品验收和质量控制。
- 附加的采购需求。
- 跟踪和衡量标准。
- 成本汇报和控制。
- 客户满意度。

建议让各个参与方知晓整个项目计划并据此制订各自的计划。在项目启动前，应该首先完成组织层面的项目组合分析及关于策略优劣势的核心能力评估。短期的收益无法抵销长期的损失。在没有任何保障的情况下取消重要的流程步骤将会增加项目失败的风险。

案例14.5　美团点评如何实现"羊毛"出在"狗"身上？

案例背景

现如今各大收单机构都在尝试平台化，即都想让"羊毛"出在"狗"身上。但效果并不尽如人意，不是增值服务少人问津，就是平台发展不可持续。那么，问题出在了哪里？关键问题就出在没有把"羊"和"狗"养肥、养好。许多第三方收单机构在平台化的过程中急功近利，连最基础的商户日常维系、沟通与服务都没有做到位，就开始大推特推增值服务，结果自然是竹篮打水一场空。

下面我们来看看美团点评是如何通过关键的三步路径法建立起可持续成长的平台的。

首先，激进地推获取商户原始信任。美团点评依靠团购和点评业务起家，继而发展为本地生活平台。早在 2016 年 9 月，美团点评收购钱袋宝获得支付牌照，并大规模投入美团智能 POS 机与 B 端业务联通形成闭环，目前在扫码交易笔数和小微高频的餐饮商户数量上均是行业数一数二的。为什么美团点评的商户能有如此大的优势呢？美团点评早在 2010 年做团购业务时就开始组建强大的地推铁军，并且长年坚持通过这种最原始的方式深耕商户客户，获取了大量商户的原始信任。这种原始信任现在被证明是无价的，不光是其平台业务的重要支柱，也是区别于其他竞争对手的真正壁垒所在。

新冠疫情过后的 517 吃货节，上海餐协携手美团点评开展"千家店消费优惠"活动，如图 14-5 所示。

图 14-5　新冠疫情过后的 517 吃货节，上海餐协携手美团点评开展"千家店消费优惠"活动

其次，增值服务变现要坚守一个"度"。早在 2011 年"百团大战"时期，当时团购网站一夜之间纷纷倒闭，只有美团点评存活下来并华丽转身，关键在于美团点评在把流量进行广告变现时坚守住了一个底线：为每个营销客户提供最有价值的流量资源。在当年各大团购网站无节制地广告变现时，美团点评在其广告页只推荐有限的商户，早期更是每天只允许上线一个商户的广告推广。

最后，平台化最终效果：获客边际成本递减。近年来，当美团点评进入一个新的增值服务领域，如到店服务、到家服务、酒店预订等时，基于美团点评原有用户对平台的黏性，它不需要花费极大的推广费用，只要做好产品和用户体验，用户自然而然地就会使用其新的增值服务。

案例分析

刚才我们分析了基于项目规模或种类的五个采购场景。在刚才的美团点评案例中，也涉及了两个采购场景：

一是美团点评的商户获取。美团点评的商户获取，没有用任何供应商，而是采用最原始的地推方式。只有地推这样的面对面维护，才能让商户产生足够的信任感。现在很多第三方支付收单机构获取商户有很多"偷懒"的办法，这对其平台化过程是非常有害的，如不少收单机构通过合作商、商业银行等合作伙伴获取商户。通过这类手段获取的商户并不是你自己的，它们还是合作商或商业银行的。因为没有定期的面对面沟通、服务和维系，在商户眼里你的价值就只是个外包服务商，就更别提再用你的增值服务了。这类情况就是典型的没有把"羊"养肥。

二是美团点评把"狗"和"羊"养肥的策略。在案例中，我们说美团点评在其广告页只推荐有限的商户，早期更是每天只允许上线一个商户的广告推广，使得用户对美团点评有很好的体验和依赖感。这反过来形成了良性循环。后期，美团点评为餐饮商户提供引流服务同样很有节制，因此才能让餐饮商户甘愿支付高比例佣金。

总结来说，在第三方收单机构平台化的过程中，要谨记把"羊"养肥，这样可以促进"狗"养得更好；也要把"狗"养好，反过来促进"羊"更肥。这两者是相辅相成、螺旋上升的关系。从美团点评平台化的案例中，我们可以看到其先坚持不懈地建立与商户的原始信任，而后，再向商户有节制地推广增值服务，最终不仅"羊毛"可以出在"狗"身上，而且能以不断递减的边际成本进入新业务领域，使平台不断成长。平台越大成本越低。

总结

通常的采购流程包括规划采购管理、实施采购、控制采购和结束采购四个。责任分配矩阵可以明确采购流程的角色和职责。项目经理要与供应商合作，并致力于开发出能够互惠互利的工具或产品，也就是将供应商列为项目成功的相关方。采购过程需要总结经验教训和最佳实践，并根据不同的采购场景采取不同的方法。

第4篇

项目扩展管理
——度量、敏捷、项目集、成熟度

第15章 项目价值度量

本章内容

- 项目度量层次
- 项目管理价值度量系统

本章案例

- 案例 15.1　贵州银行登陆港股市场背后的度量导向
- 案例 15.2　年利率破700%，手机贷款的昙花一现
- 案例 15.3　余额宝告别定时限购，"分流计划"主动让利

项目经理擅长管理项目，但并不总是很擅长沟通或传递所做事情的价值。通常情况下，项目经理努力实现"只是把事情做完"，而忽略了衡量绩效和价值这一步骤。

然而，这是短视的。对项目和项目管理的绩效进行跟踪和沟通是十分必要的。相比以往任何时候，对旨在提升组织绩效的倡议的投入都必须进行充分论证。无论是项目管理方法论、PMO、项目管理软件，还是项目管理培训的实施，这些倡议都必须提供积极和有形的结果。好消息是对项目管理的价值和绩效的有形度量可以通过提出正确的问题并开发合适的度量系统而建立起来。

15.1 两个层次的度量

第一层度量是更常见且更频繁地执行。项目经理已习惯了追踪预算和进度的绩效。然而，缺少的步骤是将这些产出与它们所带来的业务（或商业）影响关联起来。我们可以展示项目管理过程在传递业务影响方面的价值。在许多PMO中都普遍缺乏这一关键步骤，这可能是有些项目管理办公室在经济困难时期解散的原因。

第二层度量是结构化的度量。一个结构化的度量项目让你能够确定绩效改进的领域、向行业或竞争对手看齐、设定目标、识别趋势用于预测和规划、评估变更的有效性、确定项目管理的影响，并阐明所在组织的绩效。

15.2 创建度量项目

衡量绩效和价值需要时间和承诺，高层的支持是至关重要的，并且要有对结果的紧迫感和使命感。首先，确保拥有收集和分析数据的资源。

常见的要进行度量的目的和目标对象包括：
- 降低成本。
- 改善时间。
- 提高质量。
- 衡量培训的有效性。
- 提高生产率（生产力）。

选择一个可衡量的成果对于你的公司很重要。例如，如果对你所有的为期一年的项目的进度绩效改善转化为对平均项目周期的改善，则最终可以转化为对产品上市时间的改善。更短的上市时间意味着组织可以在给定期限内推出更多产品，这可大大增加组织的净利润。因此，价值度量为组织绩效（而不是项目绩效）提供了相应信息。这个例子还显示了好的度量应当如何与组织目标保持一致。图 15-1 显示了进度跟踪指标通过与组织目标相连接，衡量项目管理实践的业务（商业）价值。

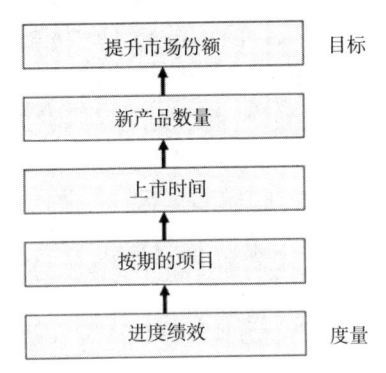

图 15-1 从绩效度量到价值

15.2.1 衡量：建立连接

当进度绩效已经与已增加的市场份额挂钩时，对项目人员开展进度培训的价值就变得可以计算。以同样的方式，也有可能从任何战略目标出发反向开展工作，首先自上而下地深挖那些对目标实现具有影响的可衡量的任务，然后制订出能直接影响这些任务的培训计划，最后考虑如下问题：该培训是否有价值？有多大价值？采用以上这类度量项目，对培训的价值就能给出"有力"的答案。

15.2.2 绩效衡量的模型

事实证明，由项目管理解决方案研究中心所建立的一种模型在许多组织运转良好。该模型称为 PEMARI 模型，整合了以下过程：
- 规划：理解关键成功因素的过程。在此过程中，识别相关方并确定其角色和职责，确定绩效管理目标，制订绩效度量项目集的计划。
- 建立指标：识别和选择绩效度量并制定度量计分卡的过程（高层度量在治理层定义；组成这些高层度量的具体细化的指标在部门或项目层级被确定）。
- 度量：建立数据集合的过程，其中包括数据源和所需的 IT；收集数据并保证数据质量[由 IT 和战略项目办公室（ Strategic Project Office, SPO ）共同负责，它们还可作为项目组合过程的所有者]。
- 分析：将数据转化成绩效信息和知识的过程。在此过程中对结果进行分析和验证；实施基准测试和比较分析（由 IT 和 SPO 共同负责）。
- 报告：制订沟通计划并向相关方沟通绩效结果的过程（属于内部沟通的责任）。
- 改进：评估绩效管理实践的过程，从反馈和经验教训中学习，并实施这些针对绩效管理实践的改进（由 SPO 和负责治理的高管共同负责，并作为项目组合所有者）。

1. 开发绩效度量

人们普遍认为"你不能管理你无法衡量的东西"，真实的衡量本身通常可能就是冲突的来源。我们在度量什么？为什么？我们应该度量什么？我们收集的关于个人及其工作的绩效度量与公司的最终绩效之间的联系是什么（如果有联系）？在现实中的组织范围内，"绩效"意味着什么？仅仅是盈利吗？如果是这样，那有多少？度量（指标）本身很容易；知道要度量什么和为什么度量却不容易。

没有一种单一的能普遍适用于所有公司的度量的集合。适当的度量集取决于组织的战略、技术及组织在竞争中所处的特定行业和环境。任一"存活着的公司"的任一方面的度量都不是静态的：它们无法被一次性选择并锁定到位。随着组织变得更加专注、能熟练地达成战略目标，度量也连同战略一道不断地发展和完善。

2. 度量规划

规划绩效度量项目首先要确定出度量项目团队及其角色和职责，并明确度量项目的目标。接下来，如果有，识别出现有的已建立的绩效度量系统。那么，你的实施方案是什么样的？就像任何项目一样，度量项目也需要项目计划，以及团队成员之间对术语的清晰理解。针对度量团队所建议的一些角色如下：
- 发起人。
- 相关方代表。
- 项目经理。
- 数据收集协调员。
- 数据分析师。

- 沟通协调员。
- 度量分析师。

3. 建立并更新度量

为开发出一系列可能的度量清单，首先开始对试图达成的目标具有意义的、所有可能的度量进行头脑风暴。以下给出了几条描述有效度量的标准：

- 这个度量提供了有意义的信息吗？
- 它是否具有有效的、可用的数据支持？
- 获取度量的数据是否划算？
- 它被相关方接受吗？
- 它是可重复的吗？是可操作的吗？
- 它和组织目标保持一致吗？

接下来，优先排序并筛选出几个关键的度量，使得在每个管理层级的度量数量最小化。一些确定度量优先级的标准可能包括：它们对于目标执行的重要性、数据访问的方便性及改进绩效行动的便捷性。

该过程促进了关键度量计分卡的发展，每个度量被清晰地定义为一个"度量包"，其中详细说明"什么、为什么、什么时候、谁和怎么样"：

- 该度量是什么？
- 为什么我们要度量它？
- 怎样获取数据？
- 何时获取数据？
- 信息存放在哪里？
- 谁是这类数据的过程所有者？

前瞻性的度量清单，如表 15-1 所示。

表 15-1 前瞻性的度量清单

成本度量	质量度量
项目成本	需求绩效
投入产出比	客户满意度
产品成本与计划的差异	实施的经验教训
启动成本	项目状态沟通
交付效率	范围变更/阶段的数量
项目利润率	有效性
产品单位成本	任务后审查方法
启动成本与计划的差异	返工
资源利用率	内部客户满意度

续表

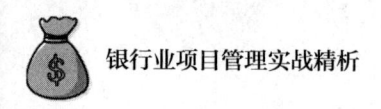

成本度量	质量度量
市场份额	领导能力
资金成本	人员编制符合计划
生产率度量	项目风险管理
项目里程碑绩效	项目管理培训满意度
项目成功率	时间度量
每个研发正式员工的平均销售额	交付的可预测性
过程改进	上市时间
替代方案评估	项目周期时间
停机时间	成功阶段退出
能力/资源规划	项目规划

以下为已经确定的十大度量指标。

（1）投资回报率：（净收益/成本）×100%。这是评价项目投资（和项目管理投资）的最佳公式。该计算公式决定了你所投入的每一美元的百分比回报。该度量的关键是可以用金钱来度量所收集到的每单位的数据，并衡量其净收益。收益来源于各种度量，包括利润贡献、节约成本、换算成美元值的产出增加量，以及可转化为任一前三种度量的质量改善。

（2）生产率：产出/投入。生产率度量告诉你对组织的人员或其他方面的投入是否获得了相应的价值（物有所值）。对整个组织的一种直接而规范的生产率度量方法是使用每个员工收入（Revenue per Employee）作为关键指标。将每个员工的收入除以每个员工的平均成本，就可得到组织的整体生产率。其他的生产率指标可能包括每个员工完成的项目数及每个员工所产出的代码行数。选择正确的生产率度量的关键是考察被度量的输出（生产率比例的分子）对组织的客户而言是否真正有价值。

（3）品质成本：质量成本/实际成本。质量成本是业务失败的代价，这是因为它的产品或服务在第一次时没有做到位。它包括总人工成本、物料成本和归因于缺陷（在过程中交付不符合规范或期望的产品或服务）的费用成本。这些成本包括检测、返工、重复工作、拒绝废弃、更换或退货、投诉、客户流失和声誉受损等。

（4）成本绩效指数（Cost Performance Index, CPI）：挣值/实际成本。CPI是成本有效性的度量。它由实际完成的工作价值（挣值）除以完成这些工作所花费的实际成本得出。精确预测成本绩效的能力允许组织胸有成竹地分配资本、减少财务风险、尽可能地减少资本成本。

（5）进度绩效指数：挣值/计划值。进度绩效指数是总的原始授权工期（计划工期）除以总的最终实际项目工期。精准预测进度的能力有助于满足上市时间窗口。

（6）客户满意度：客户满意程度 1~100。满足客户的期望需要结合以下两方面：符合需求（项目必须产生其承诺的、应有的产出）和适用性（产生的产品或服务必须满足真实的需求）。客户满意度指数由包括客户购买/使用方式的硬指标及客户观点或感受的软指标组成，每个指标的权重取决于其在决定客户的总体满意度或购买/使用行为方面的价值重要性。客户满意度包含了以下方面的度量：重复购买客户数、流失客户数、存量客户的收入、市场份额、客户满意度调查结果、投诉/退回量及项目细节调查等。

（7）周期：有两种类型的周期，即项目周期和过程周期。项目生命周期定义了项目的开始和结束。项目周期是需要完成项目生命周期的时间。同类项目的周期可以作为确定标准的项目生命周期的基准。对周期的度量也意味着对组成项目生命周期的任一过程的完成时间长度（过程周期）的测量。周期越短，对于组织的投资回报就越快。所有项目结合在一起的周期越短，组织就可以完成更多的项目。

（8）需求绩效：为了度量该因素，需要制定合适的度量标准，该度量标准意味着项目的解决方案要完全满足需求。需求绩效指数可以度量项目结果能满足需求的程度。能被度量的需求类型包括功能需求（产品必须实现的功能或必须发挥的作用）和非功能需求（产品必须有的质量，如可用性或绩效）。合适的度量标准通常是在首次写下需求描述之后一段时间内推导出来的。通过近距离地审视需求并决定哪些量化最好地表达了用户的需求意图，得到合适的度量标准。

（9）员工满意度：员工满意度指数（Employee Satisfaction Index, ESI）决定了员工的士气。ESI 由硬指标和软指标混合组成，每一个指标的权重基于其在预测员工满意度方面的重要性确定。例如，氛围调查结果（薪酬等级、晋升机会、工作压力程度、总体氛围、管理人员执行组织价值观的程度、收益、工作量、管理者的能力、沟通开放程度、物理环境/人体工程学、信任）占 35%（百分比代表权重），焦点小组（收集调查项的更深入的信息）占 10%，投诉/不满意率占 10%，压力指数占 20%，自愿离职率占 15%，缺勤率占 5%，请求转岗率占 5%。

（10）与战略业务目标的一致性：大多数项目管理指标以项目管理效率（正确地做项目）为基准。同时也需要一个指标来确定是否正在做正确的项目。度量项目相对于战略业务目标的一致性就是这样的一个指标。对项目管理专业人士、事业部经理和高管（各类人员比例恰当组合）进行调查。对以上被调查人员，使用分值 1~10 的李克特量表来评估如下称述：项目与战略业务目标相一致。

4. 分析数据

使用计分卡的方法来组织和汇总数据，通过度量与组织核心领域之间的关系来对其进行分组，如财务度量、客户满意度度量、过程度量及员工满意度度量。为了对结果进行分析和验证，必须提出将要努力回答的正确问题。为了验证你的结果，必须提出这些问题：

- 实际绩效与目标或标准如何进行比较？
- 如果有显著差异，是否需要纠正行动？
- 需要新的目标或度量吗？
- 如何改变现有状况？

5. 绩效报告

就像任何沟通一样，绩效报告需要尽早识别目标受众。通常，参与度量项目的有管理层、发起人、PMO负责人、业务线经理和其他主要相关方。

将报告数据与组织的管理绩效目标相关联，如果可能，再与部门级和个体绩效目标相关联。对值得注意的结果要进行解释，如增长或下降。沟通结果的方式几乎和结果本身同等重要。

6. 持续改进

就像任何组织改进行动一样，度量也无法一次性完成。有了度量的基准之后，为了形成趋势，必须反复度量。此外，将度量项目与对结果的问责制度相结合产生了一种紧迫感和结果关联意识。

一旦开始度量绩效，你也就可以开始度量价值了。

案例 15.1　贵州银行登陆港股市场背后的度量导向

案例背景

贵州银行在香港联交所网站披露了招股书，或成为贵州省第二家上市银行。贵州银行成立于2012年，早在2015年就提出启动在全国中小企业股份转让系统（又称"新三板"）挂牌项目的议案，并在之后进行了股权确认和增资扩股。为什么仅仅成立7年的贵州银行却早早瞄准了"登陆资本市场"这条道路？

贵州省位于中国西南部，是西南地区的交通枢纽,长江经济带重要的组成部分。近年来，贵州省GDP和人均可支配收入快速增长，在所有省份中排名第一。在经济高速发展的背后，市场对于金融类业务的需求也越发强烈，而贵州省内的城商行仅有两家，作为贵州省内的两家城商行之一，同时也是省内唯一一家省级城商行的贵州银行，拥有天时、地利的优势。

从贵州银行的股权结构中可以发现，地方政府的参与度高，且股权分布相对集中。虽然第二大股东为贵州茅台，但其为贵州省国资委独资国有企业，因此本质上贵州银行背后持股5%以上的股东均能看到地方政府的身影。

受益于地方经济的推动，贵州银行的业务发展更具倾向性，具有重对公业务、轻零售、金融业务的特点。对公业务包括公司贷款、公司存款、手续费及佣金类产品和服务，是贵州银行主要的收入来源。2018年，公司银行业务收入达70.94亿元，占比80.9%。

贵州银行的上市除顺应当下中小银行上市潮的趋势外，还有哪些关键点值得关注？

资本充足率低于标准，急需"补血"。在地方经济的推动下，贵州银行的各项业务持续发展，资产的增长扩张速度较快，对于资本的消耗也随之大幅上升，直接影响资本充足率指标，因此急需通过上市来"补血"。

同业业务持续增长，资产风险较高。在业务快速发展的推动下，贵州银行资产总量稳步上升，而这也加剧了其资产风险，中诚信国际在评级报告中表示，贵州银行资产负债期限错配扩大，流动性风险管理难度较大。

案例分析

先前我们提到的，项目产出应与所带来的业务（或商业）影响关联起来，并确定绩效改进的领域。

贵州银行登陆港股市场的项目背后是其重对公业务，轻零售、金融业务的必然选择，相对A股而言，港股的上市条件较为宽松，市场开放度更高，更能满足贵州银行的"补血"需求。同时，贵州银行虽然具有中小银行发展过程中普遍存在的共性问题，如股权集中、业务较为单一、同业负债占比较高等，但是这些先天性问题也在逐步改善，并且在区域经济的加持下，贵州银行仍具有良好的发展前景。

15.3 项目管理价值度量系统：各行业的经验教训

来自信息技术、制造业、医药行业、新产品开发、政府及专业服务部门等许多行业的主要企业都发起了创建度量项目来衡量项目管理给组织带来的价值的计划。这些项目管理度量项目的目标如下：

- 向高管提供有关实施系统化项目管理方法的价值的有形指标，从而强化商业论证以推动整个组织的项目管理改进。
- 通过共享统计数据来展示项目工作为组织创造的价值和所能实现的改进，来提升客户和项目团队成员的士气。
- 追踪正在进行的项目管理绩效及项目管理对于组织的商业影响。
- 启动项目管理价值度量工作并帮助简化项目组合。

第一阶段的重点是对度量团队进行项目管理价值度量程序方面的培训，以帮助他们理解并清晰地识别该项目的目的和目标。识别出影响该项目的组织构成要素，包括相关方、组织使命和战略、组织结构、关键业务流程、项目管理成熟度、优先的项目管理改进倡议、现有的度量系统和数据可用性。

第二阶段的重点是规划度量计划并引导团队确定度量标准，建立项目管理价值计分卡，并规划实施度量项目。在建立了项目管理价值度量的初步计划与进度表以后，该阶段的后续步骤是继续构建团队对于项目管理度量程序的理解，并引导团队开发出价值计分卡和项目管理价值实施计划。

15.3.1 度量开发

在度量开发这一步骤中，团队创建出形成计分卡的初始度量列表，并对该列表进行优先级排序。该阶段的首要活动是有一个协作的度量开发研讨会，第一个关口就是要确定度量并进行优先级排序处理。在制定出一个全面的度量列表后，记住它们需要与上述目标合理地联系起来。这些度量也需要满足好的度量标准，这意味着所选择的度量必须满足：

- 提供有意义的信息。
- 能提供有效数据的支持，并且数据的获取也是划算的。
- 相关方是可接受的。
- 是可重复的。
- 是可操作的。
- 与组织目标保持一致。

然后，度量团队对度量设定优先级和筛选，从而组成项目管理价值计分卡。简单的优先级处理过程为：制定出以重要性从 1~5 排序的度量排序标准，让度量团队的每个成员对列表排序，最终再计算出平均排名。

15.3.2 计分卡开发

在这一步，团队对截至目前所开发的已经区分优先级的度量信息进行回顾，并制定出度量包（见下文）和统一的项目管理价值计分卡。团队首先参与度量审核，验证优先级，定义度量包。然后用这些信息构建计分卡，由度量团队对其进行评审和验收，从而为实施做好准备。

度量包包括对各个度量的综合定义，以支持数据的初步实施及持续收集。每个度量包包含以下元素。

- 度量（是什么）：必须明确地确定需要收集的数据。
- 目标（为什么）：必须清晰地定义度量的目标。为什么要收集它？怎样理解它？它告诉了我们什么？度量团队必须理解每个度量的目标。
- 数据获取（怎么做）：必须确定收集数据的机制。
- 时间（何时）：必须定义数据收集的时间。数据收集的时间频次必须恰当，从而能与数据和目标的类型相匹配。项目管理价值度量并不是为了跟踪单个项目的进展，因此很可能不需要按月收集数据。通常按季度或更长间隔收集数据即能支持该度量计划的目标。

- 数据位置（哪里）：必须确定数据的位置。
- 数据联系人（谁）：必须确定负责维护数据的人。谁将提供数据？来源可靠吗？

度量包中的信息被用于创建项目管理价值计分卡，这是一种收集和报告工具，用来记录得分和报告进展（见表 15-2）。

表 15-2 项目管理价值计分卡样例

度量	目标	指标	单元	基准	当前值	价值
启动成本与计划的差异	成本改进	（实际启动成本÷预算启动成本）-100%	启动成本与计划的差异比例	64%	29%	123%
交付效率	成本改进	（以美元计算的总体可用人时+实际劳动成本）÷项目数量	每个项目的平均劳动美元	263	260	1%
项目状态沟通	质量改进	应用标准状态报告的项目数量÷总项目数量	应用标准状态报告的项目比例	20%	30%	50%
需求绩效	质量改进	阶段的范围变更÷项目数量	每个项目按阶段的平均范围变更数量	17.7	15.5	14%
有效性	成本、质量和时间改进	目标达成数量÷总目标数量	目标达成比例	75%	79%	6%
项目风险管理	成本、质量和时间改进	应用风险管理过程的项目数量÷总项目数量	应用风险管理过程的项目比例	10%	10%	0%
项目周期时间	时间改进	项目周期时间÷项目数量	一天内的平均项目周期时间	270	265	2%
项目领导力培训	成本、质量和时间改进	培训的项目负责人数量÷总的项目负责人数量	培训的项目负责人比例	15%	20%	33%
替代方案评估	成本、质量和时间改进	应用正式替代方案选择过程的项目数量÷总的项目数量	应用正式替代方案选择过程的项目比例	10%	30%	200%

案例 15.2　年利率破 700%，手机贷款的昙花一现

案例背景

2017 年是现金贷野蛮生长的一年，也是被监管洗牌的一年。当人们以为借着现金贷名义的网络高利贷就此落幕之时，2018 年又有一种新形式的网贷开始流行起来，那就是"手机贷款"（见图 15-2）。

图 15-2　手机贷款

手机贷款对外打出的名义是手机租赁、回购借款，在这个过程中，并不存在传统的放贷概念，而是将贷款利息或手续费转换成了手机的"租金"和"回购金"，因此不受监管提出的借贷年化利率 36% 的上限要求限制。不仅如此，有高者的年利率可达 1 042.86%，远远超过法定 36% 的红线。

在手机回收平台中，租赁期主要集中在 7～30 天，手机估值金额为 1 000～3 000 元，在支付时都会直接扣除借款的 20% 左右作为押金或者违约金，也就是通常所说的"砍头息"。手机回收借款具有小额、短期、高息的特点，与现金贷极为相似，不同的是，这些平台通过手机租赁和回购的形式，躲避了针对网贷的监管，而平台自身仅需要融资租赁牌照即可开展业务。

更有甚者，部分手机贷款平台仅接受 iPhone 用户的借款要求，因为 iPhone 特有的 Apple ID 可以作为其强制催收的工具。具体来说，平台通过更改用户 Apple ID 的密码，用户无法注销账号，也无法关闭"查找 iPhone"功能。还款期间如果借款人出现逾期，平台则会对借款人的手机进行锁定并要求还款，而借款人有时通过多头借贷来偿还，通常在 3～6 个月后就无力偿还。

> **案例分析**
>
> 　　手机贷款的新鲜只是一时，最终面临淘汰则是注定的。高利贷者试图通过各种样式的包装，羊毛薅尽是迟早的事情。因此手机贷款昙花一现的背后是其项目的价值度量导向，根本就没有从用户的福祉和利益角度出发，而仅仅是从自身盈利角度考虑。只有回归商业本质才是发展之重。

15.3.3　度量项目集的实施计划

度量项目集的实施计划工作进一步定义了度量过程和数据收集的框架，并用于支持持续的度量项目集的实施。这一步的关键活动包括对度量项目集实施战略和过程的开发。项目管理价值度量项目集的过程如图 15-3 所示，其中描述了一种项目管理绩效改进的系统化方法，该方法如下：建立一个持续的项目管理度量过程；收集、分析、审核和报告绩效数据；使用该绩效数据驱动绩效改进；并使用经验教训来持续改进项目管理价值度量项目集的过程。

第 15 章 项目价值度量

度量规划
- 识别度量程序团队
- 识别度量程序的角色和职责
- 制定清晰定义的度量术语
- 识别项目管理价值度量程序的目标
- 识别当前度量程序
- 制订项目计划

确定和更新度量
- 制定可能度量的列表
- 基于一致的标准排序和选择重要的度量指标
- 制定关键度量的计分卡
- 制定每个关键度量的度量包
- 制定计分卡基准、目标、当前结果和差异

度量绩效
- 数据收集计划
- 识别数据来源
- 记录数据条目、表格
- 与数据源沟通,了解其期望值是什么
- 收集分析数据
- 确保数据质量

分析数据
- 数据分析
- 利用项目管理价值计分卡来组织和整合数据
- 分析和验证结果
- 执行标杆和竞争分析

绩效汇报
- 制订沟通计划,细化:
  —事件 目标听众 信息 目标 时间 载体
  —发送者 反馈 机制 影响 备注
- 与相关方分享结果

持续改进
- 评估项目管理价值度量程序
- 审查影响项目管理价值度量程序的变更
- 反馈学习
- 正式收集经验教训

图 15-3　项目管理价值度量项目集的过程

第三阶段包括度量项目集的初步实施及使该项目集转向持续执行。

项目管理价值度量项目集的实施是一项持续的工作,要不断执行在实施计划中所记录的项目集内容,并使用度量包来增强与优化数据需求、数据收集时间和数据联系人的责任。

15.4　经验教训

- 组织的战略和目标为有效地度量项目集奠定了基础。理解组织的战略和目标的关键要素如何与组成项目管理价值计分卡的度量相联系是十分必要的。
- 需要对度量项目集的相关方有非常清楚的认识,并知道他们关于该项目集的需要和期望。不同相关方的期望经常存在巨大差异;通过对项目集目标的清晰沟通来设定期望是成功的关键。

- 清晰地确定度量项目集的目的和目标。没有这种清晰性，能筛选出一组少数正确的关键度量将非常困难。
- 在大多数一流的组织中，都是由高管引入、持续地倡导并促进度量倡议的。当度量倡议是自下向上引入时，获取高层管理人员的支持是非常关键的，并且可能需要巨大的努力。准备好做出这样的努力吧。
- 理解对度量术语的困惑和不一致，但是需要获得度量团队和项目集相关方的理解和赞同。
- 沟通对于建立和维持一个成功的度量项目集至关重要。在整个组织中，沟通应该有多种方向，包括自上而下的、自下而上的或者水平的。
- 创建新的或改进的度量集的驱动力对于组织而言通常是一种威胁（通常是一种危机或者强烈竞争）。对于组织而言，战略性地开发度量项目集增强了竞争优势，而不是被动地对商业环境做出反应，而且还必须养成一种紧迫感，并被能理解度量价值的人们所推动和传播，进一步发展出度量文化。这仍需要艰巨的努力和沟通。
- 限制计分卡的度量数量是至关重要且非常困难的。筛选出这些关键的少量指标提高了相关方对于这些问题的理解。太多的度量数量会变得使人困惑而复杂（度量团队无法尝试满足所有人——选择太多的度量最终将会杀死项目）。
- 在全面执行前先对度量项目集进行试点。实施应当按阶段进行：首先实施一些关键的高价值的度量，在组织发展出了度量文化并且为收集和分析更复杂的度量做好准备时，再进一步确定更详细的度量。
- 成功部署一个度量项目集需要一个成功的问责系统，即所有的相关方都需要为某一部分的度量过程（如赞助/发起、分析、数据收集和监控、传播等）承担责任。
- 如有可能，向行业标准看齐。
- 确定度量项目集的职责的核心范围。
- 决定对于一个项目什么才是最重要的（什么确实需要被度量）。
- 强调项目管理的价值度量是度量由项目管理所引起的绩效变化。因此，度量的重点在于过程，而不是被度量的项目（不会尝试衡量某一个特定项目的进展）。
- 已选定的度量受组织的项目管理成熟度的高度影响。一级成熟度的组织通常需要聚焦于过程合规性及简单的成本或进度的度量。随着组织项目管理能力的逐渐成熟，可以使用更复杂的度量。
- 分析是项目管理价值度量的最重要步骤之一，然而它也经常被忽视。从有效分析（尤其是确定度量结果的根本原因）获得的洞察力使度量成为一个有价值的商业工具。

- 反馈是持续改进的最佳资产（最宝贵的财富）之一，要寻求并使用它。

案例 15.3　余额宝告别定时限购，"分流计划"主动让利

案例背景

2018 年 5 月 4 日，余额宝新接入博时、中欧基金公司旗下的"博时现金收益货币 A"和"中欧滚钱宝货币 A"两只货币市场基金产品。

对于当时的很多用户来说，以余额宝为代表的货币基金因为门槛低、流动性强、利率也比银行定期存款更高，能满足众多投资者的需要。但随着体量越来越大，单一货币基金集中度高的风险有所提升，因此余额宝从 2018 年 2 月 1 日起设置了每日申购总量，并将购买额度上限从原来的 2 万元提高至 10 万元。

新接入的基金产品意味着余额宝不再仅仅对接天弘余额宝一只货币市场基金，让原来用户守着闹钟限时抢购的窘境得到缓解。新的基金产品不限时、不限额，保留所有功能。

蚂蚁金服 CEO 井贤栋公开表示，蚂蚁金服的技术和产品能力将面向金融机构全部开放，开放不会有亲疏远近之分，唯一的选择标准就是创新和具有用户价值。对接入的基金公司，是在综合考虑了合作机构的业绩、投研、风控、技术等各方面能力后确定的。

案例分析

与上一个案例中的手机贷款不同，余额宝的项目价值度量标准就是两点：创新和具有用户价值。余额宝是我国利率市场化的过渡产物，当时已经成为民众心中衡量利率水平的一个标杆，其背后的核心原因是余额宝在当时的价值导向就是要主动让利，让用户真正得利，而这也是余额宝成为互联网基金标准的真正原因。

总结

项目的常见的两个层次度量：业务度量和对标度量。度量包括三步流程：制定度量目标、确定度量标准、制订度量计划。这个过程中需要总结经验教训，不断优化度量标准和流程。

第16章 项目的敏捷化

本章内容

- 敏捷的商业意义
- 敏捷准则
- 敏捷模型
- 敏捷宣言
- 敏捷模式

本章案例

- 案例 16.1　小米敏捷抢滩金融市场
- 案例 16.2　安快银行善用敏捷客户协作,打造网点独特优势
- 案例 16.3　RHB 银行依托敏捷增量化,提高单位面积效益
- 案例 16.4　梅西百货全渠道策略,让"体验简单而周到"
- 案例 16.5　联壁金融 0 元购高返利,缘何爆雷?

现在,越来越多的组织认识到,软件开发并不是敏捷管理实践中应用的唯一领域。许多业界专家在讨论敏捷在战略选择和执行中的必要性:"当今世界,竞争优势通常在不到一年的时间就消失,公司不能一次花数月时间制定一个单一的长期战略。为保持领先地位,公司不断开启新的战略行动,立即构建并利用许多短暂的竞争优势。"

换句话说,制定和管理战略行动时,业务需要保持灵活。随着管理层和业界对敏捷的认可,意味着敏捷项目管理不仅仅是昙花一现。它确实是项目经理非常需要的、应该精通掌握的一种项目管理方法。

16.1　敏捷的商业意义

你可能问为什么敏捷项目管理越来越普遍?当今全球经济正以迅雷之势发展。像抖音这样的 App 会像病毒一样进行传播,而我们所熟知的微信也被证明瓦解了传统社会的秩序,潜在地影响着全球正在进行的其他开发工作。在这个广泛连接的世

界中，业务和社会环境快速变化，要求所有人在计划和行动中都要保持迅速、敏锐和灵活。

16.1.1 需求的不确定性

环境快速变化的一个结果是，企业需要在快节奏的经济变化中反应迅速。企业不再奢侈地花费数月时间分析一个项目来开发完美的解决方案。假如它们真的花时间那么做，就在它们决定抽出时间的瞬间，世界已经对此丧失兴趣，而新的机会已经诞生。商业机会在成为"需求"之前，应该被预见并尽早加以应对。因此，敏捷方法基于"滚动"式的、短期迭代冲刺的原则来交付价值，并伴随基于经验教训的持续改进活动。

16.1.2 新技术

敏捷的另一驱动因素是迅速变化的技术及获取新战略优势的业务能力。想想在消费市场中应用程序所发挥的作用。对于之前闻所未闻的"智能手机"，似乎每个有活力的企业现在都提供了消费者互动的应用程序，例如有天气 App 的本地新闻台，有座位预定 App 的国际航空公司。如果你处在消费行业，没有立即应用资源为交易开发一款 App，那么你将失去业务。

16.1.3 快速上市

在当今的消费世界里，如果不是第一个向市场推出产品，你就将会成为跟随者。想想国内互联网金融行业的发展，传统银行目前只能采取跟随的策略。虽然银行模仿支付宝和微信支付等产品开发了诸多功能，但事实上支付宝和微信支付已经引起了市场的广泛关注，这些关注吸引了一大批忠实客户，银行即使奋起直追，也很难在短期内逆袭。

16.1.4 灵活性

如前面提到的，新技术正以前所未有的增长速度被引入。每周都有新的市场出现。华尔街和其他世界各地的交易所在片刻间就能发生巨大的变化。因此，企业需要灵活、敏捷地响应快速变化的环境。组织需要在很短的时间内，准备进入或离开市场及产品线。这些需要组织领导层能够快速浏览信息并能在信息不完整的情形下快速做出决策。

这些变化同样适用于负责组织项目管理的项目经理，他们应随时准备转变项目方向甚至片刻间就关闭项目，以响应重大的变更请求。能够理解和沟通这些变化背后的原因，是成为敏捷项目经理的核心技能。

案例 16.1 小米敏捷抢滩金融市场

案例背景

近年来，互联网巨头 BATJ 纷纷进军金融行业。在这场征途中，金融正是不可缺少的营地，小米同样没有落下，小米金融悄然成长，经营稳定不说，牌照和业务也相当全面。无论是价格一路水涨船高的第三方支付牌照，还是新金融行业分量最重的民营银行牌照都已经被小米收入囊中。另外，小米还布局了网络小贷、保险经纪、商业保理等牌照。

就在 2018 年 5 月，小米集团正式向香港证券交易所提交招股说明书，开启上市之路，成为当年最大的 IPO 项目。

小米在金融业务的投资方面出手也颇为频繁，抛开顺为资本不谈，仅小米本身就投资了老虎证券、51 信用卡、积木盒子等多家公司，覆盖了网贷、证券、理财、彩票等多个领域。

小米金融宣传广告，如图 16-1 所示。

图 16-1 小米金融宣传广告

从发展路径来看，2015 年起步的小米金融并没有另辟蹊径，而是与其他新金融巨头们类似：从支付切入，然后进入利润最高的贷款领域，同时兼顾保险代销、理财等流量消耗型业务，且逐步向产业链上游延伸，为用户定制产品。这与从一个支付工具成长为新金融巨头的蚂蚁金服的路径相似。

凭借贷款业务的异军突起，小米金融在经营上保持着稳定。小米金融也会完全自小米分拆出去，使其不再为小米的合并附属公司。重组后，金融相关业务将由小米集团单一全资附属公司小米金融持有。小米金融业务涉及小米核心业务的不同业务模式、价值链、生态链、风险情况和增长策略。根据小米金融的框架协议，小米金融与小米在产品供应、数据共享及协作、知识产品许可、付款及结算服务、营销服务、全面支持服务和金融服务七个方面会有合作。

案例分析

小米金融快速抢滩金融市场得益于小米"铁人三项"的商业模式——硬件 + 互联网服务 + 新零售，更得益于小米固有的敏捷基因。小米这家企业的真正成功之处在于，高举生产移动终端设备的旗帜，一方面不断进行用户规模的扩张，另一方面不断进行资本筹集，是一家典型的敏捷资本型企业。

从 2010 年小米成功实现 4 100 万美元的互联网融资开始，小米的核心竞争力就在资本运作方面。接着小米又敏捷地进行了 4 轮融资：2011 年 12 月，小米成功融资 9 000 万美元；2012 年 6 月，融资 2.16 亿美元；2013 年 8 月，新一轮融资估值 100 亿美元；2014 年 12 月 22 日，小米新一轮融资敲定，创下了中国企业私募股权融资估值之最的 450 亿美元纪录。对一个成立五年、融资五轮的公司，小米的扩张被评论为"宇宙速度"。这实际上就是小米的制胜法宝：敏捷！

而这种基因在小米金融的发展中也体现得淋漓尽致：从 Mi Pay 为核心的支付切入，然后迅速进入利润最高的贷款领域，同时通过敏捷资本运营，投资了老虎证券、51 信用卡、积木盒子等多家公司，涉足保险代销、理财等流量消耗型业务，且逐步向产业链上游延伸，为用户定制产品，从而形成了三位一体的金融布局：信贷和贷款、理财、互联网保险三条业务线，以及 Mi Pay 支付为核心的支撑体系。

16.2 敏捷宣言

不讨论敏捷宣言，讨论敏捷项目管理是不完整的。该宣言正式开启了当前的敏捷运动。敏捷宣言起草于 2001 年，该宣言确定了 4 个核心原则：

- 个体和互动高于流程和工具。
- 可工作的软件高于详尽的文档。
- 客户合作高于合同谈判。
- 响应变化高于遵循计划。

这 4 项原则是说尽管右项有其价值，但我们更重视左项价值。敏捷项目团队应牢记这些原则，当有冲突时，选择左边条目。也就是说，当在撰写产品文档和构建产品之间需要折中时，他们会选择构建产品。当然，文档本身有可能就是产品本身，这里所指的文档是非项目产品所必需的。

16.3 敏捷项目管理准则

根据定义，一个项目具有特定开始日期和特定结束日期。因此，对技术型系统或产品的运营维护不算一个项目，然而可能有为实现某个目标而进行的维护项目。创建用户访问和接听客户服务电话不是一个项目，然而引进一个新的呼叫中心可能是一个项目。传统项目管理方法可能应用于这些项目，但是传统项目管理方法无法及时应对变化，而更有可能是呼叫中心项目团队通过分析会发现当前的呼叫中心已超出容量，这些变化反过来又会产生一个重要的客户满意度问题。因此，甚至在业务选定呼叫中心的项目管理团队之前，就建立新的呼叫中心并尽可能快地运转起来，这可能才是对组织生存下去最为重要的。因此，敏捷项目管理的应用将凸显出来。

敏捷项目管理有其核心的固定做法，这些做法已经进一步发展并扩展了敏捷宣言的原则：

- 滚动式规划：通常称为"及时、实时"计划。在这种方法中，团队充分完成计划，并运用风险分析方法，来理解如何把项目分解成迭代：如果推迟项目某一方面的计划，我们能承受多大风险？与此相对，在对项目有了全面深入的了解后，如果推迟该计划，我们能获取多大的价值？项目发起人和相关方参与这一滚动计划活动。
- 客户协作：客户协作对敏捷项目成功至关重要。客户是项目的业务代表，代表项目产品的相关业务做决策，是项目团队不可或缺的一员。业务代表应该意识到为项目达到成功负责。他应该被包含在所有项目团队会议和状态报告里，在理想情况下，他应该和团队在一起，以便于应对和解决问题。
- 集体所有制：在传统项目管理中，团队成员经常感到项目及其产品被项目经理或者业务代表，而不是被团队所"拥有"。在敏捷项目管理中，需要有一种集体所有权的观念，在所有项目成员之中有共同责任的意识。建立集体所有权是项目经理需要重点掌握的领导技能之一。集体项目团队需要感觉到被授权而不是被控制。
- 确认和核实：敏捷项目管理把重点放在提供"正确的产品"，而不是提供"产品是正确的"。也就是说，假如正在开发中的呼叫中心正处在需求建设中，但需求已经不再是准确的，那么项目就会朝着错误的方向发展。因此，最好是重新定义需求并调整项目方向。带有滚动式计划和增量交付的敏捷项目管理，将比传统项目管理更容易适应这种转变。
- 持续改进：当增量交付产品时，它更可能为集体项目团队（包括业务代表）实施"经验教训"的会议，或者在敏捷项目管理中称为"回顾"的会议，理解上一个增量中有哪些是行之有效的，哪些可以改进，然后将这些改进应用到下一个增量中。
- 构建共识：敏捷项目管理的真正共识来自项目团队共同做的决定。这意味着每个团队成员对该决定及其结果均有承诺。取得并确立真正共识的能力是项目经理需要重点掌握的另一种领导技能。
- 每日站立会议：无论使用何种项目管理方法，我在我的所有项目中都采用了这种管理实践。该实践来源于军队，这些每日站立会议聚焦于每天的优先事项和问题，而不是项目团队昨天完成了什么。会议每天由不同项目成员主持，大约持续 15 分钟，每个人站在当前迭代的时间表面前。要求团队成员确定他们当天的优先事项，并确定阻碍完成该优先事项的事宜。解决这些障碍将变成项目经理每天的优先事项。
- 时间盒：这是另一个在我的很多项目中都使用的通用方法，包括基于志愿者的福利项目。和业务部门的相关方一起工作，项目团队决定产品交付的"节奏"，也就是说，业务部门多久能收到来自项目的产出。一旦对"时间盒"做了定义（通常是几周而不是几个月），紧接着项目团队确定在每个时间盒里能构建多少功能或者产品。如果时间盒不够长，直接去掉某些功能，而不是延长时间盒。通过使用时间盒，项目团队能够真正专注于当前任务，而不是担心未来的时间盒。其结果是，实际上最终提高了生产力。

案例 16.2　安快银行善用敏捷客户协作，打造网点独特优势

案例背景

如何让银行网点快速、彻底地变得重要，贴近客户？美国安快银行利用银行的物理场地，在打造网点独特优势方面做出了许多有益的探索（见图 16-2）。关于如何让银行门店快速、彻底地变得重要，安快银行从星巴克的成功经验中获取了灵感：星巴克不仅是一家提供咖啡和饮料的咖啡馆，更是一个供顾客与新老朋友一起消磨空闲时间的、能够让顾客产生归属感的"空间"。

图 16-2　美国安快银行社区网点

因此，安快银行将自己的支行定位为其所在社区的中心——一个公众娱乐和社交的场所，人们休闲时的好去处。"第一代"安快银行网点展示了一个以客户为中心的体验中心：走来走去与客户交流的银行雇员；店内设有可免费上网的电脑，一部可直接与首席执行官连线的客户电话，供人们读报的专区，还免费提供安快银行自己定制的本地烘焙咖啡，希望可以成为社区居民"自己的空间"。

"第二代"商店模式包括免费的无线网络、免费使用的笔记本电脑、开放式空间、冷藏饮料及创新性产品包装，还包括营业时间外的各种社区活动，从诗歌朗诵、瑜伽课到电影之夜和艺术收藏研讨会。

通过这些方式，安快银行成功地通过舒适的服务体验和各种营业外活动吸引了

现有和潜在的客户进入银行网点内，从而使他们能够有机会了解银行所展示的金融服务和产品。安快银行开始在百货店银行的道路上表现得更加专业化。

2004年安快银行启动了"连接志愿者网络"活动，要求每个员工每年要有至少40小时的志愿时间去服务当地青年和社区发展机构，这都是为了鼓励安快银行的员工与顾客建立融洽的终身关系，从而使顾客将银行视为社区的一部分，将雇员视为社区的一员。

在坚持用强大的社会责任感和服务精神支撑雇员们将真正关心顾客的工作做到极致的同时，安快银行为了保持其差异化的竞争优势，也持续在创新型门店上尝试各种颠覆性的、与时俱进的想法。

案例分析

在上面的案例中可知，安快银行之所以能打造出独具差异化优势的网点，其核心是其善用敏捷中的"客户协作"准则。就像上面所说的，客户是项目的业务代表，代表项目产品的相关业务做决策，是项目团队不可或缺的一员。

通过将银行网点打造为社区居民"自己的空间"，以及"连接志愿者网络"活动，与顾客建立融洽的终身关系，从而可以时时关注客户的需求，保持其差异化的竞争优势。

案例 16.3　RHB 银行依托敏捷增量化，提高单位面积效益

案例背景

马来西亚的 RHB 银行将依托增量化、专业化战略发挥到了极致。RHB 银行发现，马来西亚的银行大都把大众客户（月收入 300~600 美元）视为无利可图的客户群，通过设置最低余额要求、收取服务费等方式试图将他们拒之门外。RHB 银行在高度集中的市场中找到了空白机会点，致力于为这些不满最低余额过高、申请表格和产品过于复杂的大众客户提供最便捷的银行服务，新品牌 Easy by RHB（下称 Easy Bank）应运而生。

Easy Bank 像快餐店、便利店一样小巧醒目，主要开设在超市、购物中心、邮局、地铁站等客流集中的地方，以距离近、分布多取胜。这些店面跟社区银行有很大的类似性，平均面积在 30~50 平方米，小的不足 10 平方米，大的也不过 80 平方米。网点基于零售观感设计店面，布局开放敞亮，店内柜台设置较低，给顾客亲切的感觉，令人感到轻松随意。像便利店一样，Easy Bank 的营业时间也更长，为顾客提供更周到的服务。

Easy Bank 仅提供几种产品，即贷款、银行卡、保险、储蓄。如同快餐店里的菜单一样，每种产品的价格和特点在分支机构中都有清晰的展示。贷款的利率计算简

单明了，贷款条款和分期付款十分灵活，而且对账户最低余额的要求也比较低。

"10分钟完成"是 Easy Bank 一贯的理念。账户的申请和审批流程十分简单，在线下的实体店中，借助生物识别及无纸化技术，申请者在10分钟之内就可以新开一个账户。账户开设成本仅为一般银行分支机构的 1/7，而账户运营成本仅为一般银行分支机构的 1/4。打开 Easy Bank 的网页，同样十分简洁高效，在贷款、银行卡、保险、储蓄四个板块下，都醒目地标注着"10分钟完成"。

从品牌设计、产品服务到网点设置都围绕大众客户进行，这就是 Easy Bank，以无处不在的网点、简单标准化的产品、全电子化的购买体验、直通式的信贷审批流程等为客户提供真正简单、便捷的服务，成功实现了提高单位面积效益的目标。

案例分析

正如刚才所说，增量交付，而不是追求一次性交付是敏捷的一大特点。当增量交付产品时，理解上一个增量中有哪些是行之有效的，哪些可以改进，然后将这些改进应用到下一个增量中。这种根据客户需求进行简单标准化、持续改进的做法也让马来西亚 Easy Bank 受益。

这其中有三个制胜因素：一是 Easy Bank 网点都开在地铁站等客流集中的地方，以距离近、分布多取胜，最大化客户的协作空间；二是 Easy Bank 仅提供几种产品，即贷款、银行卡、保险、储蓄，产品简洁明了；三是"10分钟完成"，重在快速增量交付。通过以上三个制胜因素，利用敏捷增量化理念，有效提高单位面积效益。

16.4 正式的敏捷项目管理模式

在过去 10 年里，敏捷项目管理引入了很多种不同的方法。嵌入这些方法中的技术都接受了敏捷项目管理的八大核心原则。

16.4.1 Scrum

Scrum 方法是基于团队的方法，有 3 个明确角色：产品负责人、Scrum 教练和开发团队成员。需要注意的是，Scrum 教练不是项目经理。相反，Scrum 教练是"服务型领导"，负责帮助 Scrum 团队的其他成员遵循 Scrum 流程；Scrum 教练会向项目经理汇报。

在 Scrum 中，产品增量开发称为"冲刺"（Sprint），其典型持续时间在四周以内，其目标是实现最终产品的一个操作子集。该子集满足规定的验收标准和质量（"完成"的定义）。项目团队的计划和进展对所有人（包括项目的相关方）是可见的，通常显示在团队工作区域的墙面上。"Scrum 合作技术"支持对多个规模的 Scrum 团队的项目管理。

一个 Scrum 项目将包括5个特定类型的项目管理会议——产品未完项梳理会议、Sprint 计划会议、每日 Scrum 例会、冲刺评审会议、冲刺回顾会议，还有以下 3 个重要的管理产品工件：

- 产品代办事项列表：产品功能或想法的清单，项目团队期望按顺序实现这些功能。
- 冲刺代办事项列表：下一个冲刺开发的详细计划。
- 产品增量：可用于商业的、具有一定质量水平的完整版本的产品。

16.4.2 动态系统开发方法

动态系统开发方法（Dynamic Systems Development Method, DSDM）是另一种鼓励用户主动参与的增量开发方法。DSDM 被认为比 Scrum 更结构化，有以下 8 个基本原则：

- 专注于业务需求。
- 按时交付。
- 协作。
- 永不妥协的质量。
- 从坚实基础开始增量地构建。
- 迭代开发。
- 连续而清晰的沟通。
- 演示控制。

DSDM 项目不同于 Scrum 项目，它包括 3 个阶段，最初阶段的重点是项目资金和承诺，紧随其后的是实际项目本身，最后是后项目阶段，包括任何形式的维护或者交付后的维修。在项目阶段，特别强调先期规划，包括进行可行性研究和潜在的功能分解模型的发展。DSDM 项目还涉及与产品配置管理相关的流程。

16.4.3 极限编程（XP）

"XP"代表极限编程或结对编程。它的核心前提是"四只眼睛好过两只"和"越早纠正缺陷，成本越低"。类似于 Scrum 和 DSDM，XP 项目是以不到一个月的时间盒来增量完成。然而，在 XP 中，两个人并肩工作在一个产品上，一个人在做，另一个人同时捕获所发生的错误。可以想象一下，一位坐在作家旁边的编辑，正在实时地做语法检查和纠正；或者一位质量控制专家正在检查工程师刚刚做完的一个小部件。这些需求通常以用户故事的形式记录在案，并伴随有测试场景。这些用户故事和测试场景被捕获在一张故事索引卡上，同时它们被分配到需要实现的增量中。

在 XP 框架下管理项目是以客户为中心的。事实上，客户会和项目团队合作，并与团队密切互动。因此，XP 最适用于简单的项目，因为前期很难评估每对工作搭档所需要的工作量或者很难完全地记录复杂的需求。它也可能不是一个项目的最佳选择，因为项目基本架构的发展可能在本质上是动态的。

16.5 敏捷项目管理模型

敏捷项目管理（Agile Project Management，APM）模型可以看成 Scrum 和传统项目管理的融合。它包括 5 个阶段。

（1）展望：确认产品愿景、目标、制约因素和团队如何一起工作。

（2）推测：收集广泛的需求，开发制订基于功能的迭代与发布计划和风险缓解计划，估算项目成本，并解决项目管理需求。

（3）探索：计划和交付满足用户需求的产品。

（4）适应：检查交付产品和团队绩效，并开展必要的调整。

（5）收尾：结束项目，分享经验教训，开展庆祝活动。

在前面提到的基于志愿者的福利项目中，我使用了这个整体模型。我们设想阶段的成果是一个大大简化的项目章程；同时在推测阶段，我们定义了与以下方面相关的需求，包括何时需求营销材料、公益晚会上有什么活动（扬声器、音乐、拍卖）、在预定日期内出现恶劣天气我们要怎么做。在探索阶段，我们使用每日站立会议（电话）来协调各志愿者的工作，该阶段由三周时长的冲刺组成。在适应和结束阶段，为组织将来的福利活动提供了宝贵的经验。

案例 16.4　梅西百货全渠道策略，让"体验简单而周到"

案例背景

在近年来美国百货业跌入冰点发展时期，美国最大连锁百货梅西百货却出现亮点。梅西百货的全渠道策略也成为美国零售商竞相模仿的对象。

全渠道策略是指以消费者为中心，利用所有的销售渠道，将消费者在各种不同渠道的购物体验无缝连接，同时将消费过程的愉悦性最大化。因此顾客可以同时利用一切渠道，随时随地购物。据梅西百货统计，全渠道策略促进平均消费较单一渠道增加 35%~50%。

梅西百货的全渠道策略有非常明确的目标："让购物体验简单而周到。"购物，不论使用哪种渠道，都应当从实体店和在线体验中吸取最好的精华。正如梅西百货 CEO 所说："我们'全渠道策略'的最终目标是与客户建立更深的关系，确保顾客无论想何时、以何种方式来梅西百货和布鲁明戴尔百货店购物，都能够如愿以偿。"

在这一策略下，梅西百货开展了一系列试点项目，推出多项互动性的自助服务，以加速购物结算流程和"移植网上购物体验"。同时，梅西百货（见图 16-3）也努力在其网上商城加进典型的"实体店特性",比如在网上像试穿一样精准地选择牛仔裤。

图 16-3 美国梅西百货

具体而言,梅西百货实行的 12 项 O2O 全渠道策略包括 Apple Pay 苹果支付、梅西手机钱包、当日送达、线上购买线下取货、类似加快交易的手持终端和平板电脑等线下店铺销售端的技术创新、加强购物 App 应用、帮助客户快速找到商品的梅西图像搜索、RFID 应用和扩展、Shopkick 逛街位置服务应用、智能试衣间、以时尚购物目录为核心的梅西数字出版、帮助客户提供家居摆设建议的梅西桌面搭配。

> **案例分析**
>
> 梅西百货的全渠道策略恰恰运用了动态系统开发方法中的原则:协作、连续而清晰的沟通和演示控制。
>
> 首先,全渠道策略以消费者为中心,利用所有的销售渠道,将消费者在各种不同渠道的购物体验无缝连接,目的是与消费者产生最大化的协作;其次,包括梅西手机钱包、Shopkick 逛街位置服务应用、线下店铺销售端的技术创新和以时尚购物目录为核心的梅西数字出版在内的措施都是为了与消费者产生连续而清晰的沟通,获取及时反馈;最后,智能试衣间的创新配有壁挂平板电脑供店员和消费者扫描查询产品颜色尺寸和产品推荐等搭配信息,消费者可不必出门,通过一键呼叫店员帮助,实现远程演示控制。
>
> 而运用这些敏捷 DSDM 准则的目的就是"让购物体验简单而周到",提升顾客忠诚度。

16.6 适应挑战

敏捷项目管理是一种集成和整体的管理方式,采用敏捷项目管理实践需要受项目影响的组织的所有方面的积极支持和参与。这些都不是 IT 部门、产品开发部门或市场营销部门可以单独实施的实践。如果要实现敏捷,在项目经理和产品负责人的领导下,整合的项目团队需要在项目团队内被授予决策的权力。

对于根据工作分配和预算做决策的职能或直线经理来说,对项目团队的授权可能是一个威胁。项目团队成员自己也能感受到新角色的威胁，尤其是如果他们过去习惯于别人为他们做重大决定。业界花费了20世纪晚期的大部分时间来发展和应用正式的、预测的方法来管理项目。我们已经习惯了使用这些预测方法来消除项目的不确定性，以防止项目范围的变更。在敏捷项目管理中，变化和不确定性成为习以为常的规范，项目团队必须有能力对此加以适应，以确保项目的成功。预测下一个产品发布的内容是不大可能的，因为除引入了新功能之外，它还可能包含对以前产品功能的修改。

在着手实施敏捷项目管理方法之前，项目经理应该花费精力来了解组织的风险状况。对于趋向风险规避的组织和有高度集中控制及决策需求的组织，引入敏捷项目管理将是很困难的，因为这些组织的原则和敏捷项目管理的理念是不匹配的。管理人员基于项目文档和可交付成果的实现情况来确定项目进展。风险规避组织往往过分重视时间和状态报告，这给它们带来不切实际的、虚无缥缈的控制感。对于这些组织而言，它们有明确定义的与采购活动及收购相关的流程，这些流程需要多层级的签字。不遵守这些流程被视为使组织遭受过度的风险，这也是不被鼓励的。

实施敏捷项目管理时经常提出的一个质疑是明显地缺乏预见性。这个质疑完全忽略了以下这个事实：在传统项目管理中，最初的项目进度和预算往往不能代表最终的预算。应用敏捷计划的技术，组织或客户倒是有可能应对这些不曾预料到的"惊喜"。在以"滚动波浪"式计划作为敏捷项目管理核心的前提下，近期的、短期的活动实际上增加了可预测性，并有更多机会去考虑未知和将它们融入项目计划中。

16.7 融入实践

很多组织仍然基于"指挥链"结构，其中的每一个决定、每一次购买和每一次行动都需要获得链条上更高层次的人的批准。这些组织结构着眼于最大限度地减少组织的风险和曝光，并确保遵循预定方式开展业务。然而，当需要项目采购或需要给项目团队添加资源时，如果项目经理需让这些工作事先获得批准，那么就不可能有敏捷性。如果你发现自己是这些组织中的一员，那么你需要向高管沟通传递敏捷项目管理的价值，并在获得许可后向他们展示其价值。

对于项目经理来说，意味着要认识到，需要用比传统更正式和更自律的方式来获得和应用更多知识和技能。此外，当确定敏捷项目生命周期时，敏捷项目经理需要考虑自己的个人长处，并成为领导者或推动者，而不是单纯的管理者。采用敏捷项目管理方法时，项目经理的贡献更专注在"清除障碍"，展望未来的项目计划，预测并解决那些可能阻碍项目团队进展的活动。在整合其他的组织机构时，项目经理也要关注项目的边界。

对于项目团队成员（包括业务参与者），敏捷项目方法意味着理解和领会他们关于制定决策及与其他成员沟通的更多的责任。项目团队需要建立产品所有权意识，而不是依赖项目经理来解决所有产品问题。实际上，产品负责人是负责定义项目需求的人，也是项目团队不可或缺的一员，而不仅仅是等待问题的旁观者。

16.8 敏捷发展趋势

对敏捷项目管理的兴趣才刚刚开始。敏捷项目管理当然不是一个临时的、新兴的"银弹"，随着高速发展的经济，它将会更加地变成项目管理的规范。随着与敏捷项目管理相关的认证项目的出现，敏捷项目管理已形成了知识体系和教育课程。这些将随着各行业拥抱敏捷和开发特定项目所需要的具体知识体系进一步完善发展。最终，这些知识体系及其相关模型将合并成统一的方法，类似于项目管理协会的《项目管理知识体系指南》(《PMBOK®指南》)和由英国政府在20世纪80年代末制定的受控环境下的项目管理（PRINCE2®）标准。今天的项目经理要了解如何选择和最好地应用当前的敏捷方法来面对未来。

案例 16.5　联壁金融 0 元购高返利，缘何爆雷？

案例背景

2018年6月，上海市公安局松江分局对高额返利平台联壁金融非法集资案立案，立案缘由是涉嫌非法吸收公众存款。随着民间四大高返平台（钱宝网、雅堂金融、唐小僧、联壁金融）的最后一个平台联壁金融爆雷，用户出现集中兑付现象，有近百万个用户身陷其中，更有用户投了 700 多万元！

联壁科技于 2012 年，注册资本 1.67 亿元，总部位于上海。2014 年 5 月 8 日，联壁科技组建互联网金融事业部，随后推出微信版理财平台"联币钱包"及 App 产品联壁金融，并在 2016 年 5 月 27 日 B 轮融资 8000 万元人民币，投资方为麒麟资本。

联壁金融的理财逻辑主要依托于"0 元路由器"。具体来说，用户通过京东以市场价购买其合作公司斐讯的路由器后，会在包装中找到一个专属 K 码，通过用户身份证、银行卡和手机号可以激活这个 K 码。激活成功后，会自动在联壁金融 App 上生成一笔定期存款，经过一定期限后，即可提现。

"白送"路由器的营销策略自然吸引了许多用户，甚至一度让斐讯路由器占据京东路由器销量第一的位置。

联壁金融这种看似稳亏不赚的营销方式如何盈利？首先，通过京东"0 元购路由器"（见图 16-4）的手段大大减小了获客成本，"白送"的路由器吸引了大批投资者，同时购买的用户越多，路由器的销量便越高，从而推动更多投资者加入，形成正向循环。其次，通过分期返现的方式，可以让联壁金融在短期内获得大量现金流，通过现金流进行相关投资、理财，可以在一定程度上弥补巨额的成本。

图 16-4　联璧金融"0 元购路由器"广告

案例分析

联璧金融"0 元购路由器",可以说给用户很高的返利,也因此催生了不少路由器羊毛党。其在短短两年内就融资 8000 万元人民币,从表象来看符合敏捷的快速迭代、小步快跑的特性,那为什么会以爆雷收场呢?

我们经过仔细分析,就可以得知联璧金融的整个盈利模式背后是一个庞氏骗局,其需要通过源源不断的新用户来创造更多的现金流弥补窟窿,并没有给用户带来核心价值,因此爆雷是迟早的事情。因此敏捷虽然有诸多理念和准则,但最核心的一条还是要给用户真正的客户价值,否则任何商业模式都不可能长远。

总结

敏捷的价值是使组织在快速变化的商业环境下,保持迅速、敏锐和灵活。敏捷宣言确定了 4 个核心原则:个体和互动高于流程和工具、可工作的软件高于详尽的文档、客户合作高于合同谈判和响应变化高于遵循计划。敏捷的 8 项准则进一步发展并扩展了敏捷宣言的原则。

本章中重点介绍了 Scrum、DSDM 和 XP 3 种敏捷项目管理模式,又解释了包括展望、推测、探索、适应和收尾在内的敏捷项目管理模型。敏捷项目管理是一种集成和整体的管理方式,采用敏捷项目管理实践需要受项目影响的组织的所有方面的积极支持和参与。未来的组织将更多地采用敏捷的标准去应对更大的不确定性。

第17章

项目集管理

本章内容

- 项目集管理的定义
- 项目集管理主题
- 项目集管理的角色和职责
- 项目集经理的能力

本章案例

- 案例 17.1　交行项目集打造优逸白金信用卡，俘获年轻精英
- 案例 17.2　双链融合：当区块链"撞上"供应链金融
- 案例 17.3　中精国投兑付风波
- 案例 17.4　小黄车为什么黄了？
- 案例 17.5　拼多多"曲线夺牌"

规模缩减、组织结构调整、技术变革、资金减少及其他众多因素不断促使组织以更少的资源完成更多的任务。客户、高层管理人员及其他相关方都希望获得即时响应。通常，他们会将重点放在短期方面，为缩短项目周期而创造出持续性的压力。也有一种自然的趋势，就是在当今商业环境中特定时间及资源限制条件之下，相比逻辑上所能完成的项目数，成就导向型项目经理希望可以启动及完成更多项目。

项目集管理是管理众多项目，但每个项目仍然是单个项目。然而，越来越多的组织领导人在运用项目集管理的方式来获得更大的收益和机会，同时以此来加强个人能力，而不是使用独立方式管理单个项目。本章说明了为什么项目集管理是复杂的工作，描述了项目集管理的一些主题，然后讨论了项目集管理经理的特点和个人能力。

我们先来看一下相对容易理解的项目集管理。从表面上看，这一切似乎都不成问题。所有人难道不是在某段时间都同时处理过多个活动吗？

为了应对内部、外部的商业活动及不断变化的经济形势，项目会不断地被增加、修改或删除，因此项目管理、项目组合管理、项目集管理及多任务处理等术语变得司空见惯。实际上，项目管理软件行业强调的一个重要方面就是工具、技术、方法

及系统的创造与整合，从而对无数的、各种的项目及其相关活动进行优先处理和管理。

因此，项目经理必须精通项目集管理的以下几个方面：
- 理解项目集管理的需要和必要性。
- 处理影响项目集管理的文化、政治及组织因素。
- 确定和管理在多项目环境下的多种角色和职责。
- 在多项目环境下进行规划、人员配置及资源分配。
- 理解多任务处理的问题。
- 报告，并做出管理决策。
- 在多项目环境下克服挑战并取得成功。

17.1 什么是项目集管理

项目管理、项目组合管理及项目集管理在使用时往往有相同的含义。实际上它们之间也有区别。从纯粹意义上讲，组合管理包含两个主要的组成部分：战略要素及经营要素。其中战略要素包括项目选择及确定优先次序——确保选择正确的项目，然后根据组织的战略目的及目标进行优先次序排列。表 17-1 解释了项目集管理与组合管理之间的主要区别。

表 17-1　项目组合管理与项目集管理的高层对比

	组合管理	项目集管理
目标	项目选择和优先次序	项目选择和优先次序
中心	战略性	经营性
规划重点	中长期（年度/季度）	中长期（年度/季度）
责任人	总经理/高级经理	项目经理/资源经理

在经营要素中，项目集管理更关心日常的经营管理及在组合内对各项目的资源分配。将战略项目、其他独立项目、小型快速实施项目、短期项目添加到混合的项目集中，最终都要涉及工作分配问题，而且资源因此变得更加缺乏，项目经理也会面临更大的压力。通常，战略项目都是很明显的公司级事业，这些项目往往具备高优先级，并从其他项目和项目集中抢占资源。在公司总裁或 CEO 的指导和发起下，在企业范围内推出项目管理培训课程，就是战略项目的例子。

项目管理协会将项目集定义为"一组相关的、以协调的方式进行管理的项目。项目集可能包含超出项目集中各个不相关联的项目范围之外的相关工作的要素"。项目集包括需要实现的主要成果或目标，也正是这些成果和目标决定着哪些项目需要用来实施以满足对应的目标，例如，建造一艘航空母舰或者在一个大型跨国企业内部对 IT 基础设施进行翻修。从技术上讲，项目集是多个项目的子组合，项目集聚焦于一个单一的主要目标，为实现这一目标，需要由多个单独的、特殊的但是可以整合到一起的项目来生成这些项目集要素。通常，项目集拥有一个总体的项目集经理、一个共同目标及已定义好的接口，因此在对多个独立的项目进行管理时，每个独立的项目拥有各自的目标（有时这些目标之间会相互冲突），这时会产生一些问题，而项目集可能不会产生这些问题。

大多数项目经理不会对项目集或战略性的项目组合进行管理；他们只是负责对多个短期工作分配（任务）进行同时并存的管理。这些项目并不是根据其对特定的总体目标的贡献进行分组或分配的，而是为了更好地管理控制和战术/经营方面的效率进行分组的。

通常，不论各个项目的目标或对各个项目的分组方式如何，所有在企业组合内的项目集和项目都会为相同的资源进行竞争。在多项目环境下，所有的相关方需要清楚地理解，资源应当向具有更高优先级（根据时间、成本、客户需求及商业目标的紧急程度来确定）的项目倾斜。

现实情况是，由于政治、文化及其他组织因素，再加上短期受利益驱动的动机，几乎都会迫使组织特别注重对资源进行百分百的最大化利用，因此项目优先次序并不总是能够确立或保持。

案例 17.1　交行项目集打造优逸白金信用卡，俘获年轻精英

案例背景

目前，越来越多的年轻人步入职场，逐渐成为社会重要的组成部分。他们的加入让市场需求发生变化，打着年轻化"IP"概念的产品越来越多，但契合年轻精英群体的产品仍少之又少。

2018 年，交通银行针对年轻精英群体推出优逸白金信用卡。该卡自发行起便受到了市场的广泛关注，短短 2 个月时间，发卡量便突破了 100 万张。我们不禁会问，这其中究竟有什么制胜法宝？

好的产品必然是能深挖客户需求的，那么优逸白金信用卡到底挖掘了年轻精英的哪些特点？

第一，**消费需求稳步增长**。以 90 后为代表的新生代正逐渐成为消费主体。而作为该群体中的头部力量，新精英阶层消费力更强，且对潮流、科技的趋势更加敏感。

第二，**超前的消费意识**。信用卡最大的收益来源之一，便是持卡人分期还款所收取的手续费。以 90 后为代表的更年轻消费者中，"花明天的钱，圆今天的梦"的超前分期消费观越发普遍，这批用户对银行的商业价值更高。

第三，**注重个性化服务**。个性已成为 90 后的代名词，年轻精英群体不甘于平庸，个性化服务体验是打动他们的秘诀。近年来，越来越多的品牌选择跨界合作，

打造别具一格的全新体验，吸引了无数年轻群体的目光。

第四，注重个人征信。年轻精英相对同龄人而言，经济收入更高，且对个人信用记录更为谨慎，因此往往具备更强的还款能力和还款意愿，极少会出现违约的情况。银行在为其提供信用卡服务时，遭遇坏账风险极低，是个稳赚不赔的生意。

在通过长期深耕，洞察年轻精英群体需求后，优逸白金信用卡通过跨界合作来吸引客户：

一是跨界合作+互联网爆点。其一，知乎 live：处于事业上升期的年轻精英，对于学习的渴望和职场的焦虑较高，因此"知识付费"恰好戳中他们的痛点。优逸信用卡战略联合知乎平台，举办"Hello 优逸青年"知乎 live 专场，邀请职场、健身、游戏、美食领域的四位人气答主进行分享，引爆社群讨论。其二，去哪儿网：量身定制优逸青年泰国行。提供专属项目，包含网红餐厅美食、泰式 Massage、芭提雅海面滑翔伞、丛林飞跃体验等，全方位打造畅快的旅行体验。

二是跨界合作+多维度场景。除开展互联网热点的跨界合作外，优逸白金信用卡还布局品质类跨界合作，涉足多方位消费场景，包括旅游、健身、阅读、饮食，为年轻群体提供专属品质权益（见图 17-1）。例如，持卡人可通过"买单吧"App 以 5 积分抢兑亚马逊 Kindle Unlimited 的电子书包年、境外 7 天免费 Wi-Fi 等服务。此外，还可用积分参与运动品牌安德玛新品满减、高端酒店温德姆最高七五折、诺心蛋糕特别款 5 折、花加鲜花升级及联合利华特定优惠等活动。

图 17-1 优逸白金信用卡消费权益

案例分析

项目集定义为"一组相关的、以协调的方式进行管理的项目。项目集可能包含超出项目集中各个不相关联的项目范围之外的相关工作的要素"。项目集的目的是产生 1+1>2 的效果，实施多个项目共同目标的协同管理。

上述优逸信用卡案例就是一个典型的项目集，其在深入挖掘年轻精英客群需求的基础上，通过与知乎 live、去哪儿网、旅游、健身、阅读、饮食等品质类的多个项目的合作，提供给年轻精英客群个性化的产品服务，从而产生更好的客户满意度及产品收益。

17.2 影响项目集管理的组织要素

理论上听起来不错，但现实生活中无法拒绝项目或者延迟项目。

在公司内部，不会奢侈到将所有资源都分配给某一个项目，更不用说将所有资源都分配给一个项目经理了。

这些都是项目管理中最为常见的悲哀之处。通常，高级经理觉得大多数项目的规模不够大，复杂程度不够高，或者经济方面的重要性还不够高，还不足以为其保证或分配专门的项目经理或项目团队。由于经济的波动及大多数项目都具有的短期迟疑时间，这种观点也并不过分。但是高级经理可以通过创造能够促进有效的项目集管理的文化来促成多项目的成功。

业界的研究发现，有三种组织级别的因素会对项目集管理的有效性产生影响，分别是项目分配（包括项目经理的能力）、资源分配及组织文化。

对于项目集管理的成功而言，可能唯一的、最为重要的因素就是组织文化，包括项目管理过程、沟通、价值观、结构、决策、员工和管理者态度、承诺等。组织文化表现在指派项目经理的方式、对项目优先级处理的方式、利用良好的项目管理实践的方式，以及为项目任务和工作量的平衡而对项目经理提供积极支持的方式等方面。虽然实际上在任何商业环境下，资源制约都是切实存在的，然而许多组织并不认可将有限的资源分配到多个项目中会减慢交付的速度。在没有某些确定优先级的过程及总体控制的情况下，多个项目会对有限的资源展开竞争，从而导致资源发生大量的转移与协调，由此导致生产能力下降，并最终给组织造成以下（包括但不限于）负面后果：

- 由于资源同时分配给过多的项目，而且这些资源并不足以完成计划的任务，从而产生晚交付所造成的额外成本。
- 由于资源过度使用而产生瓶颈，最终导致分配的资源未被充分利用而产生额外成本。
- 由于团队成员倦怠、过度使用而造成的质量下降等因素所造成的有形与无形的额外成本。

为了对多个项目实现有效管理，高层管理者与中层管理团队需要设定文化与价值观，并建立相应的系统。许多公司都存在一定数量的用于创建项目预算、进度及相应资源需求的"制胜绝招"。此外，职能经理及项目经理之间责任的分担及对领导权的争夺，让事情变得更加复杂。在这种环境下，只有敬业、勤奋的项目经理和团队才能够拯救项目，因为他们愿意承担远远超出职责范围以外的事情，确保项目目的和目标得以达成。

多项目经理不仅需要拥有能够帮助他们对所负责的每一个单独项目进行管理所必需的技能和经验，还应当能够对所有项目中的工作和资源进行协调。这也是一个组织的文化问题。仅仅因为存在可用的项目经理或因为他们有优秀的技术技能而去简单地给项目任命一个无法胜任工作的项目经理是一件非常糟糕的事。项目经理良好的管理能力、商业技能、决策技能及管理项目相互依赖关系的能力对项目的成功至关重要。如果将那些不擅长管理多项目的人员分配到这些环境中，将会产生非常大的风险。

不论企业文化如何，或者同时进行的项目有多少，还有很多事情可以做，以便让项目集管理变得更加有效。其中最有效的方法之一就是明确地定义角色和职责。

17.3 项目集管理环境下的角色和职责

所有关键相关方，特别是项目经理、发起人及职能/资源经理，都必须明白各自的角色和职责，并致力于企业目标、项目组合目标或项目目标。如果角色和职责得不到有效协调，那么每一位相关方都有可能让个人的日常工作事项影响项目决策，并给项目的成功造成负面影响。

整个领导团队有责任为项目的成功提供必需的技能，并且在可能的情况下将团队成员置于能够激励并增强其专业与个人发展的岗位上。项目经理有责任在项目内或项目之间对资源进行协调，并为团队成员提供团队建设事宜。职能经理有责任在项目经理需要的情况下确保有可用的资源。如果有关资源分配、决策制定、报告要求、纠正行动及基准管理的权限级别得到明确的规定，那么，多项目冲突将减少。

高层管理者与中层管理团队需要积极参与活跃项目和潜在项目之间的资源平衡工作。不过，管理层的参与应当保持在合理的水平，且不需要进行微观管理。高级管理人员的职责主要在于保证项目与长期商业战略紧密挂钩。该角色职责还包括确保项目得到合理的优先处理、项目团队人员配备充足、通向成功的障碍得到解决、跨项目冲突得到化解。高级管理人员同时还有责任确保在所有项目经理、团队成员及其他相关方之间分享项目信息时能提供可用的方式和工具。

只有当项目经理和团队成员精力集中、保持专注的情况下才可能对一个以上的项目进行有效管理，面临的挑战是如何为每个已分配的项目区分出各自的个人职责和非项目工作。在单个项目情况下，项目经理往往是技术专家或主题问题专家。而在多项目环境下，项目经理不太可能成为掌握所有项目的所有要素的技术专家。但是项目经理确实需要理解项目的技术要素，而且能够对技术团队进行管理。

对于项目团队成员，无论是全职员工、兼职员工还是分包商，都应该根据其技术知识和专业知识分配工作。所需要的技能和知识越特殊，涉及的项目越多，资源分配过程的重要性越高，难度也就越大。通常，由于团队成员的数量是有限的，因而为了让团队成员充分参与其中，会倾向于过度使用这些资源。要记住，团队成员可能已经承担了超出其专业知识范围之外的职责，从而给其造成额外的压力和紧张感。

虽然与那些单项目管理的应用或实践相似，但只有基本的规划及控制方法与技术可能是不够的。由于组织实践往往会忽略或低估构建和坚持项目优先次序、定义项目标准和验收标准、整合项目数据的重要性，这也是项目集管理所面临的挑战。项目之间的关联、进度表的重叠及资源需求的复杂程度越高，问题也就越多。实际上，项目资源分散在多个项目，不可能将其分配给一个主要项目或项目集。此外，管理人员和项目经理之间还存在共同的误解，他们都认为如果某人擅长对一个或两个项目进行管理，那么他就有能力对多个项目进行管理。

多项目经理必须擅长时间管理，拥有确定项目优先次序的技能，而且配有看板汇报工具，以有效地捕捉和报告项目组合内所有项目的状态。在多项目环境下，项目经理可能面临的最大挑战包括以下几方面。

- **合理授权**：有效的授权能够给予项目经理充分的时间，以对其职责范围内的项目进行管理。在多项目环境下，项目经理不插手事务，大局观则显得至关重要。项目经理需要专注于创建并实施管理实践，开发资源战略，并对众多项目进行优先处理。项目经理不能陷入低层级、低优先级的任务（这些任务可以授权给其他团队成员）。在项目并行的环境下，项目经理自身就是项目资源，其时间管理及自我管理变得更加重要。向上授权（拒绝的另一种方式）需要机智的沟通。例如，一名高层经理让项目经理到他的办公室。高层经理告诉项目经理他又有另一个项目需要管理，这个项目可能需要得到其他部门的配合。项目经理可以这样回复："我明白。不过，您是否已经和其他部门沟通过？并让他们知道后续由我和他们联系？"如果高层经理承认有必要和其他部门沟通，并将其作为一个行动事项，那么这位项目经理就已经委婉地对一个困难的沟通进行了向上授权。

- **有效地规划和整合**：建立现实的项目基准并保持对单项目计划的跟踪，这对于项目集管理而言更为重要。对各项目计划所进行的整合越多，对于项目的管理就越简单。即使项目经理对一个由互不相关的项目所构成的项目组合进行管理时，集中化的规划与文档管理的方式也将获益良多。拥有包括总体生命周期、主要可交付成果及资源需求整合（集成）的综合图表，能够让项目经理保持必要的高层次视角。

拥有一套共同的、可以重复使用的，并能在整个组织内共享和传递的项目管理表格、模板、工具及已批准的指南，能够为项目资源的规划和整合提供很大帮助。共享的模板有助于加快规划过程的进展；缓解项目经理的管理负担，从而让其有更多的时间用于实际的项目管理；同时还可以提升管理方面的信心，从而将项目管理过程持续应用到所有的项目和项目集中。

在多项目环境下，使用优质的项目管理软件对时间和资源进行最优化非常有帮助。在过去的数年内，许多公司开始使用各种资源规划与优化技术，并取得了不同程度的成效。其中最常见的技术包括资源规划、进度及优化技术，如排队理论、能力/容量需求规划、制约理论、资源平衡技术及关键链项目管理等。在许多情况下，要求软件能恰当地建立资源加载计划，并能够清晰地确定时间和资源冲突。项目的数量和各个项目的规模决定着软件所需要的复杂程度和功能级别。如果各项目的规模很小，相对关系简单，且为相互独立的项目，那么一个简单的电子表格制作软件或甘特图也许就够了。对于项目集、拥有大量外部依赖性的大型复杂项目或那些使用共享资源池的数量众多的小型独立项目而言，则需要一套将所有项目能整合进一个主文件的企业系统。提醒一句：永远不能用软件来替代良好的项目规划和决策制定。

对多项目间的资源分配进行管理的最佳方法之一，就是改善估算项目工作量和持续时间的质量。务实且站得住脚的估算有利于制定项目规划或对项目规划进行分解。以良好定义的工作分解结构为基础的估算能够为良好的时间、成本及资源规划创造基础。在多项目环境下，优质估算的重要性在于其能够决定资源任务分配，并创建出每一个项目的关键路径。如果管理人员清楚每一个项目的需求及可用的灵活性，则可以做出有关所有项目的优先次序、价值及贡献的逻辑性的决策。

其中部分决策可能比较难以制定，可能还会违反既定的标准或规范。例如，如果项目的实施是基于其对组织战略目的或目标的贡献，以及其为总体项目组合所带来的收益，那么优先级最高的项目应首先配备足够的人员；接下来对相对次要优先级的项目配备足够的人员，依次类推。如果资源容量不足，则优先级较低的项目不应启动。当某个项目完成，且资源容量充沛的情况下，再对次要优先级的项目配备人员，并启动项目。

因外部客户要求或其他潜在利益而启动的项目在资源利用方面往往最引人注目。许多争夺有限资源的项目并不那么明显，这些项目也未获得应有的关注，例如，升级与增强、过程改善与成本减少项目，内部研究与开发、基础设施系统部署项目，设备启动项目及更多项目，等等。有时，这些"非营利"项目是为了响应真实的客户或市场需求而启动的，但是这些项目往往都是由管理人员所发起的。在没有明确且完整的项目组合及项目管理方法论的情况下，资源需求估算及随后的资源分配则可能是以有些随意或武断的方式决定的。

以下为在多项目环境下平衡时间与成本制约的四大策略。

（1）增加与需求有关的生产能力。增加项目团队成员及支持人员数量；添加新的规划与管理工具或者增强现有的工具；减少无附加值的工作，如去除直接（核心）项目管理工作中附属的任务与会议；为团队成员、职能经理及其他相关方提供培训；为项目团队成员提供专业知识范围以外的项目技能的交叉培训。

（2）减少与生产能力有关的需求。在需求高峰时期减少项目的数量；限制一些功能；在可能的情况下减少需求。需求管理是项目选择与确定优先次序（这是总体组合管理过程的一部分）的一个非常关键的原则。

（3）实施合适的管理与控制系统。从最广义的角度看，系统可以包括各种能让管理人员创建切实可行的项目/项目集管理规划，以及能让项目经理与职能经理迅速对资源需求或项目交付时间的变化做出反应的工具、方法及过程。

（4）学会说不。拒绝的能力和意愿取决于组织本身和项目经理的技能。在许多组织中，其组织文化中并不包括"拒绝"二字。遗憾的是，大多数人并没有学会如何巧妙地拒绝，更不懂得如何坦诚地说出项目超载的话题。有的业界专家曾提出一个最基本的问题："为什么有些经理忙得焦头烂额，他们的员工却没事做？"首要的答案就是许多经理承担了太多的员工的工作。团队成员与相关方不断把问题推到项目经理面前，而项目经理往往非常乐意承担责任并解决这些问题。

组织及其员工，包括项目经理都错误地认为项目经理可以接受 5 个甚至更多的项目，每个项目占用项目经理 20%~30%或者更低比例的时间。对于项目的团队成员来说，时间的分配情况更加糟糕。团队成员需要应付的众多项目中的每个项目只占用团队成员 5%~10%的时间，从而导致他们对每个项目只有很少的实际时间来处理现实工作。通常，团队成员还承担有"与项目不相关"的一些职责，如内部委员会、公司赞助的社群活动、专业发展与培训等。额外承担的一些义务对于公司来说可能非常重要，但是这些工作分散了用于已分配项目的精力。

明确的和既定的项目选择和优先处理的过程，以及良好的对这些优先事项进行沟通的机制，有助于拒绝那些不符合组织的选择标准的工作。

案例 17.2　双链融合：当区块链"撞上"供应链金融

案例背景

国家统计局公布的数据显示，2020 年国内供应链金融市场规模预计将达到 15 万亿元。由于涉及应收款、预付款，以及物流和仓储等，链条、交易节点较多，供应链金融与区块链技术共性凸显，因此也成为区块链技术最先落地的重要应用场景。

2018 年，宜信公司旗下开放式独立运营的互联网企业级金融服务云平台——翼启云服在北京发布 Blockworm BaaS 区块链云平台（见图 17-2），主要面向 B 端"区块链+供应链金融"，支持的服务涵盖了资产数字化、产业链产品溯源、动态风控、供应链资产交易、数字化 ABS 交易等一系列 B 端的服务场景。企业可以在平台上构建业务应用，降低开发和使用区块链的门槛。企业接入 Blockworm BaaS 平台后，可以将业务数据记录在区块链上，通过多维度权限管理，保证企业链上数据的安全性。

在使用层面，Blockworm BaaS 平台目前主要向 B2B/B2C 平台类企业、强供应链属性企业、供应链管理平台和物流管理平台等开放。另外，Blockworm BaaS 平台用户可享受基于智能合约的多种形式的服务，为企业在融资端和支付端提供更便捷的金融服务。

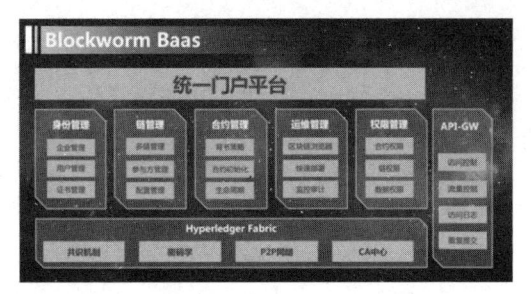

图 17-2 Blockworm BaaS 区块链云平台架构

翼启云服与中农普惠的合作案例，如图 17-3 所示。

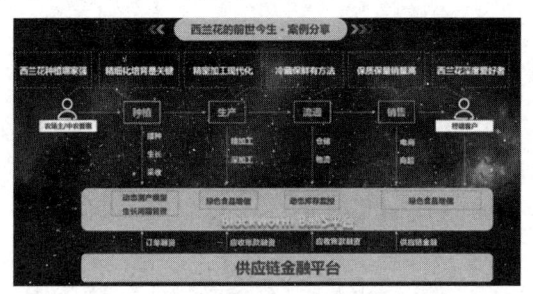

图 17-3 翼启云服与中农普惠的合作案例

目前，Blockworm BaaS 区块链云平台在大宗、农业等领域的供应链金融服务场景中已经率先落地。在与中农普惠的合作中，翼启云服 Blockworm BaaS 平台通过区块链记录西兰花的生长过程数据后，给终端提供应用，包括生命周期的溯源，判断西兰花到底新不新鲜，借助一定模型可以动态预算产量，调整种植策略、降低成本，还可以提供供应链库存管理。基于上述信息，资金方可以评估风险，基于库存等提供订单融资，如化肥采购、农药采购等。

案例分析

多项目环境下平衡时间与成本制约的四大策略：增加与需求有关的生产能力、减少与生产能力有关的需求、实施合适的管理与控制系统、学会说不。

翼启云服 Blockworm BaaS 将供应链金融与区块链技术相结合，发挥两者的共性优势，本身就是一个项目集的最佳实践。同时，Blockworm BaaS 聚焦需求，在大宗、农业等领域的供应链金融服务场景中率先落地。以中农普惠合作为例，可以基于农作物进行生命周期的溯源，判断农产品到底新不新鲜，借助一定模型可以动态预算产量，调整种植策略、降低成本，还可以提供供应链库存管理。这一切都源于对需求的把握和项目集过程的有效管控。

17.4　多任务处理存在的问题

多任务处理（在多个项目或活动中来回转换，表面上看起来像在同时处理）被很多项目经理视为一种更有成效的方式，像能被电子设备所驱动，因此会一直处于忙碌之中。不仅仅在正常的工作期间如此，工作之外也同样忙碌。然而，如果多任务处理如此省时间，那为什么项目经理在日夜工作的情况下还有那么多的项目延迟呢？

许多项目经理将多任务处理当作工作的一部分。但是大多数人并不擅长多任务处理，其输出结果的质量也往往较差。举例来说，在开车的同时接听电话——这两个活动都占用了同样的大脑区域。曾有研究表明，开车接听电话的驾驶员发生追尾事故更多，且加速的速度比醉酒的驾驶员（血液中酒精含量高于法律规定值 0.08%）要慢。同样，有关多任务处理的研究发现，当从一个任务转换到另一个任务时，在生产力、效率及注意力方面会产生"时间成本"，并且任务的复杂度越高，这些成本也随之增加。逻辑经验和常识也告诉我们，需要同时竭力应付的项目越多，人们处理任何单一任务的效率就越低；返回到被打断的任务所需要的时间越长，重新开展之前的活动的难度就越大。但是许多项目经理（甚至是非常敬业且有职业道德的项目经理）也会遭受多任务处理的困扰，主要是频繁的任务切换及持续分散（部分）的注意力。

任务切换就是将注意力从第一个还没完成的任务转移到另一个任务。例如，项目经理正忙于一个关键项目的可交付成果，但是一个相关方给该项目经理打电话，询问有关另一个项目的信息。项目经理不得不停下手头忙碌的任务，来处理相关问题，然后再回去处理原先的任务。但是问题是该项目经理必须停下原来的任务，面向新的任务，执行新的任务，然后再重新面向原来的任务。所有这些都需要消耗时间和精力，通常出现的情形是，项目经理已无法重新处理原来的任务。

持续分散（部分）注意力就意味着同时处理两件或两件以上的事情，但是注意力又不能完全集中在一件事情上。这么做，往往是出于担心遗漏某些东西。比如，在接听电话的同时操作电脑，同时又审查项目文档，表面上感觉所有事情都在进展，但实际上这么做只会让项目经理在诸多任务中匆匆掠过，只获得一些零零碎碎的东西。

通常，当已经无法纠正问题时，多任务处理就会出现以下明显的负面结果：项目进度落后，项目持续时间延长，生产力及产量降低，挫折、愤怒、混乱，沟通和社交活动减少。

如今的商业环境鼓励并奖励那些表面上看起来似乎能够同时处理多个任务的人，而不管这些人实际上是否具备这样的能力。如果某些人能够进行多任务处理，那么这就会给人传递一个清晰的信号，那就是他们是有工作积极性、工作十分卖力的。

但是多任务处理对于项目经理及组织而言，也是一种糟糕、拙劣的规划或优先级指标。项目经理需要切实评估工作量及其自身能力。

可以从两个角度来看待时间管理：紧急程度和重要性。解决多任务处理产生问题的一种方法就是从以上两种角度来对任务进行评估。人们所经历的任何一件事情都属于以下 4 种类型之一。

- 紧急且重要：诸如来自关键相关方（如高级经理或发起人）的优先级很高的电话或者出现可能影响即将交付的成果的危机等活动。
- 紧急但不重要：许多中断或干扰、使人分心的事、邮件、电话都属于这类。比如，他们说"现在和我说一下这个事情"。但是这对项目的完成起不了任何作用。实际上，这些阻碍目标完成的事项是造成任务切换及持续地分散注意力的主要原因。
- 不紧急，但很重要：诸如私人时间、规划、项目可交付成果及更新项目文档等活动。在项目进度表中需要为这些活动添加时间信息，并将时间信息置于项目管理计划之内。如果没有对这些事项进行规划，那么会导致其被耽搁，随后这些事项也都可能发展为紧急且重要的类型。
- 不紧急且不重要：这些指的是简单的琐碎的令人分心且浪费时间的活动。项目经理往往需要以忽视或者礼貌地加以拒绝的方式，最大限度地避免这些事情。

17.5 多项目环境下的项目报告和决策制定

项目经理特别是在处理多项目时，就不得不对项目的优先次序、资源、冲突等方面做出非常艰难的抉择。为了做出有效的项目决策，项目经理和职能经理需要深入理解以下方面：每个单独的项目资源投入情况是怎样的；在有效的项目组合中资源在所有项目中是如何共享的；哪些地方可以调整。这是假设能承担责任的管理人员有足够的权限和经验将资源从一个项目向另一个项目切换/重新分配。如果有必要，还需要对相关活动的交付日期进行调整。

为了做出符合逻辑的决策，项目经理必须能够对改变/添加/移除一个项目所产生的影响进行快速分析，并合理地做出响应。这种分析要求项目数据是可访问的、可靠的和及时的。有许多种具有不同层次复杂度的报告工具和技术，如看板、计分卡及差异报告，这些都可以为相关方提供项目状态信息。这些工具所提供的信息可以用于做出及时的决策，解决冲突，并主动积极地（而不是被动反应地）对不断变化的形势做出响应。

在多项目环境下，不能过分强调良好的沟通与相关方管理规划的价值。和单一项目管理一样，项目集管理的成功因素之一就是及时与合适的相关方进行报告和沟通。关键就是需要确保合适的相关方及时拥有正确的信息，以便做出更好的决策。在单一项目环境下做到这些就已经如此困难，而在多项目环境下，通常每个项目都有一套完整的相关方，所有相关方都有不同的（有时是相反的）利益点和目标，导致情况更加复杂。为使报告的内容是有效的和有益的，项目规划需要保持到目前为止都是最新的。如果项目规划没有被使用、被更新或不完整，那么其作为一种管理与沟通工具来说是没有任何用处的，而且会浪费宝贵的时间去提供项目状态信息或者去证明为何需要更多的时间、资源或资金。

如果项目经理正在对共享资源的多个项目进行管理，那么项目经理需要确保拥有每个单独项目的当前信息。职能经理需要洞察资源在所有项目和项目集中的利用方式。同时，资源需求预测能够让他们对人员配置计划进行管理并确保项目经理在需要时有可用的资源。高级经理和总经理需要更高级别的信息，这些信息更具战略性，比如能显示所有的项目或项目集如何对公司的目的和目标做出贡献的项目组合级的数据。

在多项目环境下，不可能在任何时候让所有相关方都满意，但是在能力、资源容量及进展方面做到诚实和坦率是可以实现的，而且是至关重要的。例如，有客户对延迟交付抱怨时，项目经理的第一反应就是催促项目团队更加努力工作、加快进度，从而进一步提高生产力。问题是，项目团队正忙于一堆其他的项目。实际上，客户和所有相关方想要的是一个可以实现的、符合实际的规划及合乎常理的交付日期。大多数相关方明白在项目进行过程中会出现很多预想不到的事情，通常也愿意灵活处理。

相关的项目或项目集的相关方往往有其自身的活动安排，这些活动需要与预期的活动交付日期或项目完成日期协调，以满足他们的目标。

如果在项目规划和控制时能够采取综合的方法，那么在对客户和相关方的期望进行管理时就会变得更加简单。

不论相关方怎样，重要的是接收者需要对报告的数据有信心。从20世纪60年代开始，针对项目集和主要项目的挣值管理和偏差分析的报告就已经用来报告相对于已批准的基准进展。最近，许多组织还将项目看板报告添加到工具包中。看板只是呈现项目组合中活跃的项目或项目集的统一视图的一种简单的报告工具。看板通常只对项目状态、基准、修改状况、项目预算及进度信息进行报告。通常，看板使用一种颜色编码结构对状态进行图形化报告：绿色（预算或进度正常进行；无重大问题）、黄色（可能的预算或进度偏差；存在需要解决的问题）、红色（严重的预算或进度问题；存在可能影响项目成功的重大问题）。无论项目状态如何，管理人员可能需要听取所有项目的报告，或者基于例外情况进行报告——仅报告黄色或红色项目。看板或其他类型的统一报告可能由一名项目集经理管理，或由项目集中的项目管理/控制办公室来管理，或由共同承担管理责任的多名项目经理来管理。不管哪种情况，数据报告都必须保持一致。当项目管理与企业软件的特征和功能变得越来越复杂的时候，看板这一工具的出现及准确数据的获取，使项目集管理变得容易。

案例 17.3　中精国投兑付风波

案例背景

当互联网金融平台频频发生爆雷事件，让投资者损失惨重，准备转战备案基金时，却发现备案基金也已今非昔比。2018 年 7 月，"中精国投"的私募基金旗下的产品都出现兑付逾期（见图 17-4），涉事金额超过 18 亿元。同时这家私募背后的实控人——"外滩控股"已经人去楼空。

图 17-4　中精国投出现兑付逾期

中精国投全称"深圳市前海中精国投股权基金管理有限公司"，成立于 2015 年 8 月，注册资本为人民币 5 000 万元，主要经营受托管理股权投资基金、受托资产管理、投资管理和创业投资业务等。2015 年 11 月，中精国投在中国证券投资基金协会登记备案。

中精国投成立之后发行了 10 只产品，除"中精壹号基金 1 期私募基金"提前清算外，其余产品均显示为正在运作，从产品名称看，均为票据私募基金。运作产品中，有 8 只托管人为恒丰银行。

乍一看，这家私募基金实力还是不错的，不然也不敢接下 18 亿元的资金，那为什么会导致兑付风波呢？在中精国投的合同中，6 个月的利息是 8.3%，12 个月的是 9.3%，合同都按 12 个月来签，利息都按照合同给，每月付息。说实话，这个利息可比银行高多了，对于那些手里有大量现金的土豪来说，肯定愿意投。如此大量的现金到底去哪里了呢？

关于资金的去向，知情人传言说，外滩控股的子公司——深圳鑫程商业保理公司因经营不善，私募背后的实控人外滩控股挪用了私募的资金去炒股，而导致无法兑付相关款项。

案例分析

刚才我们分析，多任务处理就会出现以下明显的负面结果：项目进度落后，项目持续时间延长，生产力及产量降低，挫折，愤怒，混乱，沟通和社交活动减少。这一点在以上案例中体现得非常明显,中精国投成立之后发行的 10 只产品运行都是稳定的,但因为这家私募背后的实控人——"外滩控股"挪用私募资金去炒股,企图救其子公司深圳鑫程商业保理公司而导致无法兑付。

因此,在处理多任务的时候尤其要从两个维度——紧急程度和重要性来看任务优先级。其兑付产品本息是属于优先级最高的任务,比救助子公司的经营危机更加紧急重要,因此要优先处理,从而可以避免兑付风波的风险,也有利于集团的长期发展。

17.6　在多项目环境下取得成功

如何对多项目进行管理、可使用的最佳软件是什么、如何设计正确的组织结构、如何适当地吸引高级经理的参与,这些问题并没有唯一正确的答案。对于管理人员而言,重要的是建立一种能够鼓励开放和诚实沟通、做出积极主动的决策、精确编制文档及对所有的项目和资源信息进行及时报告的文化体系。建立与使用良好的绩效指标与衡量标准,可以对多项目进行有效的管理,同时还可以让组织在不断变化的动态环境中处在具有竞争力的位置。

我们再来探讨一下项目集管理。英国政府商务办公室(Office of Government Commerce,OGC)曾提出了一种项目集定义,它描述了 4 种类型的项目集:愿景导向、新兴、合规、技术导向。还有一种与 OGC 和 PMI 不同的对项目集和项目集管理的定义,即项目集被定义为组织的战略资产。典型特征就是项目和子项目集及其他相关工作之间有着长期而复杂的相互依赖关系,对项目集的管理要求不同的工作方式和工作能力,而不是有效地管理单个项目以实现预期收益。项目集管理把各个单独项目转换成不同的业务单元、客户或最终用户,并给予相应支持。

17.7　项目集是复杂的

项目集可以从小型的内部活动发展到需要组织层面全力支持的大规模产品的开发,如飞机、潜艇或公司级重点产品的开发和实现。项目集的复杂性已经研究了许多年,仍然是一个非常有趣的话题,因此有许多相关的定义。曾有业界专家指出:"掌握复杂性并不是一个新的挑战,而是一种已逐渐被认识和接受的旧挑战。"项目集及其相关项目是复杂的,是因为它们代表的东西是独一无二的和不确定的。PMI 解释说,项目和项目集都是不确定的,因环境不同,项目集比项目有更大的不确定性。部分项目集的不确定性和复杂性的增加是由于它们范围的延伸和内容的进一步细化,并由此需要考虑它们是否持续符合组织的目标。结果,虽然项目集的单个项目可能满足按时、在预算与计划范围内的交付要求,但放到项目集的背景下来看,它们可能并没有如初始计划所设定的那样促进更多的项目集的产出。这是因为在项目集所面临的不确定的环境中,为完成项目集的目标和实现计划的收益,项目集通往目标的路径在其整个生命周期内可能被多次修改。

基于对项目世界的复杂性的有关文献的研究表明,政策变化、项目集持续期间的技术变化、经常一起参与合作的组织组成了联盟(该联盟在其他情况下可能是竞争对手)、项目集管理实践中的低成熟度水平、要求在没有任何信息和专家指导的情况下迅速做出决策,这些因素进一步增加了项目集的复杂性。

项目集的复杂性也可能来自项目之间的相互依赖关系和对不同项目所进行的操作。这是因为,如果单个项目遇到困难和不可预见的风险,可能危及其他与之相互依赖的项目。产品的复杂性来自项目集的结果,也是基于竞争和不断变化的需求的一种考虑,以此期望能第一个占领市场,同时也满足众多法规的要求。这些动态因素产生了渗透到项目集管理的几个主题。

案例 17.4 小黄车为什么黄了?

案例背景

当摩拜被收购后,ofo 将何去何从一直是公众热议的话题。在 2018 年,ofo 进行了有史以来规模最大的一次裁员,总部裁员比例高达 50%,海外业务也进行了裁撤。

同时,因为创始人戴威一直希望掌握公司控制权,先后与滴滴和阿里撕破脸,将滴滴派驻的高管扫地出门,阿里则转而扶持哈罗单车。因此资金链紧张一直是 ofo 避不开的问题,而 ofo 也不断找寻方法来解决这个问题,包括:

一是共享单车抵押:ofo 将单车资产作为动产抵押给蚂蚁金服旗下的两家公司——上海云鑫创业投资有限公司、浙江天猫技术有限公司,债权数额合计 17.66 亿元。

二是削减购车计划:削减了向凤凰自行车的采购量,只实现了原计划量的 37%。

三是取消多城免押金"造血":包括广州、武汉在内的 25 个城市都全面取消了免押金活动,在一定程度上可以提高公司的"造血"能力,但也会对原先积累的用户体验造成不利影响。

四是推出车身商业化广告:品牌方可在后轮三角板、车筐、车把三角区、车座套及车轴上投放广告,并进行了相关定价。根据 ofo 的单车运营数据及品牌的投放意愿,对要投放广告的单车数量及区域进行选定。

习惯了资本加持的 ofo,现在要面对商业模式、变现手段等多方面问题,要在短期内找到有力的变现途径来缓解资金链紧张的困境,难度可想而知,也难怪小黄车要黄了。

> **案例分析**
>
> 项目集是复杂的，是因为其更大的不确定性。项目集的复杂性也可能来自项目之间的相互依赖关系和对不同项目所进行的操作。这是因为，如果单个项目遇到困难和不可预见的风险，可能危及其他与之相互依赖的项目。
>
> 用这个原理解释了小黄车为什么会黄了会更加明晰，这可以从三个方面来分析：
>
> 一是本来习惯资本加持的 ofo 因为要把持公司控制权而将金主赶出公司，而没有了资本加持，资金链紧张在短期难以缓解。
>
> 二是资金链紧张的解决手段非长久之计，大都是饮鸩止渴，类似于取消多城免押金"造血"的措施，也会对原先积累的用户体验造成不利影响，从而会导致押金挤兑的危机。
>
> 三是进军海外市场项目失败。虽然海外的用户需求旺盛，为共享单车出海提供了良好市场机会，但海外市场自行车售价相对较高，同时，政府监管、水土不服等问题也是这些出海企业不得不面对的问题。因此不得不相继退出了澳大利亚、中东和以色列市场，印度分公司的员工大部分也被解散。

17.8　项目集管理主题

PMI 研究了各行业的发展趋势，指出在项目集管理领域里表现非常出色者有着较高的成熟度（占 28%），而表现比较差的成熟度也比较低（占 3%）。在当今的环境下，我们无法接受表现出色的项目集管理者只占 28%，这一比例需要提升。每个项目集要成功必须遵循以下几点：

首先，需要**共同的对成功的定义**，这被视为组织对未来的愿景或描绘出的最终状态，并且它是可以被各级人员理解和致力于实现的。人们需要看到他们的工作如何与这个愿景相关联。需要一个正式的项目组合管理系统，其中所涉及的项目集、项目和运营工作最初在已获批的商业论证中定义，并在商业论证中阐述其目标，同时显示这些目标如何与组织的战略目标和愿景相关联。重点关注项目集，一旦商业论证被正式批准，项目集就会成为组织项目组合的一部分，对成功负有责任的关键相关方应该知道项目组合中的优先次序。已获批的商业论证接下来会导致生成项目集授权书，以此进行资源授权进而启动项目集。

然而，对**治理结构**的关注是一个关键的主题，因为它用来监督项目集，以确保它们持续支持组织的战略目标，并在其偏离目标时使其做出改变。每个项目集都需要某种类型的治理委员会或控制委员会进行监督，这应该由一组积极主动的高级别成员组成，他们负责在项目集生命周期的关键阶段性关口进行评审，并进行绩效评审和各阶段关口之间更深入的讨论，审批各项目（在商业论证中定义为项目集的一部分）的启动，审批项目和相关工作成果（一旦实现了可交付成果）的移交，批准整个项目集的收尾。此外，治理委员会还作为一个公共讨论场所，帮助解决项目集经理向上反馈的问题和风险。通过治理委员会来讨论替代方案和做出决策，并确定这些问题和风险是否影响组织中的其他项目集和项目。治理委员会的监督可以确保项目集持续保持与组织目标的一致，同时确保项目集交付所陈述的收益，这是第二个关键的主题。

与对各项目和相关工作进行单独管理相比，建立项目集能获得更多的**收益**，因此对收益的关注将渗透与贯穿在项目集中。PMI 提出收益生命周期有 5 个阶段：识别、规划、交付、转移和维系。最初的收益目标在商业论证中定义，它们按照这个生命周期进一步发展，特别是通过收益实现计划进行持续的监视和控制，确保所提出的收益能按计划实现。重点是要不断识别机会来优化项目集收益，并关注环境因素及项目集所属各项目之间的相互依赖关系。定期向治理委员会汇报收益实现的进展并随之进行相关方争取是一项最佳实践，其中**相关方争取**是接下来的第三个关键主题。

相关方存在于项目、运营工作和项目集中。项目集利益相关方成倍增加，这意味着项目集经理和其团队必须专注于不断识别对项目集有利益相关、有影响力的人或团体，并且期望他们参与项目，同时能认识到在项目集每个阶段可能发生的改变。对这些相关方需要进行分析并分组，不仅要确定项目集的积极支持者和消极反对者，也要确定何时利用这些相关方在关键时刻推动项目集的成功。项目集经理在与相关方展开工作时，必须优先考虑相关方的时间，以确保活跃支持者的积极性；并努力观察、积极倾听和回应消极相关方的顾虑，使他们在项目集里可以成为积极的支持者，至少可以保持中立。消极的相关方有能力减少对项目集的全部支持，并使项目集不能实现其预期的战略目标，这意味着项目集经理必须能够与持不同观点的相关方沟通合作。这种能力需要项目集经理与那些作为项目集收益最终接收者的相关方交互，并使他们尽早参与，以尽早确定他们的需求，从而在移交收益的时候这些收益得以维系。

治理、收益和相关方争取在项目集管理过程中是持续的，伴随着关注项目集目标与组织目标的战略一致性，从而不仅能最好地促进收益实现，更有利于收益的转移和维系。项目集经理是一个有价值的职业，但它具有许多挑战。

17.9 项目集经理的能力

项目集经理需要具备某些关键技能，使他们在复杂的项目集里获得成功。PMI 将能力定义为知识、态度、技能和其他个人特征的集合。这些是会影响一个人工作的主要组成部分（一个或多个关键角色和职责）。与此相关的工作表现可以用普遍接受的标准来衡量，并可以通过培训和发展的方式来提高。

基于 PMI 关于项目经理胜任力模型，业界专家开发了一个关于项目集经理的模型，它由 6 种表现能力和 8 种个人能力来衡量。

这 6 种表现能力关注项目集经理应用项目集管理知识来实现项目集计划收益的能力。

- 定义项目集：确定项目集的战略目标、阶段性目标、愿景、使命和收益；创建商业论证和高级别项目集路线图；识别相关方；呈现项目集与组织战略目标的关联性。
- 启动项目集：准备项目集章程，细化路线图，准备项目集财务框架，建立治理结构。
- 规划项目集：准备项目集管理计划、收益实现计划、相关方争取计划和其他相关计划；准备范围说明书和项目集的 WBS；制定项目集的主进度表和预算；确立基准；建立项目集管理办公室和项目集管理信息系统。
- 执行项目集：举行启动会议；为项目和作为项目集一部分的其他工作准备由治理委员会批准的商业论证；对资源进行优先级排序；授予合同；关注质量保证；在整个项目集中部署最佳实践；实施批准的变更；为相关方提供信息。
- 监督和控制项目集：分析偏差；做出决策来更正缺陷或专注于如何优化收益，管理变更；关注资源依赖关系管理和发起变更请求。
- 收尾项目集：收益转移；收尾每个项目或运营工作；准备最终项目集报告；与相关方和供应商进行最终评审会议；关闭所有合同；释放资源；获得治理委员会的批准来正式关闭项目集。

8 种个人能力如下：

- 沟通：被 PMI 认为是关键能力，因为每个项目集涉及数量庞大而多样化的项目相关方，同时它还包括积极倾听的能力。
- 领导力：PMI 指出它是嵌入项目集经理的工作中的，也包括要确保项目集各层级人员都理解项目集的愿景，因为它涉及制定愿景和确立项目集的方向。
- 构建关系：对于不同的相关方和他们对于项目集的不同观点，项目集经理要积极关注和尊重每个相关方或相关方群组的具体利益，有效地建立和维护他们对项目集的支持，在整个生命周期中获取他们的支持。
- 谈判：由于相关方数量众多，在需要获取资源的时候，或者要确保项目集在组织项目组合中处于优先地位，或者需要获得治理委员会或类似团体的支持的时候，就需要进行谈判。
- 批判性思考：项目集经理必须能够在问题被识别后确定正确的问题并解决问题，还要收集相关事实和信息；通过批判性思考，一个人的思维必须开放，不受他人的影响，并鉴别相关的假设、制约及决策的影响和后果。
- 协调：项目集经理通过创建使人们可以在有限障碍的情况下执行任务的环境，并确保团队的政策、程序和流程都有助于实现项目集的收益，从而为其团队营造成功的氛围。
- 指导：由于大多数项目集时间较长，人员流失是可以预见的。项目集经理和其他人可以作为团队成员的导师，因此可以承担额外的责任并视需要提升自己岗位的责任意识。
- 拥抱变化：项目集经理认识到项目集的本质是涉及变化的，而且他们必须激发一种通过接纳发生在项目集过程中内部和外部的变化来适应变化的方式，并利用这种方式来实现额外的收益或者优化初始商业论证和收益实现计划中的收益。

体现每一种能力需要用绩效标准和相应类型的证据来衡量，然后确定能力是否达标。项目集经理还必须决定哪些衡量标准是与他们的项目集最相关的，并将此标准作为开始的指南。在模型没有做出判断能力最终是否达标时，能力模型也能有效地指出一个人的能力所在的范围和一些有用的改进之处。如果定期应用，随着时间的推移，就可以看到提升，这也是我们所希望的。它可以有效地减轻项目集经理在管理复杂项目集时遇到的压力。

案例 17.5　拼多多"曲线夺牌"

案例背景

自上市以来，拼多多（见图 17-5）负面舆论似乎已经到了"爆雷"级别。主要原因来自消费者对平台充斥的山寨假货商品的投诉，此外还有商家们、品牌商的集体维权。尽管舆论甚嚣尘上，但依旧阻挡不了拼多多的发展步伐，2018 年，舆论风口之上的拼多多又有了新动作：拼多多正在寻求收购支付业务许可证，交易方为上海付费通信息服务有限公司。

据了解，拼多多创始人黄峥入股了付费通，个人持股比例为 37.66%，该支付牌照估值为 5 亿~7 亿元。有人认为，这意味着拼多多曲线获得了支付牌照，还将开启金融业务。

据了解，付费通早于 2011 年便取得了支付业务许可证，是首批获牌的机构，同时其支付业务覆盖范围也较广，包含互联网支付、移动电话支付、固定电话支付和银行卡收单业务，是业内俗称的"全牌照"公司，而目前市场上的"全牌照"不超过 10 张。

因为拼多多暂未获得支付牌照，拼多多并不直接掌握资金，资金往来结算由平安银行完成，平安银行和拼多多平台通过接口对接，并根据拼多多平台的系统指令向商户完成资金划转。不只是拼多多，所有向金融领域发起冲锋的互联网公司，所遭遇的第一道门槛就是牌照。作为金融业务的起点，互联网公司必然无法舍弃自己的支付业务。因为监管力度逐年趋严，存量有限、增量无望，市场上现有的支付牌照越发抢手。业内人员表示，拼多多入股付费通只是第一步，曲线夺牌成功后，可以预见拼多多也想与BATJ一样，有可能开展基于生态圈的全牌照业务。

图17-5 支付百科报道拼多多收购付费通

案例分析

治理、收益和相关方争取在项目集管理过程中是持续的主题。在拼多多收购付费通的案例中，拼多多通过收购控股的方式，曲线获得付费通"全牌照"，是一种典型的相关方争取手段。这种手段在监管力度逐年趋严，存量有限、增量无望，市场上现有的支付牌照越发抢手的市场环境下，是一种必然之举。也正因为有这样的相关方争取方式，拼多多才能有新的项目集收益格局，进军互联网金融市场。

总结

许多组织已经接受了基于项目环境的管理，项目集是下一个更高的层级。如果项目集作为单个项目来管理，令人担忧的是项目之间相互依赖关系可能被忽略，一个项目的单个变化会广泛地波及其他项目，更不用说可能出现的收益减少和无法持续的战略一致性。项目集管理是一种更有效的管理方法，它强调治理结构、收益实现和相关方争取。通过使用胜任力模型，项目集经理可以设置一个基准并定期重新评估整个项目集的管理风格，从而使其项目集管理工作更加富有成效。

第18章 项目管理成熟度

本章内容

- 项目管理成熟度的定义
- 企业管理要素
- 企业管理系统

本章案例

- 案例18.1 "租房贷"的成熟度监管
- 案例18.2 江苏银行直销银行实施互联网反欺诈
- 案例18.3 民生银行消费贷产品风控模型
- 案例18.4 "校园贷"整治风暴

企业项目管理（Enterprise Project Management, EPM）通常被认为是项目管理的"圣杯"：它是所有项目管理信息、报告和分析的运行环境，也是包罗万象的系统的一部分，几乎可以立即识别出每一个活动、每一小时，以及计划花费的每一美元。

高级管理层和项目管理办公室——或在其缺席的情况下，一个专业项目调度和项目经理集中组成的项目管理组——对获得各级有关项目管理的数据非常感兴趣。当前，组织中最常见的场景是特设项目管理，每个项目都以项目经理决定的方式管理。项目管理办公室如果离开项目数据将无法运转，如果每个人都做一些不同的事情，那么持续不断地收集、获取详细的底层项目数据将非常关键。

企业项目管理能够引起个体团队领导极大的兴趣，这些团队领导希望看到不同项目组之间的影响，并且必须解决团队之间的资源冲突。即使团队成员，也能发现有效的途径来减少"应急管理"的混乱并带来新的秩序。

但是在着手部署企业项目管理之前，重要的是要知道企业项目管理并不适用于每一个人。

18.1 什么是企业项目管理

企业项目管理将项目及其资源数据、项目实践、分析结果整合成一个单一的过程框架。对于同时管理多个项目或拥有大量项目的组织，这些项目必须分解成多个子项目，对如下两个重要因素的管理是至关重要的。首先是项目之间的相互关系。如果一个项目依赖另一个项目单元的完成与交付，那么另一个项目变更的影响将对这个项目产生戏剧化的影响。例如，一个项目是安装一个新的数据库，另一个项目（如新软件的部署）将依赖该数据库。如果数据库项目因为某种原因被耽误，那么依赖该项目的其他所有项目将会延迟。通过建立整合流程，使下游项目能够预见组织中其他项目对该项目的潜在影响是企业项目管理的一个基本目标。

其次是对有限资源的管理。在世界资源过剩的情况下，几乎没有有效的项目管理环境。更可能的是，工作量远远超过用于完成工作的关键资源。工作的优先级管理和解决资源冲突是组织中普遍存在的管理问题。

18.2 项目管理成熟度

项目管理成熟度（Project Management Maturity, PMM）模型可以帮助鉴定引入 EPM 模型对组织来说是否正确。有几种流行的 PM 模型，包括 PMI 的 OPM3 模型，但基本概念是一样的。所有的模型都体现一种特定的项目管理成熟程度。最不成熟的管理方式是项目经理以自己的方式随意决策管理项目。最成熟的方式是一个完全集成化的企业，所有项目管理处于统一的、集中管理的结构中。

这是一个有趣的概念，但这个概念的核心假设——如果组织中项目管理环境的集成度越高，项目管理成熟度就越高——是不一定准确的。在一些组织中，完全避开企业项目管理概念，让项目经理使用他们希望的任何系统的方式进行管理反而是更有效的。

EPM 的潜在益处是显而易见的，但是随之而来的成本并非都是明显的。一个集中的管理结构涉及在项目决策中多个层面的管理。它可能给管理者提供更好的视野与高度，有助于瞄准企业的竞争目标，但是也可能束缚那些更有经验和管理多个相关项目的项目管理者。这些项目管理者知道如何通过公司组织架构引导他们的项目。因此，在接受你所使用的被认为是适合组织的最高级别的项目管理成熟度模型之前，必须询问一下这个模型的层次对你来说是否适合，或者是否能够在更低层次的集中度下可获得更好的服务。

如果 EPM 适合你，那么来看一下如何创建自己的 EPM 环境。

案例 18.1 "租房贷"的成熟度监管

案例背景

近期,重点城市房租纷纷暴涨,成都等地的房租更是同比增长了30%左右,一下子吸引了社会各界的关注。有不少租客反映,如今租房花样多,甚至还不得不与第三方网贷平台发生借贷关系,变成了以"贷"养租新租房模式,自如、蛋壳公寓、我爱我家"相寓"、湾流国际公寓、"爱上租"等租房中介均与第三方平台合作推出了这类分期租房产品。

另据《上海金融报》报道,北京银行、建设银行、平安银行等多家金融机构目前已暂停租房贷款业务。专家指出,租房贷款业务的不当操作,是推升房租上涨的一大原因,并给租房者带来了不利影响。

"租房贷"通常是租客以个人信用向包括银行在内的第三方金融机构贷款,在完成贷款后每月向金融机构缴纳包装为租金的分期贷款,而金融机构会一次性将数月的租金打款给长租公寓。

据新华网报道,有的租赁企业在为租客办理贷款过程中,并不履行告知义务,而是通过各种偷偷摸摸的手段,利用租客信息办理贷款手续,极大地侵犯了租客的权益。由于"租房贷"中牵涉到第三方金融机构,实际上是租客与金融机构间发生的债权债务关系,因此租房一旦发生违约或逾期情况,将影响个人信用记录。

当前,金融监管部门尚无对住房租赁信贷的统一管理规定,对网贷平台发放的"租金贷"等管理也是空白。业界专家建议应尽快制定管理细则,规范住房租赁信贷行为,维护消费者合法权益。

目前,北京、上海和西安等城市已对"租房贷"启动调查。8月,北京市住建委相关负责人强调,将严查中介机构的资金来源和流向;上海市要求各区对上海市代理经租企业的经营模式、行为规范、融资业务等情况,开展集中专项检查;西安市明确要求,签订的住房租赁合同不得涉及住房租赁租金贷款相关内容。

案例分析

项目管理成熟度涉及多个方面,更高的成熟度有利于项目的成功及企业整体的发展。如同上面案例所说的"租房贷"项目,其成熟度涉及经营模式、行为规范、融资业务等各个方面。

项目管理成熟度可以给企业管理者提供更好的视野与高度,有助于瞄准企业的竞争目标。因此从整个行业来说,提升"租房贷"项目的成熟度有利于租房市场的长期健康发展,真正让消费者受益。

18.3 企业项目管理要素

以下描述了 EPM 环境中的五个基本要素。

18.3.1 在单一位置存储所有项目数据

作为 EPM 的第一要素，任何 EPM 的部署都必须开始于将数据聚集到单一位置，这往往是非常有争议的。收集数据并不意味着仅侧重于计算机数据软件；事实上，它确实有可能创造一个完全脱离计算机的 EPM 环境。在这样的环境中，仍然存在要将所有数据聚集在一起的基本要求。

在现代组织中，许多管理者将对数据的控制与权力等同，并且很少有管理者愿意牺牲他们所认为的权力。项目数据的各个方面可能由现任拥有者小心翼翼地保护着。为使一个企业项目管理体系成为可能，所有项目数据必须存储在同一个地方并予以持续管理。为此，可能需要协商这些数据的使用权和控制权。

一旦可以使用这些项目数据，仍有工作要做。从命名约定开始。例如，如果谈论项目资源时，假定一个团队将首席执行官 Mike Edwards 的名字简称为"ME"。另一团队用"ME"来指机械工程师（Mechanical Engineers）。然而，另一个团队用"ME"代表维护工程师（Maintenance Engineers，即维护员）。如果不先了解如何命名资源，当数据被汇总到一起时，会发现维护工程师、机械工程师和 CEO 都被归到一起。

要把这些数据整合在一起，必须商定标准，以避免这种冲突。对于项目名称、任务名称、部门名称、文件名称和变更管理问题等，也必须采取同样的处理方式。此外，还需要对数据采集的频率、使项目有意义的数据细化层级（数据颗粒度）达成一致。

词汇标准的使用意味着有人将成为这些标准的管理者和仲裁者，这几乎意味着，如果你致力于 EPM，势必会有某种中央办公室负责管理 EPM 环境要素，如命名约定。如果没有这些类型的 PMO，曾经约定的建立项目管理所需的、共同的标准将毫无希望，即使建立这些标准，也永远不会执行。

除了命名约定，还必须对数据存储库达成一致。如果正在使用 EPM 软件包，那么这部分的设计可能已经为你所决定。通常，在商业数据库（如微软的 SQL Server 或 Oracle）中，新建系统有存储数据的一套方法。然后，你需要决定的是将数据保存在哪里。不同的团队可能说，他们的项目管理需要与众不同，对他们来说将他们存放在其他位置的数据存放在一个单一的数据存储库中是绝对不可能的。对这些不同的利益集团必须逐步逐个处理以减少争议。实施项目管理时，最初就采用"所有项目数据，同一个位置"的口号，直到其理念已具有广泛的遵从性。

18.3.2 依据不同标准分组数据

采用多个标准来分组数据的能力是开展报告和分析工作时的一个问题，因此它通常在最后才被提及。然而，数据结构的定义使这些报告和分析工作成为可能，所以它需要你在设计早期就定义好数据结构。此外，如果根本没有对数据信息进行编码，那么将所有项目数据堆积在一起基本上只会产生无法分类的冗长的任务列表。那将是不太有用的。一旦数据被收集到同一个地方，项目编码将是你面临的下一个挑战。

编码带有各种个人喜好。从项目、资源及任务的角度来分组是很容易想到的。最简单的编码方式需要思考EPM系统要输出的信息，这些信息可以以报告或数据视图的形式呈现。如果需要一份关于部门的报告，那么需要部门编码。如果需要一份关于地区的报告，那么需要对地区信息进行编码。

可以进一步考虑如下两大类的编码方式：每个人都必须遵从适用于整个项目数据结构的编码方式；以项目自身的特征对项目进行个性化的编码。

下面是一些编码的例子。

- 项目级别的编码，由此确定了该项目的客户属性。这种编码方式允许从客户角度对项目进行分组和排序。这是客户计费的关键。
- 资源层次的编码确定了不同职能部门的特定资源所属。这种编码方式允许按照职能部门或者项目职能分工对资源进行分类。
- 任务层次的编码确定了项目的阶段。这种编码方式能够使我们创建不同阶段（如设计、文档及部署阶段）下的任务报告。

编码可以是一个简单列表中的值，如一个项目的可能定位的列表；也可以是WBS的分层树或通常称为资源分解结构的资源"组织结构图"。

如果你想知道如何决定什么是适合你的组织的编码方式，有一个能符合90%的编码要求的简单方法。首先，让负责编码的关键人员进入一个带有大白纸板的房间。在纸板的最右边，开始列出使用EPM系统结果分析或报告做出的重要商业决定，例如，对每个项目进行的优先级选择的决定。商业决定代表的是EPM过程的输出。对于每一个商业决定，从右到左按照自己的方式在纸板上陈列。在商业决定的左边，按照做出决定的目的陈列需要的最终报告，如资源冲突报告和项目优先级报告。从报告到决定画一个箭头。在报告的左边，按照创建报告的目的画出代表系统需要做的计算或分析的方框。例如，对所有项目的资源均衡的计算与分析。从分析到对应的报告间画一个箭头。现在在分析的左边，可以列出分析所需要的数据要素。这个清单规定了关键企业编码。使用这种简单的技术，你将快速确定哪些数据和编码要求是从系统获得的所需商业输出的关键。

18.3.3 解决资源利用等冲突

许多管理者将过多的时间花费在试图找出如何应对资源冲突的问题上。当没有适当的项目组合优先级时，这些冲突会加剧。

解决资源冲突需要比较资源的可用性与资源需求。这似乎是显而易见的，但请记住，我们指的是所有的资源可用性和所有的需求。这意味着所有项目和非项目性的工作，以及所有的可用性都必须以类似的方式定义。这里有几个问题要处理。首先，你需要决定数据的详细程度。在一些组织中，一个团队希望按类别或部门（如工程师）管理资源，而另一个团队希望细化到个人层级上开展工作。没有硬性规定说哪一个更好，但是需要保持一致。

其次，必须以通用的方式来定义资源需求。例如，一些项目经理可能试图通过高估资源需求，来延长项目团队一起工作的时间。其他的项目经理可能不会这么做，结果可能造成关键资源分配的不公平。

应该允许工作人员从他们已经在运行的项目中离开并转换到其他工作吗？分析表明，在一个项目不同任务之间的资源都是可用的，并且将工作人员置于其他的工作中看起来也有一定的吸引力，但是以上简单分析没有考虑到人员从一个团队到另一个团队的变化所带来的影响。仅仅是人员切换过去并进入新岗位达到熟练上手所需的时间通常会超过 30 分钟。当然也有例外，但你得决定在你所处的环境中，这种改变是否有意义。也有研究结果表明，任何类型的中断都是需要 25 分钟才可以恢复的。

最后，项目必须按优先级开展。这往往是管理最高层高度争议的问题。管理者倾向于要求项目执行的最高优先级，以免失去对资源的获取与利用。基于实证分析的结果表明，优先项目有助于将关键资源匹配给对组织最有价值的项目。另外，在 EPM 环境部署之前确定项目优先级的规则比在之后部署更容易达成一致。

不管你为解决资源有限与优先级问题而创建何种过程，都需要建立裁判者来仲裁分歧。裁判者应该是一个对结果没有既得利益并且能够克服个人偏见的人或委员会。

18.3.4 项目组合管理

对于一些人来说，项目组合管理是所有项目都可以组合在一起进行分析和报告的。对于其他人来说，它主要是关于从最初概念到最终完成的项目审批的方法，如"阶段—控制"。

项目组合管理的关键方面包括对项目编码的能力，以使项目可以组合在一起进行报告或分析。这是在编码阶段可能处理的事情。按照优先级，从任何角度组织项目的能力对你来说都是相当重要和关键的。例如，按照风险投资、投资回报率、企业战略调整、成本、收入、管理人员或客户来排序项目。

这种管理最有趣的方面之一是拥有前瞻性的资源规划能力。鉴于所有的项目现在必须存储在一个中心位置，你可以看到所有资源同时加载的能力。这样可以立即对拟提议计划开展"假设"分析并评估其影响。例如，客户、部门或经理基于双方期望设置交货期的这种旧做法应该被淘汰，而采取基于实际能力的方案。

处理这种类型的项目组合时，通常可以在几秒钟内就确定其他所有工作拟议计划的影响。这种处理能力在管理方面的影响是显著的。

18.3.5 项目团队成员之间相互协作的能力

协作催生了项目管理工具的整个类别——"协同"项目管理。这是一个有趣的概念，因为协同化的东西只能通过技术开启而不能通过技术创建。

开展协作似乎是项目管理的很自然的方面。项目经理从来不能在真空中工作（单独作战），他们会和团队成员、赞助商、客户和其他人沟通联系。

协作可以在 EPM 环境中发挥关键作用。协作包括与团队成员交流，通过定期电子邮件、即时消息或移动设备通知团队成员 EPM 系统事件。它也可能包括创建这些协作要素的能力，如微型网站、在线调查或在线更新表格。当我们认为需要许多团队成员进行文档交流与互动，或者需要对变更管理中的问题及时进行必要的通知，或者当这些问题超过既定的阈值时，协作呈现出全新的意义。

这种协作功能是重要的。在过去的 10 年中，整个项目管理行业更侧重于使项目团队成员交流并一起工作，而不是侧重于项目调度的算法功能。有趣的是算法可能创建最终的理论化的计划与调度方案，但是事实上在管理一个项目时的每件事情都需要做充分的沟通交流，而只有少量时间在做计算。我们现在看到更多的新课程是有关"软技能"而不是关键路径计算的，更多新的软件功能是面向沟通交流方面而不是高端分析方面的。智能手机及无处不在的互联网的快速扩张意味着项目经理、团队成员、客户及赞助商拥有前所未有的实时沟通能力。需要一张照片？可即刻送达。需要观看新问题的视频？在几秒钟之内，视频可以从你的手机发送到世界另一端的电脑屏幕上。

关注 EPM 系统的误区之一是一些人认为如果他们一旦购买了带有协作功能的 EPM 系统，项目团队成员将会自动协作。事实也许不是这样的。如果这是实施 EPM 的目标之一，那么你有必要问一下为什么团队成员没有开展协作。

为了确保形成一个协作的环境，你已经在 EPM 部署的文化层面而不是技术层面做了很多工作，那么你可以问如下这些问题再做决定。

- 如果项目经理在组织中分享了他们的数据，那么管理层会使用这些数据来惩罚他们吗？
- 你是否担心如果你向其他项目经理分享了你的数据，他们可能利用这些数据来获取不公平的优势？
- 如果员工将他们的所有工作详细记录在一个单一的集成工时表中，他们是否担心这些数据会被用来做出对他们不公平的评价？

如果项目小组成员现在没有合作，原因几乎总是文化层面而非技术层面的。因

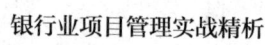

此，你需要做一些工作来推广协作，甚至修改程序来确保移除团队成员进入合作之路的障碍。

案例 18.2　江苏银行直销银行实施互联网反欺诈

案例背景

自 2015 年开始，在国家"互联网+"战略布局与互联网金融的浪潮下，直销银行这一新型业态在国内迎来了空前的大发展。与此同时，不法分子也瞄准了这一"新兴市场"，线上欺诈风险隐患日益突出。

在此背景下，江苏银行在直销银行上建立了集实时性、自动化、智能风控于一体的反欺诈平台。

首先，江苏银行提出建设反欺诈平台的整体规划，涵盖线上线下渠道、多产品业务产品的反欺诈体系。同时，江苏银行发挥区域领先城商行的优势，加强对行内外资源的整合，为反欺诈平台提供充实的数据与模型基础。

江苏银行一方面描绘出每个客户的行为画像。当客户发起交易时，系统将与该客户的行为画像进行反欺诈特征比对，一旦匹配度偏低即可判定为可疑交易，从而实现对非法交易行为的精准打击。另一方面基于 Hadoop 与流计算引擎，江苏银行采用了全新的反欺诈规则分析计算模型，成功地将单笔交易的反欺诈侦别决策流程时间控制在 50 毫秒以内。最大限度地不影响客户体验。

建设反欺诈平台的初衷是堵住高风险交易，这就要求反欺诈的监控尺度要做到恰到好处，既不能过于严苛而错杀了正常交易，也不能过于松散而把不法分子放进来，最终实现客户与银行的共赢。

案例分析

企业项目管理要素中的核心部分之一是项目数据的编码与管理。需要在设计早期就定义好数据结构。此外，如果根本没有对数据信息进行编码，那么将所有项目数据堆积在一起基本上只会产生无法分类的冗长的任务列表。

从上面的案例来看，江苏银行打通了客户在网贷申请、日常存贷、资金交易、设备登录等场景下的数据，刻画客户全方位画像，在此基础上挖掘单一客户关系网络标签，并将标签应用到风控建模、客群营销等方面。

同时，基于构建的零售关联关系图谱，借助图分析技术及相应的规则、模型、识别在网贷申请环节的可疑欺诈团伙，并实时推送业务系统排查，形成一套完整的基于关联关系图谱的团伙反欺诈识别、排查机制。

这一切都基于有良好的数据编码和分组，才能实现。

18.4 企业项目管理系统

鉴于将所有的项目数据集中到一起的诸多好处,而且计算机系统非常适合用于这种数据的集中与呈现,众多供应商都热衷于展示他们能够为你做一些这方面的工作——事项太多在此就不一一讨论了。这些系统正在不断更新,有时每天都会发布一些新的功能。EPM 系统的发展趋势本身是有趣的。在 20 世纪 70 年代末 80 年代初,出现了可用于多项目系统的首个商业软件包。这个软件包的定位是非常算法化的,专注于计划安排的计算和资源需求的计算。最近出现的大趋势是远离算法的角度而转向追求协作的方法。尽管理论上做出的最好的计划与调度安排是非常实用的信息,但是大多数项目经理也花费大部分时间在人力问题和去解决出现的问题的动态决策上,这是情理之中的事。

你应该在 EPM 系统中关注哪些功能?下面讨论一些基本原则。

18.4.1 单一数据存储库

该系统应提供一个用于存储所有项目数据的单一存储库。对于大规模的 EPM 系统部署,需要关注的是将数据从几个大的数据库合并到单个存储库的功能,以便开展报告与分析工作。根据你所在组织的特点,可能必须考虑跨国访问时通信连接缓慢的访问,以及其他安全性和可访问性问题。

18.4.2 项目组合管理

该系统应该具有在项目级这一层次上的管理能力,即允许随意添加或移除项目,以及按不同类型编码进行分组的能力。灵活的编码结构应能允许对项目进行编码,并用于"阶段—控制"方式的项目审批与系统选择。同时,出于资源管理的目的,将项目按照优先次序排列的能力也很重要。

18.4.3 线上还是线下

许多系统现在可提供在线订阅或访问的服务,可以从能够连接互联网的任何地方进行访问。对于有些人,这将是非常有吸引力的,因为供应商负责管理硬件设备与技术性故障,从而可以在线联系,快速解决问题。对于另一些人来说,这种服务并无吸引力,因为他们必须在高度安全的环境下工作并且禁止在办公室网络以外的网络存储项目数据,或者因为他们有一部分用户无法接入访问互联网。因此,要询问该系统是安装在室内仅供给线下使用还是提供在线服务,还是两者都可以。

18.4.4 企业编码

所有的数据必须汇合在一起时,需要进行编码。在企业项目系统中,首要的任务是保持高度的灵活性。没有两个组织是相同的,因此,没有人能预测需要对项目数据如何进行分组和分析。确保你所关注的 EPM 系统能够适应你现在设想的任何编码方式，并且有能力延伸到你还没有想象到的分组和编码方式。

在这方面的关键是强制执行一些编码的能力。EPM 系统是否能确保符合你已经创建的一些关键编码要素的要求？当你将 EPM 系统连接到其他企业系统时这一点很重要。例如，在与金融系统的连接中，必须确保只对存在的账户编码，并确保该项工作 100%进行。系统能够把这些要求强加给所有的任务吗？

18.4.5 协作

寻找建立协作和沟通的基础架构。系统能否使项目管理人员互动？建立可以集成到你的电子邮件或即时通信系统中的自动通知。创建沟通交流区域（类似于动态集成项目数据的项目网站）是大有好处的。

18.4.6 文件控制

企业项目管理系统还必须具备集成能力或包括文档管理、问题和变更管理等功能的能力，以及其他可能不是基于项目进度表的辅助数据。

18.4.7 工作流

在较大的公司组织中，能定义一系列须按特定次序进行的程序或流程是大有益处的。工作流不需要多复杂。你能够列出一系列的步骤，然后确定某一个步骤何时已经完成吗？当进行阶段性项目审批或者考虑任何类型的变更管理（如项目范围的变更）时，这种功能是很重要的。

案例 18.3　民生银行消费贷产品风控模型

⑤ 案例背景

除自有渠道获客之外，民生银行信用卡中心开启"互联网银行"模式，构建在线消费贷产品申请自动化风控模型。

模型具备贷前信用审批"三化"，即流程化、自动化和标准化。流程化评估用户信用并甄别"坏"用户，自动化评估用户的还款意愿及能力，标准化评估用户的行为偏好、负面及负债信息等。同时，该模型具备"三个能力"，即在贷中海量交易中迅速发现风险的能力，贷后监控核验用户异常信贷表现并预警失信的能力，在风控新方法、新工具、新路径面前快速匹配的能力。

民生银行信用卡中心的消费贷模型在自动化风控方面把关成效显著，总体自动通过率达90%，自动拒绝率仅10%。其中，反欺诈通过率96%，三方核验通过率93%，逾期率控制在1‰以下。

案例分析

刚才我们提到企业项目管理系统中有诸多要素，其中工作流是关键要素之一。在较大的公司组织中，能定义一系列须按特定次序进行的程序或流程是大有益处的。工作流不需要多复杂。

案例中的风控模型具备贷前信用审批"三化"，即流程化、自动化和标准化。流程化评估用户信用并甄别"坏"用户，自动化评估用户的还款意愿及能力，标准化评估用户的行为偏好、负面及负债信息等。

"三化"既将风控项目的工作流做了很好的定义，又构建了甄别用户和评估用户的协作和沟通的基础架构，从而确保了消费贷模型在自动化风控方面把关的显著成效。

18.5 选择EPM系统

选择项目软件产品时，海量的声称可满足EPM需求的产品令人生畏。通过环顾周围已经知道的组织来开始分析。查看供应商的网站时，查看一下它的客户名单，看一看里边是否有你知道的企业。要求供应商提供充分的系统说明甚至参观现有的部署，不仅要询问进展顺利的方面，而且要求说明现有部署中最具挑战性或不足的方面。在市场上有如此多的供应商，参考信息通常是选择系统的一个关键工具。

在互联网上进行一个简单搜索都能显示众多的供应商，但是面临哪家供应商是最好的选择时不要被其主张甚至一些自主分析所蒙蔽。真的没有这样简单的事情。鉴于每个组织都有不同的环境、不同的成熟度和不同的要求，询问在具体情况下最适合用什么样的工具或许是更好的。

不要太执着或担心你的需求列表中还未确认的功能性问题。几乎每个系统都包含一些当前还不可用的功能。因此，应专注于关键问题。

在评估EPM软件时可以做的一件事是将自己设想成"解决方案买家"。如果这些EPM系统是解决方案，那么应该花些时间考虑它们能够为你解决什么问题。

有些组织很快就陷入制定一份具体功能列表的工作中，急于对供应商做出回应。这是寻找建立新系统时最糟糕的方式。不再以希望如何解决商业挑战开始，而是要求供应商提供如何帮助你解决这些挑战的方案。你获得的反馈不仅表明了供应商理解你的问题，也展示了在解决你的问题时供应商的想象力与创造性。

18.6　部署 EPM 系统

EPM 部署是所有 EPM 理论付诸实践的必经之路。尽管在 EPM 部署中有许多缺陷，但是你可以通过专注于少数关键因素的管理来避开多数缺陷。

到目前为止，最关键的成功因素是对 EPM 部署所伴有的管理特性的深刻理解。很多时候，高层管理人员错误地认为，EPM 部署仅仅是一个技术项目。将部署 EPM 视为变革管理项目是成功的首要因素。

像所有的变革管理项目一样，第二个关键成功因素是，确保在项目的持续期间有足够的管理支持，必须有足够级别的高层支持来确保其合规及顺利实施。可能组织的某个层级的人员对 EPM 会有极大的兴趣，但是如果这件事不被一个可以代表其他受 EPM 影响的人发言的高层管理人员所认可，部署工作不会走太远。

任何一个赞助 EPM 项目的管理者都必须承诺予以较长时间的项目支持，而且这比通常所认为的某些软件的安装时间要长。一个典型的部署，从最初的概念到最终的部署，需要的时间可以从几个月到几年。

如果已经解决了以上问题，接下来是选择部署方法。在企业组织部署 EPM 时采用"分阶段方法"这一概念和技术，这在一定时期内也是最有效的。同时，和一个致力于成功部署的工作小组一起开始部署工作，并计划使这些小组成员成为协助部署工作的核心团队的一部分。他们能够承担宣传部署、培训及微调项目管理过程的工作。

最后，在部署 EPM 时，将在任何项目变革管理中所使用的全部控制方法与组织结构应用复制到 EPM 部署中，成功的概率将大大增加。

案例 18.4　"校园贷"整治风暴

案例背景

2018 年，江苏、天津、重庆等地又掀起了新一轮针对变相校园贷的摸排整治。早在 2017 年 6 月，原银监会、教育部等联合印发《关于进一步加强校园贷规范管理工作的通知》，要求禁止违规机构向大学生提供校园贷服务。强监管下，校园贷看似恢复了平静，不过，"颜值贷""培训贷"等变相校园贷近期又再次出现。

目前出现的校园贷（见图 18-1）大致分为三种：一是专门针对大学生的分期购物平台，其中部分平台还提供较低额度的现金提现；二是大学生培训、助学和创业贷款；三是传统电商平台提供的信贷服务。

为什么校园贷违规行为屡禁不止？关键是学生群体对于资金需求持续存在，这种需求又可以分为两类：一类是普通需求，如购买小额日常生活用品、支付培训机构培训费用等；另一类则是超额需求，以享乐、攀比等超出一般学生承受能力的代表性消费类型存在。

图 18-1　校园贷

对于校园贷监管，业界专家表示，从官方角度要明晰校园贷的定义。在明晰校园贷本质的过程中，仍有必要对学生群体开展普及教育，区分什么是合法机构、可以开展哪些业务，哪些又是非法机构，并以实际案例形式向学生群体介绍合法合规机构及业务。此外，加大对从事校园贷非法业务犯罪惩处结果的相关宣传，加强对相关群体的普法工作。建议相关机构可对校园贷典型案例及犯罪分子量刑结果进行系统梳理，通过图文影像等形式对外公开并开展主题教育。

案例分析

就像上面我们所提出的，最关键的成功因素是对 EPM 部署所伴有的管理特性的深刻理解。EPM 部署仅仅是一个技术项目。将部署 EPM 视为变革管理项目是成功的首要因素。

这就如同校园贷一样，不能仅仅从表象看待校园贷，而要从需求源头上理解校园贷，并从根本上多管齐下：对学生群体开展普及教育；对校园贷典型案例及犯罪分子量刑结果进行系统梳理，这样才能根除校园贷现象，还学校一个健康的环境。因此，整治校园贷是一场系统变革。

总结

企业项目管理是所有项目管理信息、报告和分析的运行环境，而项目管理成熟度是针对企业项目管理的各个方面开展优化。企业项目管理需要多方面的协作，多个要素的整合。

最重要的是，企业项目管理的实施是一场系统变革。

附录 A
银行业项目管理案例清单（88个）

一、大型商业银行相关案例（11个，占比13%）

- 案例 2.1　邮储银行"蔡川村造血式扶贫"项目
- 案例 3.4　"超级最红星期五"只为"方便·实惠交给你"
- 案例 5.1　邮储悦享之旅——汪涵带队迪士尼漫威跑
- 案例 5.2　工行善用洋葱图应对九寨沟震后需求
- 案例 5.4　"四大行"与"四巨头"的事业共同体
- 案例 5.6　"千人广场舞"享"一元真优惠"
- 案例 11.1　ETC"高热"背后的风险
- 案例 12.4　工行发布量化股债轮动策略指数，突破理财刚兑制约
- 案例 12.5　银行信用卡积分"羊毛客"的罪罚管道
- 案例 14.4　宇宙行转型，工银科技布局雄安新区
- 案例 17.1　交行项目集打造优逸白金信用卡，俘获年轻精英

二、股份制商业银行相关案例（10个，占比11%）

- 案例 2.2　招商证券信用卡资产证券化项目
- 案例 3.2　民生"芯"动
- 案例 3.7　我有千面，就要不凡
- 案例 4.4　平安保险的情境说明书
- 案例 5.3　场景相关方分析，武汉通投资、消费、出行三不误
- 案例 6.3　浦发瑞幸咖啡联名卡的"强场景营销"
- 案例 6.7　浦发银行用生态系统图打造 API Bank 无界开放银行
- 案例 9.3　银行业"联盟链"应用
- 案例 13.3　《咖啡情侣》所带来的"因您而变"
- 案例 18.3　民生银行消费贷产品风控模型

三、城市商业银行相关案例（7个，占比8%）

- 案例 3.3　上海银行无感支付的智能停车

- 案例 4.2　四家城商银行面向不同相关方的特色服务
- 案例 6.8　用例图构建上海华瑞银行"极限"产品
- 案例 7.3　江南银行移动支付的 WBS
- 案例 11.4　宁波银行助推"乡村振兴"中的风险应对
- 案例 15.1　贵州银行登陆港股市场背后的度量导向
- 案例 18.2　江苏银行直销银行实施互联网反欺诈

四、农村金融机构相关案例（5 个，占比 6%）

- 案例 4.5　昆山农商行 IPO 的根因分析
- 案例 6.2　马背上的"指尖支付"开启"助农惠牧支付模式"
- 案例 6.4　兴福村镇银行的接口分析
- 案例 6.13　宁城农商银行采用接口模型，打造"银医通"自助系统
- 案例 10.3　江苏省农商行农村支付环境建设

五、其他类金融机构相关案例（40 个，占比 45%）

- 案例 3.1　面向"新新人类"的"神偷奶爸"粉丝经济
- 案例 3.6　微信支付"一号工程"的战略布局
- 案例 4.1　5G + 智慧支付助力"智慧出行"
- 案例 4.3　"小猪佩奇"经济下的消费分级
- 案例 4.6　滴滴金融生态布局
- 案例 4.7　京东逆风进军 P2P 市场
- 案例 4.8　小微金融与社会的线下信息联动，实现高投资回报率
- 案例 4.9　长租公寓融资的商业论证
- 案例 5.5　汇付天下上市项目成功的定义
- 案例 6.6　"小天额"的普惠小幸运
- 案例 6.10　康旗股份善用商业规则，探索 B2B2C 商业路径
- 案例 7.1　悦便利无人店的需求场景
- 案例 7.4　针对地下钱庄的司法范围监控
- 案例 8.1　51 信用卡助贷业务的活动定义
- 案例 8.2　同盾科技"赫兹"智能语音平台的项目排序
- 案例 8.3　"腾讯信用"的进度历程
- 案例 8.4　酷特智能的敏捷冲刺
- 案例 9.1　三点估算成就百度安全车载支付
- 案例 9.2　华为史上最贵手机的成本预算
- 案例 10.1　中石化智慧加油站
- 案例 10.2　江西裕民银行牌照获批之路

- 案例11.3　乐刷科技屡次遭罚的风险分析
- 案例11.5　"代官山"卷款跑路——透析商业预付卡金融风险
- 案例12.2　从资源有效性看P2P营销乱象
- 案例12.3　茅台集团用区块链防伪溯源，优化产业制约瓶颈
- 案例13.1　网易彩票为何被中消协点名？
- 案例14.1　兰考县采购蚂蚁金服金融服务，实现小微金融大发展
- 案例14.2　深圳国税局与腾讯合作推广区块链电子发票
- 案例14.3　翼支付加速混改落地，打造普惠金融生态圈
- 案例14.5　美团点评如何实现"羊毛"出在"狗"身上？
- 案例15.2　年利率破700%，手机贷款的昙花一现
- 案例15.3　余额宝告别定时限购，"分流计划"主动让利
- 案例16.1　小米敏捷抢滩金融市场
- 案例16.5　联壁金融0元购高返利，缘何爆雷？
- 案例17.2　双链融合：当区块链"撞上"供应链金融
- 案例17.3　中精国投兑付风波
- 案例17.4　小黄车为什么黄了？
- 案例17.5　拼多多"曲线夺牌"
- 案例18.1　"租房贷"的成熟度监管
- 案例18.4　"校园贷"整治风暴

六、境外金融机构相关案例（15个，占比17%）

- 案例3.5　VISA的企业价值观
- 案例6.1　日本移动支付的需求启发
- 案例6.5　飓风推高蛋挞销售量？沃尔玛漏斗模型一探究竟
- 案例6.9　富国银行网点转型的场景化用例
- 案例6.11　奥特莱斯（Outlets）的数据画像赋能
- 案例6.12　加油小票背后的故事——万事达卡（MasterCard）数据字典
- 案例6.14　日本第三方支付系统的三级需求确认
- 案例6.15　Libra为何被强势叫停？
- 案例7.2　英国"脱欧"后中国5G金融的项目布局
- 案例11.2　新加坡零售支付体系的风险规划
- 案例12.1　摩根大通IIN区块链项目
- 案例13.2　Entrust Datacard按需发卡，实现精准沟通
- 案例16.2　安快银行善用敏捷客户协作，打造网点独特优势
- 案例16.3　RHB银行依托敏捷增量化，提高单位面积效益
- 案例16.4　梅西百货全渠道策略，让"体验简单而周到"

参考文献

1. 美国项目管理协会. 项目管理知识体系指南（PMBOK 指南）（第 6 版）[M]. 北京：电子工业出版社，2018.
2. 美国项目管理协会. PMI 商业分析指南[M]. 于兆鹏，等，译. 北京：电子工业出版社，2019.
3. 美国项目管理协会. 需求管理实践指南[M]. 于兆鹏，等，译. 北京：中国电力出版社，2016.
4. 于兆鹏. PMI-PBA 认证与商业分析实战精析[M]. 北京：中国电力出版社，2016.
5. 于兆鹏. 敏捷项目管理与 PMI-ACP 应试指南[M]. 北京：电子工业出版社，2015.

反侵权盗版声明

　　电子工业出版社依法对本作品享有专有出版权。任何未经权利人书面许可，复制、销售或通过信息网络传播本作品的行为；歪曲、篡改、剽窃本作品的行为，均违反《中华人民共和国著作权法》，其行为人应承担相应的民事责任和行政责任，构成犯罪的，将被依法追究刑事责任。

　　为了维护市场秩序，保护权利人的合法权益，我社将依法查处和打击侵权盗版的单位和个人。欢迎社会各界人士积极举报侵权盗版行为，本社将奖励举报有功人员，并保证举报人的信息不被泄露。

举报电话：（010）88254396；（010）88258888

传　　真：（010）88254397

E-mail：dbqq@phei.com.cn

通信地址：北京市万寿路173信箱
　　　　　电子工业出版社总编办公室

邮　　编：100036